REINHARD SUSSNER

Das Verwaltungsrecht der Binnenhäfen in der Bundesrepublik Deutschland

Schriften zum Öffentlichen Recht

Band 281

Das Verwaltungsrecht der Binnenhäfen in der Bundesrepublik Deutschland

Ein Beitrag zum Recht der öffentlichen Einrichtungen

Von

Dr. Reinhard Sußner

DUNCKER & HUMBLOT / BERLIN

Gedruckt 1975 bei Buchdruckerei Bruno Luck, Berlin 65
Printed in Germany
ISBN 3 428 03496 1

Vorwort

Das Verwaltungsrecht der Binnenhäfen ist in besonderer Weise geprägt durch die Entwicklung und die Problematik bei der Organisation öffentlicher Leistungseinrichtungen. Die bestehenden privatrechtlichen Organisationsformen öffentlicher Anstalten sind ein Ergebnis des Zerfalls der umfassenden Polizeigewalt im neunzehnten Jahrhundert. Nach der Verengung des Polizeibegriffs auf die Gefahrenabwehr begann in der öffentlichen Verwaltung eine Ökonomisierung und Privatisierung öffentlicher Anstalten. Erst in der Gegenwart widmet sich das verwaltungsrechtliche Schrifttum in grundsätzlicher Weise den Fragen einer richtigen Organisation und Benutzungsordnung öffentlicher Leistungseinrichtungen. Dabei gewinnt die Auffassung an Einfluß, daß die öffentlichen Einrichtungen mit Rücksicht auf ihre institutionelle Gemeinwohlbindung und ihre individualrechtliche Anspruchsgebundenheit die sonderrechtlichen Organisationsformen und Benutzungsordnungen des öffentlichen Rechts erhalten müssen. Dies ist vor allem für die öffentlichen Einrichtungen der Gemeinden erarbeitet worden. Dieselbe Anschauung tritt in den — nach Begründung und Konsequenzen unterschiedlichen — Bemühungen in Erscheinung, privatrechtliche Konstruktionen aus dem Recht der öffentlichen Sachen zu verdrängen. Es wird heute auch die Ansicht vertreten, daß die Verwendung privatrechtlicher Organisations- und Handlungsformen für Einrichtungen der Leistungsverwaltung generell einen Formenmißbrauch darstellt. Die hier veröffentlichte Arbeit, die im Sommersemester 1974 der Fakultät für Rechtswissenschaft der Universität Mannheim als Dissertation vorgelegen hat, fügt sich in die Reihe von Abhandlungen ein, die eine privatrechtliche Verwaltung öffentlicher Einrichtungen problematisieren und sich für deren Publifizierung aussprechen.

Die Besonderheit der Arbeit liegt — abgesehen von ihrer gegenständlichen Beschränkung auf das Verwaltungsrecht der Binnenhäfen — darin, daß sie auf einer umfassenden und genauen Sammlung und Auswertung des gegenwärtigen Verwaltungsbestandes beruht. Sie unterscheidet sich durch ihre sachnahen Analysen und Argumente von anderen Publikationen, die die Aufgabe eines Verwaltungsrechts öffentlicher Einrichtungen ausschließlich mit dogmatischen Überlegungen zu bewältigen versuchen. Dies wird der Arbeit eine starke Stellung gegenüber Kritik verschaffen, die mit Sicherheit aus dem Bereich der betroffenen Verwaltung kommen wird. Es wird einer Beobachtung wert sein, welche Aufmerksamkeit diejenigen Teile der Arbeit hervorrufen, in denen die Ökonomisierung öffentlicher Binnenhäfen an konkreten Fällen als Denaturierung öffentlicher Leistungseinrichtungen und als privatnützige Verwertung erheblicher öffentlicher Mittel dargestellt wird.

Der Arbeit ist zu wünschen, daß sie als Beitrag zum Recht der öffentlichen Einrichtungen auf einem rechtswissenschaftlich bisher kaum bearbeiteten Verwaltungsgebiet gewürdigt wird und das Interesse an möglichen Verbesserungen im Verwaltungsrecht der Binnenhäfen weckt.

Professor Dr. *Richard Bartlsperger*

Institut für Staats- und Verwaltungsrecht
der Universität Erlangen-Nürnberg

Inhaltsverzeichnis

Erstes Kapitel

Die Problemstellung

§ 1. Der Begriff des „öffentlichen Binnenhafens" 14

I. Der „Hafen" im gegenwärtigen Meinungsstand 14

1. Die Wortbedeutung 14

2. Die Festlegung des Areals 15

II. Die Definition des „öffentlichen Binnenhafens" 15

§ 2. Der Hafen als wirtschaftliche Unternehmung mit der Berücksichtigung gemeinwirtschaftlicher Interessen in der überkommenen Auffassung 16

I. Die formale Rechtspersönlichkeit und die Organisationsstruktur als Indizien für die privatrechtliche Einordnung 16

II. Das gemeinwirtschaftliche Unternehmen 20

§ 3. Die Unstimmigkeiten der „Gemeinwirtschaftlichkeit" 22

I. Das Spannungsverhältnis zwischen einer privatwirtschaftlichen Betriebsführung und der Berücksichtigung von Gemeininteressen 23

II. Die fehlende Bestimmbarkeit des „Gemeininteresses" und die daraus resultierende Disfungibilität des Begriffs 24

§ 4. Die Neubestimmung der Hafenleistung 27

I. Die öffentlich-rechtliche Sachnutzungsbestimmung 28

II. Die sachfremden Analogien zu den Grundgedanken des Energiewirtschaftsgesetzes oder der Eisenbahn-Verkehrsordnung 30

III. Die Binnenhäfen als Subjekte des öffentlichen Sachenrechts 31

Zweites Kapitel

Die Gegebenheiten in den deutschen Binnenhäfen unter Berücksichtigung des gegenwärtigen Meinungsstandes

§ 1. Die Rechtsverhältnisse beim Bau eines öffentlichen Hafens 33

I. Die Planfeststellung 33

1. Die technische Beschaffenheit des Hafenbeckens als Kriterium für die Rechtsgrundlage des Verfahrens ... 34

A. Längs- und Parallelhäfen nach §§ 3 Abs. I, 45 Abs. IV Bundeswasserstraßengesetz (Verfahren nach §§ 12 ff. Bundeswasserstraßengesetz) ... 35

B. Stichhäfen und andere ausgegliederte Häfen (Verfahren nach § 31 Wasserhaushaltsgesetz) ... 36

2. Das „Wohl der Allgemeinheit“ als Legitimation für das Bauvorhaben ... 37

A. Die Problematik des „Beurteilungsspielraums“ ... 38

B. Die volkswirtschaftliche Bauwürdigkeit als Parameter für das „Wohl der Allgemeinheit“ ... 40

II. Rechtsschutz und Entschädigung beim Bau eines Hafens ... 42

1. Die gegenwärtige Handhabung der Immissionsschäden ... 43

2. Art. 19 Abs. IV Grundgesetz als Maßstab für Abwehransprüche und für öffentliche Ersatzleistungen ... 45

§ 2. Der Betrieb des Hafens ... 49

I. Die Organisationsformen ... 49

1. Die Vielfalt der historisch gewachsenen Verhältnisse ... 50

2. Die praktischen Motive der öffentlichen Verwaltung bei der Konzeption privatrechtlicher Organisationsformen ... 51

3. Die typischen Fallgruppen der Hafenbetriebsformen ... 52

A. Die unselbständigen Sondervermögen der öffentlichen Hand 52

B. Die Einzelformen ... 53

a) Der Eigenbetrieb ... 53

b) Der Regiebetrieb nach § 15 Reichshaushaltsordnung ... 55

C. Hafenbetriebsgesellschaften in den Formen juristischer Personen des Privatrechts ... 57

a) Die Mehrheitsbeteiligung der öffentlichen Hand ... 58

b) Das Fehlen privatrechtlichen Eigentums am Betriebsvermögen ... 59

D. Besonderheiten ... 60

II. Die Rechtsbeziehungen der Hafenverwaltung ... 62

1. Das Verhältnis zur öffentlichen Hand bei den privatrechtlich organisierten Betriebsgesellschaften ... 62

A. Die Darstellung als Konzessionierte ... 63

B. Die Einstufung als Beliehene ... 65

2. Das Verhältnis zu den Hafenbenutzern 69

A. Die Hafenverwaltung als Kaufmann des Handelsrechts .. 69

B. Die Rechtsbeziehungen zu den Anliegern im Hafengebiet in den Formen des Privatrechts 72

a) Die Struktur und die Typologie der Verträge 73

b) Der Schutz des Hafengebietes vor Denaturierung 75

C. Die Beziehungen des Hafens zu den Schiffahrtstreibenden .. 77

a) Der herkömmliche Dualismus zwischen öffentlich-rechtlichem und zivilrechtlichem Nutzungsverhältnis 77

b) Allgemeine Benutzungsbedingungen 79

D. Das Gebührenwesen 83

a) Öffentlich-rechtliche Hafenabgaben 83

b) Privatrechtliche Leistungsentgelte (Manipulationsgebühren) 87

E. Die Hafenbahn im Verbund der Hafenleistungen 89

a) Die Hafenbahn als Eisenbahn des öffentlichen Verkehrs 90

b) Die Hafenbahn als Eisenbahn des nichtöffentlichen Verkehrs 92

F. Die Haftung beim Hafenbetrieb 93

a) Die Haftung über §§ 823, 831, bzw. 89, 31 BGB 93

b) Die Haftung der Anlieger.............................. 95

III. Das Sicherheitsrecht im Hafen 96

1. Die Hafenordnung 96

A. Die Zuständigkeiten für den Erlaß der Hafenordnungen in Ländern und Gemeinden 97

B. Der Regelungsgegenstand der Hafenordnungen 99

a) Die Hafenbehörde 99

b) Anmeldung und Zulassung zum Hafengebiet 101

c) Die Aufrechterhaltung des Hafenverkehrs und des Umschlags 102

d) Strafvorschriften 102

2. Das Verhältnis des Sicherheitsrechtes im Hafen zu den Zuständigkeiten auf den Bundeswasserstraßen 103

A. Die Bundeszuständigkeit für die Bundeswasserstraßen 103

B. Die Vereinbarung zur Übertragung der polizeilichen Aufgaben des Bundes auf die Länder 104

C. Die Aufspaltung in den Weisungsbefugnissen und die Stellung der Wasser- und Schiffahrtsdirektionen 105

D. Das Verhältnis der sicherheitspolizeilichen und verwaltungspolizeilichen Zuständigkeiten zu jenen im Binnenhafen 105

Drittes Kapitel

Die Einordnung der Binnenhäfen in das öffentliche Sachenrecht

§ 1. Der Sachstatus des öffentlichen Binnenhafens 109

I. Die Hafentätigkeit als öffentliche Aufgabe 109

1. Der Begriff des „Öffentlichen" 110

2. Die Hafentätigkeit als öffentliche und staatliche Aufgabe — ein integrierter Teil der allgemeinen Verwaltung 113

II. Die öffentlich-rechtliche Sachnutzungsbestimmung als Qualifikationskriterium 117

1. Die öffentlich-rechtliche Verwaltungsträgerschaft 117

2. Die öffentlich-rechtliche Sachherrschaft 119

3. Die öffentlich-rechtliche Sachnutzungsbestimmung 120

III. Der Binnenhafen als öffentliche Sache 122

1. Die Widmung zur öffentlichen Sache 122

2. Der Sachstatus des Binnenhafens als öffentliche Einrichtung .. 124

A. Die Ablehnung des öffentlichen Sachbegriffs der dualistischen Auffassung 126

B. Die Divergenz vom zivilrechtlichen Sachbegriff 128

IV. Die Vereinbarkeit des öffentlichen Sachstatus mit dem privatrechtlichen Eigentum und der zivilistischen Betriebsform der Häfen .. 129

V. Das Verhältnis der öffentlichen Binnenhäfen zum Sachstatus der Wasserstraßen 131

§ 2. Die bestimmungsgemäße Benutzung der öffentlichen Binnenhäfen als Verwaltungsleistung 134

I. Die Rechtsstellung der Hafenbenutzer 136

1. Die grundsätzliche Identität des Benutzungsverhältnisses bei Anliegern und Schiffahrtstreibenden 136

2. Das Benutzungsverhältnis 137

A. Gemeingebrauch und Sondernutzung 137

B. Die Benutzungsordnung der öffentlichen Binnenhäfen als Resultat des Sachstatus 140

C. Das subjektive öffentliche Recht auf Zulassung zur Hafenbenutzung 142

D. Der Rechtsweg im Rahmen des Hafennutzungsverhältnisses 144

II. Einzelne Folgerungen aus dem öffentlich-rechtlichen Einrichtungsstatus ... 147

1. Die Anliegerverträge ... 147

A. Die Verträge als öffentlich-rechtliche Verträge ... 147

B. Die konkrete Behandlung der Verträge bei Rechtskonflikten 150

a) Die Ablehnung genereller zivilrechtlicher Analogien ... 150

b) Die clausula rebus sic stantibus und die allgemeinen Regeln des Bürgerlichen Gesetzbuches als Grundprinzipien aus der apriorischen Natur des Vertrages ... 151

2. Das Gebührenwesen ... 153

A. Die Gleichartigkeit aller im Hafen erhobenen Gebühren .. 153

B. Die Gebührenbemessung unter Berücksichtigung der revidierten Rheinschiffahrtsakte und der Prinzipien des Verwaltungsrechts ... 154

3. Die Haftung der Hafenverwaltung ... 157

A. Die öffentlich-rechtliche Haftung aus der Darreichung einer Verwaltungsleistung ... 157

B. Die Unzulänglichkeiten des derzeitigen Staatshaftungssystems unter der Sicht des Art. 19 Abs. IV Grundgesetz .. 159

§ 3. Rechtspolitische und verwaltungspraktische Folgerungen ... 161

I. Die öffentlich-rechtliche Statusqualität der Binnenhäfen als Maßstab für die Verwaltungspraxis ... 161

II. Die Schaffung flexibler Leistungsstrukturen der öffentlichen Verwaltung ... 162

Literaturverzeichnis 165

Erstes Kapitel

Die Problemstellung

Die öffentlichen Binnenhäfen in der Bundesrepublik Deutschland haben im Rahmen des gesamten Güteraufkommens eine beträchtliche Bedeutung für die Volkswirtschaft. Der Umschlag über die Binnenhäfen steht an zweiter Stelle, nach der Eisenbahn und vor dem Transport mit Kraftwagen[1]. Gegenüber 137,1 Mill. t im Jahre 1958[2] hat sich 1972 das Verkehrsvolumen auf insgesamt 228,5 Mill. t erhöht[3]. Dessen ungeachtet hat sich die Rechtswissenschaft bislang nicht dazu bereitfinden können, die Häfen, als auch deren Tätigkeit, in das Verwaltungsrecht einzuordnen. Die ökonomische Darstellung als „Hafenwirtschaft"[4] kann für die *rechtswissenschaftliche Abklärung* des Hafens und seiner Leistungen kein Anhaltspunkt sein. Darüber hinaus wäre mit der Etikettierung der Binnenhäfen als wirtschaftliche Unternehmungen der öffentlichen Hand keine Aufhellung in dem „Zwielicht"[5] um den „rechtlich beinahe farblosen Begriff"[6] der öffentlichen Einrichtung zu erzielen.

Eindeutig liegen in ihrem rechtlichen Charakter nur die privaten Häfen und die Schutz- und Sicherheitshäfen fest. Soweit ein Hafen lediglich die Funktion hat, den Güterumschlag eines Industriebetriebes durchzuführen, besitzt er die gleiche Stellung wie alle anderen am erwerbswirtschaftlichen Verkehr teilnehmenden Subjekte des Zivilrechts[7]. Die Schutz- und Sicherheitshäfen, die lediglich der Sicherheit der Schiffahrt dienen[8], sind nach § 1 Abs. IV Nr. 1 WaStrG ohnehin Bestandteile der Bundeswasserstraße und haben damit nur eine technische, aber keine rechtliche Sonderstellung.

---

[1] *Brohm*, S. 81.

[2] *Kirschke*, Binnenhäfen, S. 4.

[3] Das sind ca. 23 % des gesamten Güterverkehrs (988,8 Mill. t). Im Vergleich lag nur das Aufkommen der Eisenbahnen (352,8 Mill. t) höher, während über Kraftwagen (192,9 Mill. t) oder die Seeschiffahrt (127,9 Mill. t) erheblich weniger befördert wurde.

[4] *Feuchter*, S. 85.

[5] *Köttgen*, S. 56.

[6] *Ossenbühl*, DVBl. 1973, S. 289 ff. (S. 289).

[7] Als Kaufmann nach den §§ 1, 2, 5 oder 6 HGB.

[8] *Bergdolt*, S. 188.

Als Gegenstand der Untersuchung verbleiben demnach nur die *öffentlichen Verkehrs- und Umschlaghäfen*[9]. Auch wenn die Seehäfen durchaus am Binnenverkehr teilnehmen[10], so müssen diese ebenfalls ausscheiden; denn sie haben kaum Gemeinsamkeiten mit den Binnenhäfen, sondern stellen jeweils in sich geschlossene, besondere Einheiten dar[11].

§ 1. Der Begriff des „öffentlichen Binnenhafens"

I. Der „Hafen" im gegenwärtigen Meinungsstand

1. Die Wortbedeutung

Um die öffentlichen Verkehrs- und Umschlagshäfen einordnen zu können, muß zunächst der *Begriff* des „Hafens" umrissen werden.

Nach der Rechtsprechung des Preußischen Oberverwaltungsgerichtes ist ein Hafen „eine Anlage im oder am Wasserlauf nur dann, wenn sie, insbesondere durch Einrichtungen wie Molen und dergleichen, Wasserfahrzeugen, und zwar in der Regel einer Mehrzahl von solchen, die Möglichkeit bieten soll, gesichert vor Wetter, Flut und Eisgang zu ankern und zu wenden, bei Verkehrshäfen auch zu löschen und zu laden"[12]. Im Gefolge dieser Entscheidung beschränkte man sich auch weiterhin darauf, bei der Definition des Hafens auf technische Gesichtspunkte abzustellen[13], wie das im allgemeinen Sprachgebrauch ohnehin der Fall ist[14]. Wie schon die nur an technischen Merkmalen orientierte Festlegung des Hafens keinen Vorteil im Sinne einer funktionalen Bestimmung bringt[15], ist überdies die abstrakte Beschreibung in dieser Weise nicht brauchbar. Ob man auf die Verbindungslinie von Molenkopf zu Molenkopf abstellt oder auf die Einheit des fließenden Wassers mit dem im Hafenbecken —[16] man gelangt hierdurch noch nicht einmal mit hinreichender Sicherheit zur Umgrenzung des Hafengebietes.

---

[9] Diese dienen daneben aber auch dem Schutz und der Sicherheit der Schiffahrt.

[10] *Kirschke*, Binnenhäfen, ZfB 6, 1959, S. 15 (Sonderdruck).

[11] *Bergdolt*, S. 96.

[12] PrOVGE 94, S. 159 ff. (S. 159).

[13] *Friesecke*, Bundeswasserstraßengesetz, Rn 4 zu § 45 (S. 376); *Friesecke*, Häfen, ZfW 1962/63, S. 150 ff. (S. 151); *Giese*, S. 300; *Stier-Somlo/Elster*, S. 88; *Fleischmann*, S. 305.

[14] *Der große Brockhaus*, 5. Band, Gp-Iz, S. 178.

[15] Vgl. hierzu unten § 4.

[16] *Friesecke*, Bundeswasserstraßengesetz, Rn 5 zu § 45 (S. 377).

2. Die Festlegung des Areals

Betrachtet man etwa die weit verzweigten und aufgegliederten Hafenanlagen der Häfen Duisburg-Ruhrort oder Düsseldorf[17], so ist die theoretische Beschreibung des Areals nach einer abstrakten, technischen Regel unmöglich. Es erscheint hingegen sinnvoller, bei der geographischen Definition eines Hafens auf konstitutive, nicht aber technische Merkmale abzustellen[18]. Hierbei ergibt sich noch nicht einmal die Notwendigkeit zum Abschluß koordinationsrechtlicher Verträge zwischen den beteiligten Hoheitsträgern[19], sondern es besteht regelmäßig die Möglichkeit, auf bereits erfolgte Festlegungen Bezug zu nehmen: In den Hafenordnungen ist eine genaue Abgrenzung des Geltungsbereiches getroffen[20]. Weiterhin kann die Erstreckung der privatrechtlichen Eigentumsverhältnisse am Hafengelände herangezogen werden[21].

II. Die Definition des „öffentlichen Binnenhafens“

So notwendig die hinreichende Bestimmbarkeit des Hafengebietes auch ist, kann hieraus doch noch keine Aussage über die Rechtsnatur des öffentlichen Binnenhafens gewonnen werden. Die Wesensbestimmungen in der ohnehin spärlichen Literatur sind unergiebig und überwiegend tautologisch. Zwar ist man sich darin einig, daß ein öffentlicher Hafen vorliege, wenn das sogenannte „Jedermann-Prinzip“ gelte[22], doch folgert man dann wiederum die Verbindlichkeit dieses Grundsatzes aus der Öffentlichkeit des Hafens[23]. Es ist kein Ausweg aus diesem Dilemma, dem Begriff des „öffentlichen Hafens“ jeglichen Rechtscharakter abzusprechen[24]. Die Abhängigkeit des subjektiven Abfertigungs-

---

[17] *Handbuch der deutschen Binnenhäfen*, S. 168 und S. 142 (Luftaufnahmen).

[18] *Friesecke* (Bundeswasserstraßengesetz, Rn 5 [S. 377]) räumt diese Notwendigkeit zumindest für schwierige Verhältnisse ein.

[19] Vgl. *Apelt*, AöR 84, 1959, S. 249 ff. (S. 254); *Stern*, Vertrag, VerwArch 49, 1958, S. 106 ff. (S. 147).

[20] z. B.: § 1 der Hafenordnung für den Hafen Passau v. 19. Mai 1965 (auf Grund des Art. 60 des BayWG v. 26. Juli 1962, GVBl. S. 143); § 1 i. V. m. § 38 der Hafen- und Ländeordnung des Hafens Regensburg v. 12. Juli 1962 (Rechtsgrundlage wie vor, Amtsblatt der Regierung der Oberpfalz S. 59); § 1 der Hafenverordnung für den Hafen Wesseling/Godorf (auf Grund des § 35 Abs. III des Wassergesetzes für das Land Nordrhein-Westfalen vom 22. Mai 1962/GV. NW. S. 235/SGV. SW. 77); ebenso (mit gleicher Rechtsgrundlage) für die Häfen Köln, Bonn, Münster, Krefeld, Mühlheim, Kleve, Essen u. a.

[21] § 1 der Hafenverordnungen für den Hafen Neuß (§ 35 Abs. III LWG NW, GV. NW. 1962, S. 235).

[22] Das „Jedermann-Prinzip“ ist die populäre Formulierung für das subjektive Recht auf Zulassung zur Abfertigung im Hafen.

[23] *Krome*, Binnenhafen, ZfB (Sonderdruck) 6, 1959; *Kirschke*, Tarifwesen, DVBl. 1956, S. 430 ff. (S. 430); *Trimter*, DVBl. 1965, S. 22 ff. (S. 22).

[24] *Krome*, Binnenhafen, ZfB (Sonderdruck) 6, 1959.

rechtes von der „Öffentlichkeit" des Hafens ist für die weitere Einordnung gleichwohl von entscheidender Bedeutung. Hierbei aber sind Grund und Rechtsfolge genau zu trennen: „*Weil* eine Einrichtung öffentlich ist, besteht ein Zulassungsanspruch; nicht aber die Umkehrung: Eine Einrichtung ist öffentlich, *weil* ein Zulasungssanspruch besteht resp. realisierbar ist[25]."

§ 2. Der Hafen als wirtschaftliche Unternehmung mit der Berücksichtigung gemeinwirtschaftlicher Interessen in der überkommenen Auffassung

Die Qualität des Leistungsverhältnisses zu den Hafennutzern folgt demnach zwingend aus der Bedeutung des Merkmals der „Öffentlichkeit". Bei dessen Untersuchung wird das Spannungsverhältnis offenkundig, das sich aus der öffentlichen Zwecksetzung[26] und der wirtschaftlichen Zielsetzung[27] der Häfen ergibt. In diesem Antagonismus[28] entscheidet sich letztlich die Frage der Zuordnung des Hafens und seines Betriebes zum öffentlichen oder zum privaten Recht.

Die herkömmliche Auffassung behilft sich hier mit der Konstruktion des gemeinwirtschaftlichen bzw. gemischtwirtschaftlichen Unternehmens[29] und unterstellt damit die Häfen wegen der Rechtsform[30] dem Zivilrecht.

I. Die formale Rechtspersönlichkeit und die Organisationsstruktur als Indizien für die privatrechtliche Einordnung

Deswegen wird die rechtliche Natur der Unternehmungen als unproblematisch bezeichnet[31]. Doch hinter dem nur sprachlich einheitlichen Begriff verbergen sich die unterschiedlichsten Zielsetzungen. Es wird

---

[25] *Ossenbühl*, DVBl. 1973, S. 289 ff. (S. 293).

[26] *Köttgen* (S. 60) hält diese überhaupt für die Vorbedingung bei wirtschaftlichen Unternehmungen der öffentlichen Hand.

[27] *Mohr*, Probleme, Kommunalwirtschaft 8, 1966, S. 336 ff. (S. 337/338).

[28] *Bartsch* bei *Meyer*, S. 127/128.

[29] *von Brauchitsch/Ule*, S. 90/91.

[30] Außer dem Hafen Kehl (Körperschaft des öffentlichen Rechts) treten die Häfen überwiegend als unselbständige Sondervermögen der öffentlichen Hand oder als Kapitalgesellschaften des Zivilrechts auf. Etwa der Hafen Neuß als Eigenbetrieb nach § 1 EBO i. V. m. § 69 GO NW; die Bayerische Landeshafenverwaltung nach § 15 RHO (heute Art. 26 BayHO) als Regiebetrieb; Ludwigshafen als Gesellschaft mit beschränkter Haftung und die Duisburg-Ruhrorter Häfen als Aktiengesellschaft.

[31] *Vogel* (S. 182) wendet sich zu Recht gegen die axiomatische Voraussetzung des „gemeinwirtschaftlichen Unternehmens".

keine Trennungslinie gezogen zwischen den Unternehmungen, die lediglich der Erwirtschaftung eines Gewinnes dienen[32], und jenen, deren Zweck nicht primär in der Erwirtschaftung eines Überschusses liegt[33]. Eine Klassifizierung der Hafenbetriebe nur nach ihrer überwiegend zivilrechtlichen Form ist dogmatisch nicht haltbar. Aus der Tatsache, daß sie nach den Regeln des Handelsrechts tätig sind, kann kein zwingender Schluß auf die Qualität der Beziehungen zu den Nutzern gezogen werden. Das Handelsrecht stellt als Sonderrecht nur auf die Rechtsnatur der Persönlichkeit ab, während es sich hinsichtlich der Art des Geschäftes neutral verhält[34]. Das öffentliche Unternehmen muß aber auch von der materiellen und institutionellen Seite her begriffen werden[35], wobei dann formelle Gegebenheiten durchaus zu berücksichtigen sind. Es kommt vielmehr auf die strukturelle Ausgestaltung des Unternehmens an: Die tatsächliche Inhaberstellung der öffentlichen Hand oder die institutionalisierte Sicherstellung eines bestimmten Verwaltungszweckes[36].

Eine Einordnung der Hafenbetriebe nach formalen Gesichtspunkten würde darüber hinaus auch zu uneinheitlichen und zufälligen Ergebnissen führen, obwohl die Leistungsbeziehungen prinzipiell gleich sind. Durch die Kapitalarmut nach dem letzten Kriege bedingt, waren es weniger rechtliche als pragmatische Motive, welche die öffentliche Hand schnell die Abneigung der alten Staatswirtschaft gegen die privatrechtliche Form vergessen ließen[37].

Damit wird deutlich, daß die Verwirrung um das „öffentliche Unternehmen“[38] vielfach die Folge von historisch gewachsenen Verhältnissen ist. Das unsystematische Ergebnis von Zweckmäßigkeitserwägungen wurde dabei durch den traditionellen deutschen Partikularismus erheblich begünstigt.

Schon die in den jeweiligen Gesetzen verwendeten Begriffsbildungen sind derart zersplittert, daß noch nicht einmal Einigkeit über einen zusammenfassenden Oberbegriff besteht[39]. Bei den Eigen- und Regiebetrieben spricht § 15 RHO von „kaufmännisch eingerichteten Reichsbetrie-

---

[32] *Krüger* (S. 327) hält jegliche erwerbswirtschaftliche Betätigung durch den Staat für unzulässig.

[33] *Krome* (Binnenhafen, ZfB 6, 1959 [Sonderdruck]) ist der Auffassung, daß man die Rentabilität eines Hafenbetriebes ohnehin nicht unter dem betriebswirtschaftlichen, sondern nur unter dem volkswirtschaftlichen Gesichtspunkt bewerten kann.

[34] *Baumbach/Duden*, Anm. 1 A, Einf. Buch I.

[35] *Püttner*, S. 44.

[36] Ebd., S. 44.

[37] *Vialon*, S. 22.

[38] *Püttner*, S. 42.

[39] Ebd., S. 42.

ben"[40], § 26 BHO gibt die Bezeichnung „Bundesbetrieb", § 1 der Eigenbetriebsverordnung für das Land Nordrhein-Westfalen[41] spricht bei den unselbständigen Sondervermögen der Kommunen von „wirtschaftlichen Unternehmen der Gemeinde". Auch für jene öffentlichen Unternehmungen, die als selbständige Betriebsgesellschaften des Zivilrechts auftreten, läßt sich eine einheitliche Terminologie nicht finden. Die vielfältigen Beteiligungs- oder Beherrschungsmöglichkeiten der öffentlichen Hand lassen eine generalisierte Betrachtung der Aktiengesellschaften oder Gesellschaften mit beschränkter Haftung nach formalen Kriterien nicht zu. Die jeweils vorhandene tatsächliche oder rechtliche Eigenständigkeit, die Arbeitsmethodik und Rechnungsführung oder die Teilnahme am geschäftlichen Verkehr, die als Abgrenzungsmerkmale in Betracht kommen, sind vom Erscheinungsbild weitgehend unabhängig[42]. Die Unzulänglichkeit der dogmatischen Darstellung der öffentlichen Binnenhäfen *nur* aus der Form kann auch nicht durch die Einführung von soziologischen Kriterien[43] gelöst werden. Die Vermischung von rechtlichen und wirtschaftswissenschaftlichen Elementen[44] kann ebenso zu keinem Erfolg führen, denn auch dies ist nur eine Anknüpfung an die historischen Zufälligkeiten.

So sehr schon eine Zuordnung der Häfen nur nach der zivilrechtlichen Persönlichkeit versagt, ist auch mit der Einteilung nach der jeweiligen Organisation des Betriebes nichts gewonnen. Wenn sich nach der Meinung des Bundesgerichtshofs die Rechtsbeziehungen eines Unternehmens der öffentlichen Hand zu den Benutzern nicht nach der Zielsetzung, sondern nach der „organisatorischen Gestaltung"[45] richten, führt das gerade bei den Häfen zu einem unbefriedigenden Ergebnis: Ein Teil der Unternehmungen wäre nach öffentlich-rechtlichen, ein anderer Teil nach privatrechtlichen Gesichtspunkten zu beurteilen. Es böte der Hafen Kehl[46] ein öffentlich-rechtliches Leistungsverhältnis, in Ludwigshafen[47] oder in Duisburg-Ruhrort[48] hingegen bestünde ein privatrechtliches Benutzungsverhältnis.

So bedenklich das Ergebnis schon ist, so unsicher ist auch diese an der Organisation gemessene Einteilung, da bei vielen Häfen öffentlich-recht-

---

[40] Die Reichshaushaltsordnung ist seit dem 19. Aug. 1969 (BGBl. I, S. 1284) durch die Bundeshaushaltsordnung ersetzt.

[41] GV NW 1953, S. 435.

[42] *Püttner*, S. 61.

[43] *Vogel*, S. 25.

[44] *Eichhorn*, Peter, S. 88.

[45] BGHZ 9, S. 145 ff. (S. 145).

[46] Körperschaft des öffentlichen Rechts.

[47] Gesellschaft mit beschränkter Haftung.

[48] Aktiengesellschaft.

liche und privatrechtliche Strukturen untrennbar miteinander vermischt sind: Fast alle öffentlichen Binnenhäfen erheben öffentlich-rechtliche Hafenabgaben[49], die sich nach der überkommenen Auffassung von den privatrechtlichen Leistungsentgelten unterscheiden[50]. Diese Trennung bedeutet für die Hafenpraxis, daß sich der jeweilige Schiffahrtstreibende oder Umschlagsberechtigte einer beträchtlichen Unsicherheit gegenübersieht. Ihm ist, was die Gebührentatbestände anbelangt, oft nur schwer erkenntlich, wann das janusköpfige Unternehmen das öffentlich-rechtliche oder das privatrechtliche Antlitz zeigt.

Die Organisation ist nur bei den Gesellschaften des Privatrechts eindeutig. Bei den Eigen- und Regiebetrieben schwankt sie zwischen bürgerlich-rechtlicher und hoheitlicher Struktur. So ist die *Behala* als Eigenbetrieb des Landes Berlin ausschließlich privatrechtlich aufgebaut. Für das Leistungsverhältnis besteht keine öffentlich-rechtliche Satzung, sondern nur eine „Betriebsanweisung an Schiffahrtstreibende"[51]. Der Hafen Köln ist als Eigenbetrieb der Gemeinde zwar hoheitlich organisiert, regelt seine Rechtsbeziehungen aber auf Grund von „allgemeinen Benutzungsbedingungen für die Anlagen der Häfen der Stadt Köln". Die Bayerische Landeshafenverwaltung[52] als Regiebetrieb nach § 15 RHO ist öffentlich-rechtlich organisiert, hier ist auch das Verhältnis zu den Nutzern durch Satzungen geregelt. Die Qualifizierung aus der innerbetrieblichen oder der Organisation der Nutzung vorzunehmen, hätte wiederum das Ergebnis, daß tatsächlich gleichartige Leistungen eine zufällige Zuweisung zum öffentlichen oder zum privaten Recht erfahren. Eine solche Einordnung der Häfen übersieht, daß viele der öffentlich-rechtlichen Strukturen in den überwiegend gemeindlichen Häfen einen historischen Ursprung haben, der für das aktuelle Benutzungsverhältnis belanglos sein muß[53]. Überdies sind diese Verhältnisse für die betroffenen Bürger meist kaum erkennbar.

So untauglich sich folglich die Merkmale der Form oder der Organisation zur Festlegung der Rechtsqualität der Binnenhäfen darstellen, ist

---

[49] *Kirschke*, Tarifwesen, DVBl. 1956, S. 430 ff. (S. 430).

[50] BGH DÖV, 1973, S. 213. Hier wird die Verwirrung endgültig, als Streitigkeiten um die Zahlung von Hafengeld dann wiederum den Rheinschiffahrtsgerichten zugewiesen werden, obwohl es sich um „eine öffentlich-rechtliche Gebühr und nicht um ein privatrechtliches Entgelt handelt".

[51] vom 1. 11. 1959.

[52] Mit den Außenstellen Nürnberg, Regensburg, Passau, Aschaffenburg und Bamberg.

[53] *Görg* (Schriftenreihe der DVWG [S 1] 1969, S. 470) meint hierzu, daß etwa das Beamtenverhältnis der Bediensteten im öffentlichen Verkehrswesen seine historische Bedeutung nicht in dem Gestaltungszweck der Rechtsbeziehungen zu den Verkehrsnutzern hat. Es wurde vielmehr ein öffentlich-rechtliches Dienst- und Treueverhältnis geschaffen, um durch die Unterstellung unter das Disziplinarrecht ein Streikrecht auszuschließen.

damit noch nicht geklärt, wie die Vermischung von öffentlich-rechtlichen und privatrechtlichen Gesichtspunkten dann berücksichtigt werden soll[54]. Man behalf sich bislang mit dem Grundsatz, daß die öffentlichen Unternehmungen nicht in jeder Hinsicht privaten gleichgestellt werden können[55], und glaubte, mit der Rechtsfigur der „Gemeinwirtschaftlichkeit" ausreichende Klarheit zu erreichen[56].

II. Das gemeinwirtschaftliche Unternehmen

Die öffentlichen Binnenhäfen zeichnen sich in der überkommenen Auffassung demnach dadurch aus, daß sie als gewerbliche Unternehmungen nach den „Grundsätzen des unternehmerischen Wirtschaftens"[57] zu führen sind und dabei eine Verkehrsleistung im Dienst der Allgemeinheit erbracht werden soll[58]. Bevor die Vereinbarkeit beider Zielsetzungen überprüft werden kann, ist fraglich, ob die öffentliche Hand überhaupt unbeschränkt am allgemeinen erwerbswirtschaftlichen Verkehr teilnehmen kann. Diese Frage ist seit jeher rechtlich und politisch sehr umstritten[59].

Aus dem Grundgesetz kann keine Wirtschaftsverfassung entnommen werden[60], was aber nicht heißt, daß damit jegliche staatliche Einflußnahme gegenüber einem „schrankenlosen laissez-faire" unzulässig ist[61]. Aus dem Grundgesetz läßt sich nur eine Verpflichtung des Staates zum ordnenden Eingriff in die Wirtschaft ableiten, aber kein generelles Verbot der eigenen Teilnahme am wirtschaftlichen Verkehr. Art. 12 Abs. I GG schützt nicht vor Konkurrenz der öffentlichen Hand, denn durch diese Norm wird nicht die Gewerbefreiheit „als objektives Prinzip der Gesell-

---

[54] *Nagel* (Hafenwirtschaft, S. 34) hält es generell für unerheblich, ob die Benutzung eines gemeindlichen Hafens nach privatwirtschaftlichen Gesichtspunkten oder unter der Beachtung von öffentlich-rechtlichen Bindungen erfolgt.

[55] *Rüfner* (S. 141) erkennt dies zwar treffend, will aber wegen der „Strukturähnlichkeit von öffentlicher und privater Wirtschaft" keine globale Überführung in das öffentliche Recht.

[56] *Püttner* (S. 19) will als Gemeinwirtschaft „die gemeinhin als unmittelbar gemeinnützigen Zwecken dienende und nicht unter Erwerbs-, sondern unter dem Motiv des Dienstes am Gemeinwohl geleiteten Wirtschaft verstanden" wissen.

[57] *Mohr*, Organisationsformen, Internationales Archiv für Verkehrswesen, 15/16, 1958 (Sonderdruck).

[58] *Vogel*, S. 21.

[59] *v. Brauchitsch/Ule*, S. 84.

[60] BVerwGE 39, S. 329 ff. (S. 336). In dieser Entscheidung hat das Bundesverwaltungsgericht zu § 85 der Baden-Württembergischen Gemeindeordnung dargelegt, daß die wirtschaftliche Betätigung der Gemeinden auf dem Gebiet des Bestattungswesens zulässig ist.

[61] Zutreffend *Görg*, Schriftenreihe der DVWG (S 1) 1969, S. 477/478.

schafts- und Wirtschaftsordnung proklamiert"[62]. Dem Bürger wird nur ein Grundrecht zur Ausübung jeglicher erlaubter Tätigkeit garantiert.

Die generelle Befugnis der öffentlichen Hand, wirtschaftliche Unternehmungen zu betreiben, besagt aber noch nicht, daß hiervon grundsätzlich und im beliebigen Umfange Gebrauch gemacht werden dürfe. Zu den verfassungsrechtlichen Grundentscheidungen, die sich auf das öffentliche Verkehrswesen beziehen[63], gehört die Sozialstaatlichkeit. Sie beinhaltet nicht nur einen Hilfsanspruch des Bürgers bei besonderen Notlagen, sondern nach aktuellem Verfassungsverständnis auch einen derivativen Teilhabeanspruch an der Rechts- und Sozialordnung des modernen Leistungsstaates[64]. Dieses Recht muß die öffentliche Hand auch dann berücksichtigen, wenn sie als Privater auftritt[65]. Dem glaubte man bislang ausreichend dadurch Rechnung zu tragen, daß Wirtschaftsunternehmen von Gemeinden nur errichtet und betrieben werden dürfen, wenn der öffentliche Zweck dies rechtfertigt und ein angemessenes Verhältnis zur Leistungsfähigkeit der Gemeinde als auch zum voraussichtlichen Bedarf besteht[66]. Eine erwerbswirtschaftliche Tätigkeit ist daher grundsätzlich Privaten vorbehalten, so daß der Staat hierbei einem Begründungszwang unterliegt[67]. Das bedeutet, daß zu der generellen Zulässigkeit der Teilnahme am wirtschaftlichen Wettbewerb als besondere Legitimation das „öffentliche Interesse" treten muß[68].

Diese Zwecksetzung für die wirtschaftliche Betätigung der Kommunen hat daher auch ihre normative Festlegung erfahren. Ausgehend von der deutschen Gemeindeordnung von 1935[69] wurden in die Gemeindeordnungen der Länder Vorschriften aufgenommen, welche die wirtschaftliche Betätigung unter die Herrschaft des öffentlichen Zwecks stellen[70].

---

[62] BVerfGE 7, S. 377 ff. („Apothekenurteil").

[63] *Görg* (Schriftenreihe der DVWG [S 1] 1969, S. 474) bezeichnet als die beiden das öffentliche Verkehrswesen tragenden Prinzipien das Sozialstaatsprinzip und die Bundesstaatlichkeit.

[64] *Martens*, Wolfgang (Grundrechte, VVDStRL 30, 1972, S. 8 ff. [S. 8]) erkennt zutreffend, daß neben die traditionelle Freiheitssicherung ein verfassungsrechtlicher Teilhabeanspruch getreten ist.

[65] *Ossenbühl*, DVBl. 1973, S. 289 ff. (S. 291).

[66] *v. Brauchitsch/Ule*, S. 85.

[67] *Püttner*, S. 203.

[68] Die öffentliche Zwecksetzung wurde auch vom Bundesverwaltungsgericht (BVerwGE 39, S. 329 ff. [S. 332]) in seiner Entscheidung zu § 85 der Baden-Württembergischen Gemeindeordnung als Merkmal für die Zulässigkeit der gewerblichen Betätigung der öffentlichen Hand hervorgehoben.

[69] RGBl. I, S. 49.

[70] Etwa Art. 75 Abs. I der Gemeindeordnung für den Freistaat Bayern (GVBl. 1972, S. 349, ber. S. 419), § 69 Abs. I der Gemeindeordnung für das Land Nordrhein-Westfalen (GV 1969, S. 656), § 89 Abs. I der Niedersächsischen Gemeindeordnung (GBl. 1955, S. 55); § 98 Abs. I der Hessischen Gemeindeordnung (GVBl. 1960, S. 103, 164).

Wie die §§ 67 ff. der deutschen Gemeindeordnung[71] enthalten auch die Vorschriften aus dem geltenden Gemeinderecht in dieser Frage zum überwiegenden Teil nur allgemeine Grundsätze, deren Bindung mehr politische als rechtliche Bedeutung hat[72]. Da sich die Regeln im allgemeinen in der Festlegung von Haushaltsgrundsätzen erschöpfen[73], kann ihnen kaum eine Aussage darüber entnommen werden, wie der „öffentliche Zweck" denn überhaupt im konkreten Falle berücksichtigt werden soll.

§ 3. Die Unstimmigkeit der „Gemeinwirtschaftlichkeit"

Entscheidend für die Verwendbarkeit der Figur der „Gemeinwirtschaftlichkeit" ist, ob die Berücksichtigung des Gemeininteresses, bei der ansonsten erwerbswirtschaftlich ausgerichteten Unternehmensführung, ein brauchbares Merkmal für die Gestaltung des Nutzungsverhältnisses liefern kann. Man begnügte sich bislang mit der Formel, daß „Gemeinnützigkeit und begrenzte Gewinnwirtschaft nicht miteinander unverträglich" seien[74]. Das bedeutet die Vereinigung von zwei Prinzipien, die sich grundsätzlich voneinander unterscheiden: Die gewerbliche Maxime der Gewinnmaximierung einerseits, der Dienst an der Allgemeinheit[75] als „öffentliches Wohl" oder „Gemeinwohl" andererseits[76].

---

[71] Hier war im 2. Abschnitt die wirtschaftliche Betätigung der Gemeinden niedergelegt.

[72] *v. Brauchitsch/Ule*, S. 85.

[73] So regelt § 95 Abs. I der Niedersächsischen Gemeindeordnung die Ertragspflicht für den gemeindlichen Haushalt, § 98 die Darlehensaufnahme, § 102 den Tilgungsplan; ähnlich §§ 103, 106 der Hessischen Gemeindeordnung und die Art. 79, 82, 84, 86 der Bayerischen Gemeindeordnung. Für Eigenbetriebe ist in § 8 der Eigenbetriebsverordnung für das Land Nordrhein-Westfalen (GV 1953, S. 435) die Erhaltung des Sondervermögens normiert; in § 10 die Kassenführung, die §§ 13, 14, 15 enthalten jeweils den Wirtschafts-, Erfolgs- und Finanzplan.

[74] *Rüfner*, S. 148.

[75] Ebd. (S. 147), ist aber dann wiederum der Auffassung, daß der primäre Zweck der öffentlichen Unternehmungen der Dienst an der Allgemeinheit sei.

[76] Dieser Gegensatz wird im geltenden Recht besonders bei der Besteuerung der Hafenbetriebe deutlich. Nach § 1 Abs. I Nr. 6 KStG i. V. m. §§ 1 Abs. I; 2 KStDV besteht Steuerpflichtigkeit. Andererseits ist hierfür in § 1 KStDV keine Gewinnerzielungsabsicht erforderlich, die doch das Hauptmerkmal gewerblicher Betätigung ausmacht. § 4 KStDV nimmt dann wieder einen Teil der öffentlichen Unternehmungen als „Hoheitsbetriebe" von der Steuerpflicht aus und sieht als Kriterien der fehlenden Gewerblichkeit den Anschluß- und Benutzungszwang, wobei durchaus eine Gewinnerzielungsabsicht vorliegen darf.

I. Das Spannungsverhältnis zwischen einer privatwirtschaftlichen Betriebsführung und der Berücksichtigung von Gemeininteressen

In den Gemeindeordnungen der Länder[77] ist vorgeschrieben, daß die gemeindlichen Unternehmungen einen Gewinn für das Budget abwerfen sollen. Dabei handelt es sich nicht lediglich um die begrüßenswerte Sicherstellung eines Betriebsgrundsatzes, in dem die angestrebte Leistung in einem angemessenen Verhältnis zum finanziellen Aufwand stehen soll, sondern um die positive Begründung eines Geschäftsprinzips des privatrechtlichen Wirtschaftsverkehrs[78]. Um eine möglichst hohe Ausschüttung zu gewährleisten, sei demnach das „Prinzip des reinen Verwaltens" abzulehnen[79]. Statt dessen bedürfe es zur Erreichung eines befriedigenden Ergebnisses „unternehmerischen Wirtschaftens"[80]. Bei dieser Zielvorstellung würde die Unternehmung ihre Bestimmung nur im Sinne der Wirtschaftswissenschaft erfahren, also von drei Umständen beherrscht: Durch den *Einsatz eines Kapitalrisikos* wird mittels *selbständiger wirtschaftlicher Tätigkeit die Erzielung eines Gewinnes* angestrebt[81]. Demzufolge bestünde lediglich eine Unterwerfung unter die „wirtschaftliche Eigengesetzlichkeit" der Teilnahme am Marktverkehr[82]. So verständlich das Anliegen der Gemeinden sein mag, mit ihren öffentlichen Unternehmungen die Einnahmen zu verbessern, so muß dieser Geschäftszweck doch dem Steuerrecht vorbehalten bleiben. In § 1 Abs. I der Abgabenordnung ist als Steuerzweck die „Erzielung von Einkünften" für ein „öffentlich-rechtliches Gemeinwesen" ausgewiesen. Damit ist der öffentlichen Hand nicht jegliche Gewinnerzielung verwehrt, sondern im Einklang mit dem Bundesverwaltungsgericht[83] das zwingende Prinzip dargelegt, daß die Gewinnerzielungsabsicht *allein* noch nicht als Legitimation für die Tätigkeit des öffentlichen Hafens ausreicht. Die Gewinnerzielung setzt die „selbstherrliche"[84] Verwirklichung eines Individualinteresses voraus, das für die öffentliche Hand auch dann nicht Parameter werden darf, wenn sie als Privater auftritt[85]. Wenn aber öffent-

---

[77] Siehe Fußnote 73.

[78] *Rüfner* (S. 149): Es ist bei „vielen Betrieben der Daseinsvorsorge die Erwirtschaftung eines Gewinnes ausdrücklich aufgegeben. Eine Beschränkung auf die Kostendeckung ist bewußt nicht vorgesehen".

[79] *Mohr*, Organisationsformen, Internationales Archiv für Verkehrswesen, 15/16 1958 (Sonderdruck).

[80] *Ossenbühl*, DVBl. 1973, S. 289 ff. (S. 292).

[81] *Vogel*, S. 24.

[82] Ebd., S. 24.

[83] BVerwGE 39, S. 329 ff. (S. 334).

[84] *Vogel*, S. 24.

[85] *Martens*, Wolfgang (Rechtsbegriff, S. 98) wendet sich zutreffend gegen die Gleichstellung mit Rechtspersonen des Privatrechts, wenn bürgerlich-

lich-rechtliche Bindungen nicht dadurch außer Kraft treten, daß die Gemeinden ihre öffentlichen Häfen „privatrechtlich einkleiden"[86], ist damit noch nicht hinreichend bestimmt, wieweit das Gemeininteresse im Verhältnis zum Individualinteresse[87] überhaupt als konkretes Handlungsprinzip dienen kann. Eine solche Funktion würde voraussetzen, daß aus dem Begriff der „Gemeinwirtschaftlichkeit" oder der Berücksichtigung von „Gemeininteressen" objektivierbare und rechtsstaatlich sichere Handlungsmaximen entnommen werden können.

II. Die fehlende Bestimmbarkeit des „Gemeininteresses" und die daraus resultierende Disfungibilität des Begriffs

Nur wenn die statusrechtliche Bestimmung des Hafens als öffentliche Einrichtung eindeutig erfolgen kann[88], ist der bürgerschaftliche „status positivus"[89] gesichert. Bei den Maßstäben für die Überprüfung des Blankettbegriffes ist darauf abzustellen, ob sich eine konkrete Regelungswirkung für das Leistungsverhältnis eröffnet und damit die „materiellrechtliche Leistungssubjektivität" den Hafennutzern gegenüber bestimmt werden kann[90].

Zur Verdeutlichung sei ein durchaus nicht seltener Konfliktsfall aus der Hafenpraxis herausgegriffen, bei dem es auf die Bestimmbarkeit des Gemeininteresses im Verhältnis zur erwerbswirtschaftlichen Zielsetzung der Häfen ankäme: Häufig besteht bei den mit erheblichen öffentlichen Investitionen erbauten Häfen[91] die Möglichkeit, Teile von unmittelbar am Ufer gelegenen Grundstücken an ein Industrieunternehmen zu verpachten oder gar zu verkaufen, obwohl dessen Geschäftszweck mit dem Hafenbetrieb kaum einen Zusammenhang hat[92]. Dies kann zwar vom Ge-

---

rechtliche Gestaltungsformen gewählt werden. Diese Auffassung stamme von „jener längst überwundenen Konstruktion der Doppelpersönlichkeit von Staat und Fiskus".

[86] *Ossenbühl,* DVBl. 1973. S. 289 ff. (S. 292).

[87] *Ryffel* (S. 13 - 15) scheidet „das Gesamtinteresse von den Privat- und Gruppeninteressen und stellt es diesem als Leitidee und Korrektiv gegenüber".

[88] *Scholz,* Rupert (S. 219) hält zu Recht die statusrechtliche Zuordnung für den Angelpunkt des Nutzungsverhältnisses.

[89] Ebd., S. 219.

[90] Ebd., S. 221.

[91] In der „Betriebssatzung für die Häfen der Stadt Köln" vom 25. 7. 1957 ist in § 12 ein Stammkapital von 30 Mill. DM ausgewiesen. *Bartsch (Bartsch* bei *Meyer,* S. 122) hat schon 1938 für einen Binnenhafen einen durchschnittlichen Raumbedarf von 1/2 bis 1 qkm ermittelt.

[92] Auch wenn die jeweiligen Firmen kein oder nur ein geringes Interesse am wasserseitigen Umschlag haben, so ist wegen der guten Verkehrsbedienung durch Straße und Schiene ein Grundstück im Hafengebiet für diese dennoch von großem Interesse.

sichtspunkt der betriebswirtschaftlichen Rentabilität einen hohen Gewinn zur Folge haben, würde aber auf längere Sicht die Verkehrsbedeutung eines Hafens verringern, die in der Regel weit über die Hafenstadt hinausgeht[93]. Der Verkauf oder die langfristig gebundene Verpachtung von Hafengebiet an Ansiedler, die nicht am Umschlagsgeschehen beteiligt sind, hätte eine Denaturierung des Hafens zur Folge. Der Verwaltungszweck „Verkehrsleistung" wäre gefährdet und könnte im Laufe der Zeit sogar annähernd erliegen[94]. Die unter hohen Zinssätzen erfolgte Verpachtung an ein hafenfremdes Unternehmen wäre die Konsequenz aus dem erwerbswirtschaftlichen Imperativ, der Schutz des Hafens vor Denaturierung (der im konkreten Fall erheblich weniger Gewinn versprechen kann) ist für die Erhaltung der Verkehrsfunktion des Hafens unumgänglich. Hier kann mit dem sehr allgemeinen Begriff des „Gemeininteresses" keine konkrete Entscheidung sicher begründet werden, vielmehr handelt es sich um die Aufrechterhaltung des *Verwaltungszweckes*. Dieser Verwaltungszweck[95] kann nicht ohne weiteres aus der auf einer anderen Ebene angesiedelten und recht unklaren Formel des „Gemeinwohls" gefolgert werden. Es handelt sich nicht um ein Gegensatzpaar, sondern um eine Wesensverschiedenheit beider Maximen. Während der „schillernde Begriff"[96] des Gemeinwohls nur eine allgemeine Wirtschaftstendenz[97] beinhaltet, ist der Verwaltungszweck des jeweiligen öffentlichen Unternehmens konkret feststellbar. Die Erfordernisse des Gemeinwohls sind lediglich die generelle Legitimation für die Wirtschaftsbetätigung der öffentlichen Hand[98], da es den Gemeinden nicht gestattet ist, ihre Betriebe fiskalisch auszubeuten[99]. Andererseits ist wegen des Ertragsgebotes in den Haushaltsordnungen[100] auch ein gemeindliches Unternehmen „ein Wirtschaftsunternehmen und keine karitative Einrichtung"[101]. Wenn dieses Gewinnstreben dann durch das „öffentliche Wohl" begrenzt wird, so ergeben sich hieraus noch keine fungiblen An-

[93] *Kirschke*, Binnenhafen, ZfB 6, 1959, S. 2 (Sonderdruck).

[94] Aus diesem Grund werden Hafengrundstücke, die für den Umschlag von Bedeutung sind, heute (im Gegensatz zu der Zeit vor dem zweiten Weltkrieg) seltener verkauft. Bei Verpachtungen behilft man sich mit dem Zustimmungserfordernis zu hafenfremder Nutzung (z. B. § 1 Abs. I der „allgemeinen Bedingungen für die Vermietung von Grundstücken" im Hafen Neuß) und mit der Vereinbarung von Umschlagsgarantien (z. B. bei den Mietverträgen der Bayerischen Landeshafenverwaltung).

[95] Der sich später als Ansatzpunkt für die öffentlich-rechtliche Sachnutzungsbestimmung darstellt.

[96] *v. Brauchitsch/Ule*, S. 93.

[97] Ebd., S. 91.

[98] *Püttner*, S. 202.

[99] *Rüfner*, S. 152.

[100] Siehe oben Fußnote 73.

[101] *v. Brauchitsch/Ule*, S. 94.

haltspunkte für die Führung des Unternehmens. Dies ist nur die Festlegung des Grundsatzes, daß letztlich *jegliche* staatliche Tätigkeit der Allgemeinheit dienen muß[102]. Zwar besteht als Maßstab für die Wahrung des Gemeinwohls die verfassungsrechtliche Bindung der öffentlichen Hand[103], auch wenn diese als Rechtsperson des Privatrechts auftritt[104], doch läßt sich aus dem allgemeinen Grundsatz allenfalls entnehmen, daß die Leitidee des öffentlichen Unternehmens nicht ausschließlich in der Gewinnerzielung bestehen darf[105].

Die öffentlichen Unternehmungen müssen es sich demnach auch in der privaten Form[106] gefallen lassen, daß man den Blankettbegriff des „Gemeinwohls" in seiner Tauglichkeit an dem rechtsstaatlichen Bestimmtheitsgebot mißt. Daß die Formel dieser Überprüfung nicht standhalten kann, was das konkrete Nutzungsverhältnis anbelangt, wird wiederum mit einem Blick in die Hafenpraxis offenkundig: Nachdem die Häfen nicht nur dem Umschlag dienen, sondern von überregionaler Bedeutung sind[107], liegt es für Gemeinden in wirtschaftsschwachen Gebieten nahe, die Häfen zur Erhöhung des Steueraufkommens und zur Verbesserung der Infrastruktur heranzuziehen. Es besteht dabei die Möglichkeit, mit der Einräumung von Sondertarifen die Ansiedlung von Industriebetrieben um das Hafengebiet zu fördern. Deren Zulässigkeit läßt sich aber schwer am „Wohl der Allgemeinheit" messen[108], sondern nur daran, ob der rechtsstaatliche Gleichheitssatz und der Verwaltungszweck des Hafens dies gestatten[109].

[102] *Rupp*, S. 116.

[103] *Ryffel* (S. 28) bezeichnet dies als „Generaltitel". Vgl. ebenso *Rupp*, S. 119.

[104] *Rüfner* (S. 145) ist zuzustimmen, daß sich hieraus „keine allgemeinverbindlichen Vorstellungen vom gemeinwohlorientierten Verhalten öffentlicher Betriebe" folgern lassen.

[105] Ebd., S. 146.

[106] *Ossenbühl*, DVBl. 1973, S. 289 ff. (S. 292).

[107] *Lechner* (Nürnberger Forschungen 17, 1972, S. 185 ff. [S. 186]) weist hierbei auf die sogenannten „Hafenfolgebetriebe" hin, die mit dem Umschlagszweck des Hafens keinen engen Zusammenhang haben, sondern nur als Industriebetriebe in einem „wirtschaftlichen Vebund zum Hafen" stehen. Diese werden im Hinterland des Hafens angesiedelt, können also die Umschlagstätigkeit am Kai nicht behindern.

[108] *Külz* (Wohl der Allgemeinheit, S. 197) sieht in fiskalischen Interessen oder in Gründen des Steueraufkommens allein noch keine ausreichende Grundlage für das „Wohl der Allgemeinheit".

[109] *Rüfner* (S. 153 - 155) weist darauf hin, daß die aus wirtschaftspolitischen Gründen unter die Selbstkosten gesenkten Tarife Gefahren haben können. Es kann zur Kostenverzerrung kommen, die eine ungesunde Nachfrageinflationierung bewirken könnte. Insbesondere sei zu befürchten, daß die öffentlichen Unternehmungen durch nicht kostendeckende Tarife bei einem Teil ihrer Leistungen in den *Zwang* geraten, in anderen Geschäftszweigen nicht nur auf Kostendeckung, sondern auf Gewinn bedacht zu sein, somit erwerbswirtschaftlich zu handeln. Dies könnte bis zu einer auf Gewinnmaximierung getriebenen Monopolausnutzung führen.

Da eine durchaus wünschenswerte[110] gesetzliche Einengung des Blankettbegriffs nicht vorhanden ist und anderweitige Wertungen für eine Bezugnahme fehlen[111], versagt der Begriff vor dem Erfordernis der rechtsstaatlichen Bestimmtheit[112]. Dieser Maßstab gilt allerdings nur für einfachgesetzliche Gemeinwohlblankette, die der Verwaltung konkrete Handlungsmaximen liefern sollen, etwa bei der Führung eines Hafenunternehmens[113]. Hierin unterscheidet sich der Blankettbegriff des einfachen Rechts von den verfassungsrechtlichen Gemeinwohlklauseln, die dem Gesetzgeber überhaupt erst die einfachgesetzliche Gestaltung ermöglichen[114].

Somit ist die „Gemeinwirtschaftlichkeit" kein taugliches Regulativ für die auf einer anderen Ebene liegende staatliche Teilnahme am wirtschaftlichen Wettbewerb[115]. Es ergibt sich daher die Notwendigkeit, für die Definition des Hafens und seiner Verkehrsleistung andere Kriterien zu finden. Wie bei der Darstellung der Beispiele bereits deutlich wurde, kommt als Maßstab für das Geschäftsgebaren der öffentlichen Häfen deren Verwaltungszweck in Betracht. Dazu allerdings bedarf es zunächst der Klärung, worin dieser Zweck besteht und wie seine Durchsetzung garantiert ist, um dann letztlich den „einrichtungsrechtlichen Bürgerstatus"[116] festzulegen. Das könnte zu einer *funktionalen* Bestimmung führen, die frei von den Zufälligkeiten und begrifflichen Unklarheiten wäre, die sich aus der traditionellen Anknüpfung an die Form oder die Organisation ergeben haben[117].

§ 4. Die Neubestimmung der Hafenleistung

Es ist folglich das Programm zu geben, nach dem die Neubestimmung der Hafenunternehmungen und ihrer Tätigkeit erfolgen soll.

Der für die Binnenhäfen bestimmende Verwaltungszweck besteht nicht nur in der Abwicklung des wasserseitigen Umschlags und der sich daraus ergebenden Lagerei- und Transportgeschäfte. Vielmehr ist für

[110] Bei *Rupp* (S. 118) ist die normative Festlegung des Begriffs ein verfassungsrechtlicher Auftrag des demokratisch-parlamentarischen Gesetzgebers.

[111] *Ryffel*, S. 24.

[112] *v. Zezschwitz*, S. 192.

[113] Ebd., S. 134.

[114] Ebd., S. 191. *Rupp* (S. 117) meint, daß die Wahrung der Gemeininteressen durch die Legislative nicht abstrakt konstruiert werden kann, sondern „in einem permanenten Prozeß jeweils durch das raumzeitliche Staatsverständnis eines Gemeinwesens konstituiert" werde.

[115] *Klein*, Wettbewerb, S. 187.

[116] *Scholz*, Rupert, S. 221.

[117] Ebd., S. 221.

den Bau und den Betrieb eines Hafens durch die öffentliche Hand entscheidend, daß die Häfen durchweg als Einrichtungen zur Förderung der regionalen Wirtschaft angesehen werden[118]: Sie bereichern den jeweiligen Wirtschaftsraum mit neuartigen und leistungsfähigeren Industrien[119]. Was diesen Umstand anbelangt, sind auch hier die Begründungen in der Literatur und in den Gesetzen sehr unbestimmt. Man begnügt sich mit der Bezeichnung als „öffentliche Verkehrseinrichtungen"[120] oder stellt sie lediglich in den Gegensatz zu den „Versorgungsbetrieben"[121].

Die Neigung der öffentlichen Hand, die Häfen der Förderung der Infrastruktur zu unterstellen, entspricht im „Zeitalter der Leistungsverwaltung"[122] aktuellem Verfassungsverständnis[123]. Dem Bürger wird die Teilhabe an den gesellschaftlichen und wirtschaftlichen Entwicklungen eingeräumt. Der moderne Staat bedient sich dabei in erheblichem Umfange der Gewährung entgeltlicher Leistungen öffentlicher Unternehmungen[124]. Der Bürger steht diesen ebenso gegenüber wie jeder anderen Verwaltung. Es wäre ein unzeitgemäßer Rückgriff auf den Preußischen Obrigkeitsstaat, den Benutzer eines Hafens zu einem „Anstaltsinternum" mit minderer Rechtsstellung zu degradieren[125].

I. Die öffentlich-rechtliche Sachnutzungsbestimmung

Unabhängig von Einteilungen als öffentlich-gebundene, öffentlich-subventionierte oder öffentlich-konzessionierte Unternehmen[126] werden damit die Binnenhäfen von einer einheitlichen Zielsetzung bestimmt: der Darbringung einer Verwaltungsleistung im Rahmen des sozialstaatlichen Auftrags[127]. Die Rechtswissenschaft hat eine solche Erfüllung von Verwaltungsaufgaben durch formal Private bislang als Ausnahmen ver-

---

[118] *Nagel*, Handbuch, S. 28.

[119] Ebd., S. 17.

[120] *Nagel*, Hafenwirtschaft, S. 24.

[121] § 23 der Eigenbetriebsverordnung für das Land Nordrhein-Westfalen (GV 1953, S. 435) scheidet zwischen „Versorgungsbetrieben" und „Verkehrsbetrieben", ohne allerdings einen Hinweis auf die tatsächlichen und rechtlichen Unterschiede beider Kategorien zu geben.

[122] *Bartlsperger*, Verkehrssicherungspflicht, S. 168.

[123] Vgl. Fußnote 64.

[124] *Püttner*, S. 341.

[125] Ebd., S. 341.

[126] *Eichhorn*, Peter, S. 82.

[127] *Eichhorn*, Peter (S. 82) zeigt am Beispiel der „öffentlichen Energieversorgung" im Gegensatz zur „Eigenversorgung", daß der Leistungstatbestand sich nicht durch institutionelle Unterschiedlichkeiten auseinanderdividieren läßt.

nachlässigt[128]. Die Eingrenzung aus der Darbringung einer öffentlichen Verkehrsleistung allein gibt jedoch noch keinen ausreichenden Aufschluß über den Sachstatus der Häfen und das hieraus folgende Benutzungsverhältnis. Insbesondere ist entscheidend darauf abzustellen, daß der Verwaltungszweck als bloßes Handlungs*motiv* der öffentlichen Hand noch nicht hinlänglich ist, sondern daß es auf dessen Sicherstellung ankommt. Es gilt dabei, die vielfältigen Beherrschungs- oder Beteiligungsformen der öffentlichen Hand systematisch einzuordnen. Bei Aktiengesellschaften etwa ist es eine kaum widerlegbare Vermutung, daß aus der Mehrheit oder dem ausschließlichen Recht am Kapital[129] die Beherrschung des Unternehmens durch die öffentliche Hand folgt[130]. Damit ist aber noch keine Aussage über die Maßstäbe getroffen, die bei der Ausübung der Herrschaftsgewalt anzulegen sind. Überdies liegt nicht bei allen öffentlichen Häfen eine Mehrheitsbeteiligung vor[131], so daß hier der Verwaltungszweck nicht durch die Ausübung der Stimmrechte garantiert wäre. Bei den nicht majorisierten Hafenbetriebsgesellschaften allerdings ist regelmäßig die öffentliche Zweckbindung durch Konzessionsverträge und öffentlich-rechtliche Satzungen für die Hafennuntzung garantiert.

Die Binnenhäfen unterliegen daher einer „Indienststellung"[132] durch die öffentliche Hand, soweit sie nicht schon als Eigen- oder Regiebetriebe organisiert sind. Diese Häfen stehen als unselbständige Sondervermögen[133] ohnehin in der Herrschaftsgewalt eines Gemeinwesens.

Wenn die öffentliche Hand die Binnenhäfen in den Dienst der Erfüllung einer Verwaltungsleistung stellt[134], gibt sie damit einer fest um-

---

[128] *Vogel* (S. 22) legt treffend dar, daß man im Gegensatz zu der außerordentlich praktischen Bedeutsamkeit diese Handlungsformen gerade in der Deutschen Jurisprudenz zu lange unbeachtet ließ, anstatt sie „im Rahmen einer gemischten Wirtschaftsverfassung" als „sinngemäße Ergänzung" zu betrachten. *Steiner* (DÖV 1970, S. 526 ff. [S. 526]) meint zu Recht, daß man „bis heute nicht zu einem terminologisch und sachlich allgemein anerkannten Bestand von Typen rechtlich relevanter Kooperation zwischen öffentlicher Verwaltung und privaten Funktionsträgern" gelangt ist.

[129] z. B.: bei den Häfen Dortmund, Duisburg-Ruhrort, Heidelberg, Mainz.

[130] Die gesetzliche Vermutung in § 17 Abs. II Aktiengesetz gilt auch dann, wenn die Aktienmehrheit nicht bei einer Muttergesellschaft liegt, sondern bei einer Gebietskörperschaft. Die Gesellschaft gilt dann als sogenannte „Einmann-AG" (vgl. hierzu *Baumbach,* A., *Hueck,* G., *Hueck/Schulze,* § 262, Anh. Rn 1 - 7).

[131] So stehen die Hafenbetriebsgesellschaften Brink, Erlangen, Fallersleben, Gernsheim oder Fürth nicht in der Mehrheitsbeteiligung der öffentlichen Hand.

[132] *Vogel,* S. 184.

[133] Nach § 1 der Eigenbetriebsverordnung für das Land Nordrhein-Westfalen handelt es sich um die „wirtschaftlichen Unternehmen der Gemeinden ohne Rechtspersönlichkeit".

[134] Vgl. Fußnote 132.

rissenen Sachgemeinschaft die Bestimmung zu einer spezifischen Nutzung. Der Hafen ist damit eine öffentliche Einrichtung, deren Geschäftszweck sich ausschließlich aus der Widmung ergibt[135]. Diese öffentlich-rechtliche Sachnutzungsbestimmung besteht in der Darreichung einer Verwaltungsleistung[136]. Welches Verhältnis die Sachnutzungsbestimmung aber zu der überwiegend privaten Form der Häfen hat, ist noch offen.

II. Die sachfremden Analogien zu den Grundgedanken des Energiewirtschaftsgesetzes oder der Eisenbahn-Verkehrsordnung

In Betracht käme die öffentlich-rechtliche Bindung eines ansonsten privatwirtschaftlichen Handelns.

Diese historisch bedingte Konstruktion des Energiewirtschaftsgesetzes geht davon aus, daß es sich bei den jeweiligen Unternehmungen um juristische Personen handelt, die im Regelfall von der öffentlichen Hand tatsächlich wie rechtlich unabhängig sind. Aus diesem Grunde konnte in § 1 des Gesetzes[137] die Energiewirtschaft nur der *Aufsicht* des Reichs unterstellt werden. Dabei ist in § 2 Abs. II der Rechtsgedanke zu erkennen, daß auch hier letztlich Verwaltungsleistungen[138] erbracht werden. Da in Anbetracht der Selbständigkeit der privaten Versorgungsbetriebe eine Einflußnahme über die Majorität am Kapital nicht möglich war, glaubte man sich mit einer Aufsichtspflicht genügen zu müssen. Bei den öffentlichen Binnenhäfen besteht dieser Sachzwang hingegen nicht, denn hier haben die Gemeinden, ein Land oder die Bundesrepublik regelmäßig die Vermögensträgerschaft und die Mehrheit am Kapital.

Weiterhin wäre es verfehlt, die öffentlich-rechtliche Zweckbindung der Häfen unter dem zivilrechtlichen Blickwinkel des Monopolmißbrauchs oder der Sittenwidrigkeit berücksichtigen zu wollen. Der Rechtsgedanke, welcher der Beförderungspflicht in § 3 der Eisenbahn-Verkehrsordnung[139] zugrunde liegt, kann für die Binnenhäfen nicht übernommen werden. Diese Regelung hat ihren Ursprung ausschließlich darin, daß aus historischen Gründen die Tätigkeit der ehemaligen Reichs-

---

[135] *Ossenbühl*, DVBl. 1973, S. 289 ff. (S. 289/290).

[136] *Bartlsperger*, Bundesfernstraßen, S. 13.

[137] Vom 13. 12. 1935, RGBl. I, S. 1451.

[138] § 2 Abs. II Energiewirtschaftsgesetz lautet: „Energieversorgungsunternehmen im Sinne dieses Gesetzes sind ohne Rücksicht auf Rechtsformen und Eigentumsverhältnisse alle Unternehmen und Betriebe, die andere mit elektrischer Energie oder Gas versorgen oder Betriebe dieser Art verwalten (öffentliche Energieversorgung)."

[139] Vom 8. 9. 1938 (RGBl. II, S. 663).

bahn und der heutigen Bundesbahn noch als privatrechtlich gilt[140]. Die Regelungen in § 6 Energiewirtschaftsgesetz oder in § 3 Eisenbahn-Verkehrsordnung ergeben sich nicht aus dem Wesen der öffentlichen Energieversorgung oder des öffentlichen Verkehrswesens, sondern sind lediglich die Endpunkte geschichtlicher Entwicklungen.

Das Verbot des Monopolmißbrauches aus den §§ 134, 138 BGB erfährt seine Begründung darin, daß die bürgerlich-rechtliche *Privatautonomie* aller am Geschäftsverkehr teilnehmenden Personen geschützt werden soll[141]. Die zivilrechtliche Gestaltungsfreiheit der Nutzungsberechtigten soll damit dem Diktat der wirtschaftlich mächtigen Unternehmungen entzogen werden[142].

III. Die Binnenhäfen als Subjekte des öffentlichen Sachenrechts

Diese Gedanken zum Monopolmißbrauch sind für die Berücksichtigung der öffentlich-rechtlichen Sachnutzungsbestimmung der Häfen dogmatisch nicht verwendbar: Die Darreichung einer Verwaltungsleistung kann nicht mit zivilrechtlichen Instituten garantiert werden, sondern bemißt sich ausschließlich nach Art. 19 Abs. IV GG. Das Rechtsstaatsprinzip erhält und erzeugt im Zusammenwirken mit den Grundrechten organisatorische Sperrwirkungen und Direktiven, die jegliches Verwaltungshandeln auch in privater Form bestimmen. Hier ist der *Schutz* des Bürgers *vor Rechtsverlust, vor Rechtsverschleierung* und die Erhaltung der Rechtssicherung[142a] an Art. 19 Abs. IV GG zu messen und mit öffentlich-rechtlichen Mitteln zu sichern. Daß die Leistung von förmlich Privaten dargebracht wird, ist ohne Belang. Die Binnenhäfen sind durch Widmung und Indienststellung[143] in ihrem öffentlichen Sachstatus festgelegt.

---

[140] Der Bundesgerichtshof hat ausdrücklich erklärt (BGHZ 2, S. 37 ff. [S. 37]), daß die Reichsbahn nur deswegen privatrechtlich tätig sei, weil sie sich „auf den Boden des Privatrechts" *gestellt* habe. Dies ist dadurch geschehen, daß sie ihren Betrieb nach einer privatrechtlichen Benutzungsordnung, nämlich der Eisenbahn-Verkehrsordnung, organisiert hat. Im übrigen läßt es der Bundesgerichtshof (S. 42 - 43) in dieser Entscheidung dahinstehen, ob die Tätigkeit der Reichsbahn materiellrechtlich als öffentliche oder private Aufgabe anzusehen ist. Ähnlich auch die Entscheidung BGHZ 6, S. 304 ff. (S. 307).

[141] *Larenz*, AT, S. 93.

[142] Ebd., S. 93.

[142a] *Ossenbühl* (Verwaltungsaufgaben, VVDStRL 29, 1971, S. 137 ff. [S. 205, Leitsätze]) betont in diesem Zusammenhang, daß „die Problematik der Umgehung grundgesetzlicher Organisationsformen ... ihren Sitz nicht in erster Linie im Staatsorganisationsrecht, sondern im rechtsstaatlichen Gedankenkreis" hat.

[143] *Bartlsperger* (zu Art. 90 GG, Rn 44) bezeichnet die Widmung und Indienststellung zur Darbringung einer Verwaltungsleistung als Wesensmerkmale des öffentlichen Sachstatus.

Diese Sachnutzungsbestimmung kann von der öffentlichen Hand garantiert werden, denn sie hat als Verwaltungsträger die Sachherrschaft. Für die Anwendung bürgerlich-rechtlicher Hilfskonstruktionen fehlt es somit an jeglichem Erfordernis.

Die weitere Begründung dieses Satzes[144] erfordert allerdings zuvor, daß die tatsächlichen Gegebenheiten in den Häfen eine solche Betrachtungsweise uneingeschränkt zulassen. Es ist zu zeigen, daß die historisch gewachsenen und vielfältig zersplitterten Verhältnisse dieser Definition standhalten. Hieraus können sich dann konkrete Regeln für das Nutzungsverhältnis ergeben. Die Verwaltungsleistung „Hafen" kann dabei nicht mehr in die überkommene Zweiteilung des staatlichen Handelns eingezwängt werden. „Hoheitliche" und „schlichte" Betätigung werden als abschließende Kategorien den tatsächlichen und rechtlichen Gegebenheiten im Rahmen der modernen Leistungsverwaltung nicht mehr gerecht[145].

---

[144] Im 3. Kapitel.

[145] *Woydt*, S. 128.

Zweites Kapitel

Die Gegebenheiten in den deutschen Binnenhäfen unter Berücksichtigung des gegenwärtigen Meinungsstandes

Die Rechtsverhältnisse in den deutschen Binnenhäfen sind auf Grund geschichtlicher Umstände äußerst unterschiedlich. Die Ursachen hierfür liegen in der unübersehbaren Vielzahl der Herrschaftsverhältnisse im Deutschland des Mittelalters, der Renaissance und des absoluten Fürstentums[145a]. Das wurde durch das Fehlen einer einheitlichen, starken Reichsgewalt begünstigt. Die Stapelrechte der Fürsten und der freien Städte beschränkten sich regelmäßig auf ein kürzeres Stück wirtschaftlich genutzten Wasserweges[146]. Dies führte teilweise zu einer verkehrsgeographisch ungünstigen Streuung, welche die Arbeitsfähigkeit der Unternehmungen erheblich beeinträchtigen kann. Aus diesem Grund wurden die Akzente bei den sogenannten „Hafenbildungsgründen" im Laufe der Zeit von natürlichen (vorhandenen Buchten) zu abstrakten Kriterien (Rentabilität) verlagert[147]. Für die Leistungskraft eines Hafens ist somit sein Standort in erheblichem Umfange entscheidend[148]. Eine Darlegung der Rechtsverhältnisse in den Häfen kann sich demnach nicht auf den Betrieb der Unternehmungen beschränken, denn dieser ist untrennbar mit dem Bau verknüpft.

§ 1. Die Rechtsverhältnisse beim Bau eines öffentlichen Hafens

I. Die Planfeststellung

Die Aufgaben, die bei dem Bau eines Hafens bewältigt werden müssen, sind vielfältig[149]. Aus diesem Grund ist nach § 31 Wasserhaushaltsgesetz

---

145a *Bartsch* bei *Meyer*, S. 116.

146 Ebd., S. 116.

147 *Feuchter*, S. 97.

148 Vgl. die *Entschließung des Bayerischen Staatsministeriums des Innern* (Ministerialamtsblatt der Bayerischen Inneren Verwaltung, 1952, S. 411): „Eine Aneinanderreihung einer Vielzahl von Umschlagsstellen, für die ein bestimmtes Verkehrsaufkommen nicht als gesichert angesehen werden kann, würde nicht nur eine Kapital-Fehlinvestierung darstellen, sondern auch bewirken, daß die unwirtschaftlich ausgelasteten Umschlagsanlagen laufende Zuschüsse

bzw. §§ 12 - 23 Bundeswasserstraßengesetz ein Planfeststellungsverfahren erforderlich. Der Planfeststellungsbeschluß ist nach beiden Rechtsgrundlagen eindeutig ein Verwaltungsakt[150], denn er wendet sich im verwaltungsrechtlichen Außenverhältnis an einen konkret abgegrenzten Kreis von Betroffenen[151].

Es findet daher die uneingeschränkte verwaltungsgerichtliche Kontrolle nach § 40 Abs. I VwGO statt. Wie bei der Bauleitplanung nach dem Bundesbaugesetz besteht auch hier kein Anlaß, mit den Rechtsfiguren des Ermessens oder des Beurteilungsspielraumes einen Teil der Planung der gerichtlichen Kontrolle zu entziehen[152]. Bei dem Bauleitplan als Vollzugsnorm ergibt sich der lückenlose Rechtsschutz aus Art. 19 Abs. IV GG[153]. Erst recht muß dieses Verfassungsgebot für die Pläne nach dem Wasserhaushaltsgesetz und dem Bundeswasserstraßengesetz gelten, denn hier handelt es sich ohnehin um Einzelakte.

Damit ist allerdings noch nichts über das Verhältnis der beiden Verfahrensarten zueinander ausgesagt. Während sich früher die Planfeststellung grundsätzlich nach § 31 Wasserhaushaltsgesetz richtete, ist seit dem Inkrafttreten des Bundeswasserstraßengesetzes[154] eine unübersichtliche Aufteilung der Rechtsgrundlagen erfolgt.

1. Die technische Beschaffenheit des Hafenbeckens als Kriterium für die Rechtsgrundlage des Verfahrens

Der Umstand, ob der Bau eines Hafens sich nach Bundeswasserstraßenrecht oder nach dem Wasserhaushaltsgesetz richtet, ist durch die *tatsächliche Gestaltung* des geplanten Hafenbeckens bestimmt. Längs- oder Pa-

---

erfordern oder ein ungesunder Wettbewerb der Häfen untereinander Platz greift." Siehe auch die *Empfehlungen für die technische Planung von Binnenhäfen* (S. 5).

[149] *Bartsch* (*Bartsch* bei *Meyer*, S. 122) nennt: Die Bereitstellung des Hafengeländes, die wasserbau- und bodentechnische Erschließung, den Bau einer Hafenbahn, die Errichtung von Hochbauten für den Lagereibetrieb und die Errichtung von Verladeanlagen für den Umschlagsbetrieb.

[150] *Friesecke*, Bundeswasserstraßengesetz, Rn 2 zu § 19 (S. 176); *Sieder/Zeitler/Hlawaty/Dahme*, Rn 18 zu § 31.

[151] *Obermayer*, Plan, VVDStRL 18, 1960, S. 144 ff. (S. 153/154). — Im Gegensatz zu § 10 BBauG liegen hier keine gemeindlichen Satzungen vor, sondern Bescheide der Wasser- und Schiffahrtsverwaltung (§§ 12, 14 WaStrG) oder der allgemeinen Verwaltung (§ 31 WHG) der Länder.

[152] *Bartlsperger* (Bauleitplanung, DVBl. 1967, S. 360 ff. [S. 373]) hat nachgewiesen, „daß Bebauungspläne mit Rücksicht auf ihren Vollzugsnormcharakter überall und uneingeschränkt einer vollen prinzipalen Normen-Kontrolle vor dem Oberverwaltungsgericht bzw. Verwaltungsgerichtshof" unterliegen. Vgl. ebenso *Karwath*, S. 54.

[153] *Bartlsperger*, Bauleitplanung, S. 372.

[154] Am 2. April 1968 (BGBl. II, S. 171).

rallelhäfen im Sinne von § 3 Abs. I Bundeswasserstraßengesetz gelten als Teile der Wasserstraße (ohne Rücksicht auf das zivilrechtliche Eigentum, vgl. § 45 Abs. IV). Sie erfahren daher die Planung nach den §§ 12 - 23 des Gesetzes. Stichhäfen oder sonstige abgeteilte Häfen sind nicht Bestandteile der Wasserstraße, hier blieb die Zuständigkeit nach § 31 Wasserhaushaltsgesetz erhalten[155]. Auch bei jenen Häfen, die als der Wasserstraße angehörig gelten, erfolgt das Verfahren nur dann nach den §§ 12 ff. Bundeswasserstraßengesetz, wenn es sich um einen *verkehrsbezogenen* Ausbau oder Neubau handelt[156].

Bei anderen Häfen hingegen kann eine Planfeststellung selbst dann *nicht* im Rahmen des Ausbaus einer Bundeswasserstraße erfolgen, wenn dies zur wirkungsvollen Verkehrsplanung dringend erforderlich wäre. Hier endet die Planfeststellungshoheit des Bundes an der Einmündung des Hafens[157]. Die §§ 12 ff. Bundeswasserstraßengesetz sollten in Ausfüllung von Art. 89 Abs. II GG durch die Zentralisierung der Zuständigkeiten[158] eine effektive und weiträumige Planung ermöglichen. Statt dessen führte die unglückliche Regelung in § 45 Abs. IV des Gesetzes zu einer weiteren Zersplitterung bei der Konzeption neuer Häfen, denn hier sind nur jene aus § 3 Abs. I in die Zuständigkeit des Bundes einbezogen. Es ist ein Auftrag an den Gesetzgeber, auch für Stichhäfen das Verfahren nach §§ 12 ff. Bundeswasserstraßengesetz zu ermöglichen, da hier eine ebenso enge *Verkehrs*verbindung zur Wasserstraße besteht. Dabei muß die technische Ausgestaltung des Hafenbeckens belanglos bleiben. Die Zweiteilung des Verfahrens ist um so bedenklicher, als die §§ 12 ff. Wasserstraßengesetz dem § 31 Wasserhaushaltsgesetz nicht synchron nachgebildet wurden, sondern erhebliche Unterschiede bestehen.

A. Längs- und Parallelhäfen nach §§ 3 Abs. I, 45 Abs. IV Bundeswasserstraßengesetz (Verfahren nach §§ 12 ff. Bundeswasserstraßengesetz)

Das Bundeswasserstraßengesetz enthält keine § 17 Abs. III Bundesfernstraßengesetz entsprechende Regelung, ein Planfeststellungsverfah-

---

[155] Beide Hafenformen hinreichend präzise gegeneinander abzugrenzen, bereitet bei den oft weitverzweigten Anlagen erhebliche Schwierigkeiten. Es wird letztlich wieder an die unzutreffende Fiktion angeknüpft, daß man ein Hafengebiet jederzeit abstrakt definieren könne. — Vgl. im übrigen hierzu im 1. Kapitel § 1, Abs. I, 2.

[156] Vgl. *Friesecke*, Bundeswasserstraßen, Rn 3 zu § 12 (S. 113). — Soweit wasserwirtschaftliche Belange zu erfüllen sind, erfolgt auch bei Parallelhäfen die Planfeststellung nach dem Wasserhaushaltsgesetz.

[157] *Friesecke*, Bundeswasserstraßen, Rn 6 zu § 45 (S. 378).

[158] In § 14 Abs. I WaStrG sind als Planfeststellungs- und Genehmigungsbehörden die Wasser- und Schiffahrtsdirektionen vorgesehen.

ren ist demnach grundsätzlich erforderlich. Auch wenn die von dem Vorhaben beanspruchten Gebiete in einem Bebauungsplan als Verkehrsflächen nach § 9 Abs. I Nr. 3 Bundesbaugesetz festgesetzt wurden, muß dennoch die wasserverkehrsrechtliche Planfeststellung durchgeführt werden. Das vereinfachte Verfahren nach § 14 Abs. I Wasserstraßengesetz stellt zwar eine gewisse Befreiung dar, ist aber wegen des tatsächlichen Ausmaßes des Baues von Häfen in diesem Zusammenhang bedeutungslos. Weiterhin kennt die wasserverkehrsrechtliche Planung keine dem Flächennutzungsplan des § 5 Bundesbaugesetz vergleichbare Regelung. Zu beachten ist ferner, daß das Verfahren Vorrang vor der jeweiligen Ortsplanung hat und die Gemeinden nach § 13 Abs. III Wasserstraßengesetz für daraus resultierende Nachteile entschädigt werden müssen.

§ 21 Abs. I Wasserstraßengesetz bringt als großen Fortschritt gegenüber § 31 Wasserhaushaltsgesetz die Konzentrationswirkung des Plans, nimmt hiervon aber wasserrechtliche Erlaubnisse und Bewilligungen aus.

B. Stichhäfen und andere ausgegliederte Häfen (Verfahren nach § 31 Wasserhaushaltsgesetz)

In § 31 Wasserhaushaltsgesetz ist im Gegensatz zum Bundeswasserstraßengesetz für die Planfeststellung von Häfen an Bundeswasserstraßen keine Kompetenz des Bundes vorgesehen. Es besteht also die eigenartige Konstellation, daß der Neubau von Stichhäfen und anderen nicht zugehörigen Häfen an *Bundeswasserstraßen* wegen Art. 30 GG der Zuständigkeit der *Länder* unterliegt. Dabei ist zu beachten, daß sich diese Globalzuständigkeit nach Art. 30 GG prinzipiell von der in Art. 89 Abs. II S. 3 GG vorgesehenen Auftragsverwaltung unterscheidet. Das bedeutet, daß diese Häfen, im Gegensatz zu Parallel- und Längshäfen, grundsätzlich der übergeordneten Planung des Bundes entzogen sind. Diese Zersplitterung der Zuständigkeiten an den Wasserstraßen ist unter dem Blickwinkel der ratio legis von Art. 89 GG bedenklich: Die einheitliche Verwaltung der Bundeswasserstraßen sollte durch die Bundeskompetenz[159] gewährleistet sein. Wegen des untrennbaren Zusammenhangs der Häfen mit den Bundeswasserstraßen wurde ja auch die bereits angeführte Regelung in den §§ 3 Abs. I; 45 Abs. IV S. 1 Bundeswasserstraßengesetz geschaffen. Im Gegensatz zu § 14 Abs. I S. 3 Wasserstraßengesetz

---

[159] Diese Zuständigkeit bezieht sich allerdings nur auf verkehrsbezogene Belange, nicht aber auf Angelegenheiten der Wasserwirtschaft. Das Bundesverfassungsgericht (BVerfGE 15, S. 1 ff.) hat hierzu eindeutig Stellung bezogen, als es das Gesetz zur Reinhaltung der Bundeswasserstraßen (v. 17. 8. 1960, BGBl. II, S. 2128) insgesamt für nichtig erklärte (Entscheidungstenor BGBl. 1962 I, S. 688).

ist bei dem Verfahren nach § 31 Wasserhaushaltsgesetz nicht die jeweilige Wasser- und Schiffahrtsdirektion zuständig, sondern es besteht eine regelmäßige Aufgabenzuweisung an die Kreisverwaltungsbehörden in den Landeswassergesetzen[160]. Kompetenzkonflikte zwischen beteiligten Bundesländern sind nach § 31 Abs. II Wasserhaushaltsgesetz durch Vermittlung des Bundes beizulegen[161].

Die divergenten Zuständigkeiten für einen Teil der Häfen sind problematisch, da eine Konzentrationswirkung des Plans allenfalls nach dem jeweiligen Landesrecht besteht[162]. Wegen Art. 31 GG kann diese landesrechtliche Konzentrationswirkung niemals bundesrechtlich vorgeschriebene Erlaubnisse oder Bewilligungen ersetzen[163].

2. Das „Wohl der Allgemeinheit" als Legitimation für das Bauvorhaben

Abweichend von der Planfeststellung nach Bundeswasserstraßengesetz (vgl. § 18 d. G.) ist in § 31 Wasserhaushaltsgesetz für die Durchführung des Vorhabens die Beachtung des „Wohls der Allgemeinheit" nicht expressis verbis vorgesehen. Dieser generelle Begründungszwang konnte im Wasserhaushaltsgesetz nicht aufgenommen werden, weil nach diesem Verfahren gegebenenfalls auch privatnützige Bauvorhaben durchgeführt werden. Nach dem Bundeswasserstraßengesetz hingegen kommen ausschließlich Projekte der öffentlichen Hand in Betracht (§§ 12 Abs. II, 14 Abs. I). Die Regelung des § 12 Abs. V, wonach der Ausbau oder der Neubau in Einzelfällen Dritten zur Ausführung übertragen werden kann, ist in diesem Sinne keine Ausnahmebestimmung. Hier soll lediglich die *technische* Verwirklichung der Maßnahme über eine Bauträgergesellschaft ermöglicht werden[164]. So sieht § 12 Wasserstraßengesetz auch ausdrücklich vor, daß mit der Baudurchführung durch förmlich

---

[160] So ist etwa in Art. 75 Abs. I des Bayerischen Wassergesetzes der Vollzug des Wasserhaushaltsgesetzes den Kreisverwaltungsbehörden zugewiesen.

[161] In Art. 75 Abs. II des Bayerischen Wassergesetzes besteht für den Kompetenzstreit zwischen verschiedenen Behörden eine ähnliche Regelung. Die zuständige Behörde wird durch die nächsthöhere Stelle, also die Bezirksregierung, bestimmt.

[162] *Gieseke/Wiedemann*, Rn 14 b zu § 31; *Sieder/Zeitler/Hlawaty/Dahme*, Rn 19, Rn 20 zu § 31. — Eine landesrechtliche Konzentrationswirkung ist beispielsweise in Art. 58 Abs. I des Bayerischen Wassergesetzes (i. d. F. v. 7. 12. 70, GVBl. 1971, S. 41) vorgesehen.

[163] *Gieseke/Wiedemann*, Rn 14 b zu § 31.

[164] Diese Regelung hat ein historisches Vorbild. Mit dem Main-Donau-Staatsvertrag vom 13. Juni 1921 hatten sich das Reich und Bayern geeinigt, zum Ausbau der Main-Donau-Wasserstraße eine Aktiengesellschaft zu bilden (nach Ziffer 6 des Vertrages beteiligte sich das Reich mit 45 %, Bayern mit 26 %). Diese Möglichkeit sollte auch nach Inkrafttreten des Bundeswasserstraßengesetzes erhalten bleiben.

Dritte auf diese dadurch keine Hoheitsrechte übergehen. Nachdem das Bundeswasserstraßengesetz voraussetzt, daß grundsätzlich der Bund die Planfeststellung und den Neubau durchführt (privatnützige Ausbauten also nicht in Betracht kommen), bedarf es stets der Begründung durch das Wohl der Allgemeinheit (vgl. § 18 Bundeswasserstraßengesetz)[165]. Daher ist für diese Vorhaben auch die Enteignung nach § 44 Abs. I Bundeswasserstraßengesetz zulässig. Daraus folgt, daß bei dem Vorliegen der Planfeststellungshoheit des *Bundes* für den Neubau eines Hafens die Ausführung nur unter Beachtung des „Wohls der Allgemeinheit" zulässig ist.

Dieser Grundsatz muß ebenso für § 31 Wasserhaushaltsgesetz gelten, sofern es sich um den Neubau eines *öffentlichen* Binnenhafens aus Mitteln des Etats handelt. Es wäre ein wenig überzeugendes Ergebnis, daß durch den Wechsel der Rechtsgrundlage ein solcher Neubau dann plötzlich nicht mehr diesem Begründungszwang unterläge. Die veränderten rechtlichen Gegebenheiten haben ihre Ursache ja nur in einer unterschiedlichen technischen Form des Hafenbeckens (Stichhafen oder sonstiger ausgegliederter Hafen). Deswegen ist eine gleiche Behandlung auch bei den Vorhaben nach dem Wasserhaushaltsgesetz gerechtfertigt, was die Wahrung des „Wohls der Allgemeinheit" anbelangt. Allerdings ergibt sich die erneute Schwierigkeit, diesen Blankettbegriff zu präzisieren.

A. Die Problematik des „Beurteilungsspielraums"

Im Gegensatz zu § 35 Abs. III Bundesbaugesetz, der die „Beeinträchtigung öffentlicher Belange" aus Absatz II der Vorschrift präzisiert, verwendet § 18 Nr. 1 Bundeswasserstraßengesetz den Begriff, ohne etwas über seinen Inhalt auszusagen.

Nach seinem Wesen gibt der Begriff keine Ermächtigung zur Betätigung eines Ermessens, sondern es handelt sich um einen unbestimmten Gesetzesbegriff[166]. Als die grundsätzlichen Konfliktgruppen, die beim „Wohl der Allgemeinheit" in Betracht kommen, sind der Widerstreit von privatwirtschaftlichen Interessen untereinander, die Konkurrenz von privatwirtschaftlichen mit öffentlichen Interessen und die Bewertung verschiedener öffentlicher Interessen (etwa mehrerer Hoheitsträger)[167] denkbar.

---

[165] *Friesecke*, Bundeswasserstraßengesetz, Rn 1 zu § 18 (S. 168).

[166] *Friesecke*, Bundeswasserstraßengesetz, Rn 3 zu § 18 (S. 169); *Sieder/Zeitler/Hlawaty/Dahme*, Anm. 3 zu § 6; *Gieseke/Wiedemann*, Anm. 7 zu § 6 (S. 68); *Schack*, Enteignung, BB 1961, S. 74 ff. (S. 77). *Külz* (Wohl der Allgemeinheit, S. 204) meint allerdings, daß es sich bei der Ausfüllung des Begriffes um Ermessensausübung handelt, da es regelmäßig nicht nur *eine* bestimmte Anwendung gäbe (vgl. auch hierzu S. 201).

[167] *Külz*, Wohl der Allgemeinheit, S. 204.

Der Widerstreit privater Interessen dürfte bei der Durchführung öffentlicher Bauvorhaben keine Rolle spielen, solche Konflikte werden in der Regel nach bürgerlichem Recht beizulegen sein[168]. Die Frage allerdings, welche Priorität das öffentliche Interesse gegenüber Privatinteressen[169] oder den Belangen anderer Hoheitsträger hat, ist über die Ausfüllung des Begriffes zu beantworten. Dabei wird die Problematik um den sogenannten „Beurteilungsspielraum" offenkundig.

Die Prämisse, ob bei der Ausfüllung von Blankettbegriffen grundsätzlich ein Beurteilungsspielraum besteht, ist unter dem Blickwinkel von Art. 19 Abs. IV des Grundgesetzes zu sehen. Es wurde bereits dargelegt, daß es sich bei dem Plan zur Erstellung eines neuen Hafens um einen gerichtlich *unbeschränkt* überprüfbaren Verwaltungsakt handelt. Die Annahme eines justizfreien Beurteilungsspielraumes würde dann wieder den lückenlosen Rechtsschutz relativieren. Um einen „rechtsfreien" Raum nicht in bedenklicher Weise ausufern zu lassen, kann bei dem Vorliegen eines unbestimmten Rechtsbegriffes nicht zwangsläufig auf die Einräumung eines Beurteilungsspielraumes geschlossen werden[170]. Das Bundesverwaltungsgericht ist daher der Auffassung, daß unbestimmte Rechtsbegriffe keiner verallgemeinernden Betrachtungsweise unterliegen, sondern daß sich die Grenzen des Begriffs aus den Besonderheiten der jeweiligen Materie ergeben[171]. Es wäre dogmatisch bedenklich, die durchaus bestehenden Schwierigkeiten, in manchen Bereichen das öffentliche Interesse festzulegen, als generelles Argument heranzuziehen. Daß eine eindeutige Ausfüllung des Begriffs gelegentlich nicht einfach ist, berechtigt noch nicht zu der grundsätzlichen Annahme eines Beurteilungsspielraumes oder gar der Zulässigkeit einer Ermessensbetätigung[172]. Ein offener Begriff wird aber nicht dadurch eindeutiger, daß man seine Inhaltsbestimmung durch die Beimessung von Beurteilungsspielräumen verschleiert[173]. Vielmehr ist das Wohl der Allgemeinheit ein „notwendig dialektischer Begriff"[174].

---

[168] *Külz* (ebd., S. 204) erkennt zutreffend, daß der Staat bei dieser Konfliktgruppe nur ausnahmsweise eingreife, wenn die Verhinderung von Mißbräuchen der Privatautonomie dies gebiete. (Die Unzulässigkeit einer extremen Machtausübung durch einzelne private Rechtspersonen liegt dann insofern auch im „Wohl der Allgemeinheit".)

[169] *Ryffel* (S. 19) weist darauf hin, daß das Gesamtinteresse (Gemeinwohl und öffentliches Wohl werden als Synonyma dazu verwendet) kein Gegensatz zum Privatinteresse ist, sondern ein major.

[170] *Bartlsperger*, Bauleitplanung, DVBl. 1967, S. 360 ff. (S. 366) zutreffend mit zahlreichen Nachweisen.

[171] BVerwG, DVBl. 1963, S. 366 ff. (S. 367).

[172] *Ryffel* (S. 26) hält es für generell unmöglich, das öffentliche Interesse einzuengen.

[173] So zutreffend *Rupp*, S. 116.

[174] *Külz*, Wohl der Allgemeinheit, S. 199. — Es ist allerdings nicht ganz einzusehen, wie es nach dieser richtigen Erkenntnis dann zu der Annahme eines

Besondere Beachtung muß hier dem Beschluß des Gemeinsamen Senats der Obersten Bundesgerichte gewidmet werden[174a], der allerdings keiner Verallgemeinerung zugänglich ist[174b]. In der Entscheidung, die sehr vom Ergebnis her begründet ist[174c], kann daher kein grundsätzlicher Anhaltspunkt für eine Hinwendung der Obergerichte zu verwaltungsgerichtlichen Freiräumen erblickt werden. Vielmehr wurde hier in dem Bestreben, eine einheitliche[174d] Lösung zu dem zur gemeinsamen Entscheidung vorgelegten Problem der „Billigkeit" in § 131 Abs. I S. 1 der Abgabenordnung zu finden, nach einem praktisch tragbaren Ergebnis[174e] gesucht, das bestimmend für die Argumentation blieb. Somit blieb der Beschluß des Gemeinsamen Senats ohne grundsätzliche Bedeutung für eine Eingrenzung des richterlichen Prüfungsrechts bei behördlichen Entscheidungen.

B. Die volkswirtschaftliche Bauwürdigkeit als Parameter für das „Wohl der Allgemeinheit"

Im Gegensatz zum Gemeininteresse oder Gemeinwohl bei den „gemeinwirtschaftlichen" Unternehmungen[175] bestehen hier für die Ausfüllung des Blankettbegriffs konkrete Bezugsmöglichkeiten. Bei den beträchtlichen finanziellen Mitteln aus dem öffentlichen Haushalt, die für

---

Ermessens (S. 201) kommen konnte. Es erscheint unvereinbar, auf der einen Seite die Ausfüllung des Begriffes dem jeweiligen Einzelfalle zuzuweisen, um dann andererseits wegen der Unbestimmbarkeit des materiellen Inhaltes generellen Ermessensgebrauch einzuräumen.

[174a] Der GmS-OBG (DÖV 1972, S. 712 ff.) hat den Begriff der „Unbilligkeit" aus § 131 Abs. I S. 1 der Abgabenordnung als die Einräumung behördlichen Ermessens bezeichnet. *Kloepfer* warnte zu Recht in seiner Anmerkung zu dem Beschluß (NJW 1972, S. 1411 ff. [S. 1411]): „Der vorliegende Beschluß verdient deshalb geschärfte Aufmerksamkeit, weil er durch seine Abkehr von der Unbilligkeit in § 131 AO als unbestimmter Rechtsbegriff im Prinzip einen zentralen Bereich der Abgabenhoheit aus der umfassenden richterlichen Überprüfungsgewalt entläßt in die relative Freiheit der bloßen Ermessenskontrolle."

[174b] *Kellner* (DÖV 1972, S. 801 ff. [S. 808]) weist treffend auf den speziellen Gegenstand des GmS-Beschlusses hin, „daß der Gemeinsame Senat nicht nach einer generellen Lösung des Problems gesucht hat", also die vom Wortlaut der Norm nicht unbedingt gedeckte Interpretation des GmS „ausgesprochenen Ausnahmecharakter" habe (a.a.O.).

[174c] GmS-OBG (DÖV 1972, S. 712 ff. [S. 714]): „Für den Steuerbürger, auf dessen Rechtsschutz es hier allein ankommt, spielt es im Ergebnis keine entscheidende Rolle, ob sich der gerichtliche Rechtsschutz stufenweise vollzieht, ... oder ob der Verwaltungsakt insgesamt diesen Grundsätzen (gemeint ist: der Billigkeit) entspricht."

[174d] *Kloepfer* (Anmerkung zum GmS-Beschluß, NJW 1972, S. 1411 ff. [S. 1412]) meint, dies sei vor allem mit der „durch das RSprEinhG vorgezeichneten Methode der Kompromiß-Judikatur" zu erklären.

[174e] So *Kloepfer*, a.a.O.

[175] Vgl. hierzu oben 1. Kapitel, § 2, Abs. II, und § 3.

den Bau eines Hafens erforderlich sind, ist es jedenfalls nicht ausreichend, „auf manchmal verwaschen klingendes volkswirtschaftliches Vokabular zurückzugreifen, um einen Hafenbau auf jeden Fall durchzudrükken“[176]. Die Schwierigkeiten, die volkswirtschaftliche Bauwürdigkeit eines Hafens zu bestimmen, sind erheblich. Insbesondere ist es nicht möglich, *betriebswirtschaftliche* Rentabilitätsberechnungen zugrunde zu legen[177]. Diese sind für die Beurteilung von Häfen nicht brauchbar, da sie als einzige Bezugsgröße die Erwirtschaftung eines Überschusses haben[178] .Investitionen an einer Wasserstraße oder für einen Hafen können durchaus zwar nicht eigenwirtschaftlich, doch volkswirtschaftlich gerechtfertigt sein. Auch der umgekehrte Fall ist denkbar[179]. Wenig Einigkeit allerdings besteht noch in der Diskussion um den *volkswirtschaftlich* richtigen Maßstab für Häfen oder Wasserstraßen.

Die Bauwürdigkeit eines Hafens kann nur in Abhängigkeit von den jeweils spezifischen Gegebenheiten der Wasserstraße wie auch des Hinterlandes bestimmt werden. Wie bereits dargelegt wurde, ist das Eigenwirtschaftlichkeitsmoment als Maßstab der betriebswirtschaftlichen Investitionsrechnung nicht adäquat, denn hier würden die vielfältigen Sekundärwirkungen eines neuen Hafens nicht ausreichend berücksichtigt werden können[180]. Das Eigenwirtschaftlichkeitskriterium übersieht, daß die öffentliche Hand regelmäßig bei der Errichtung von Häfen die Hebung der Infrastruktur umliegender Gebiete beabsichtigt. Aus diesem Grunde sind Häfen häufig betriebswirtschaftlich in geringem Umfang rentabel, aber volkswirtschaftlich sinnvoll[181]. Daher kann die bis zum Zweiten Weltkrieg unbestrittene Berechnungsgrundlage für Wasserstraßenvorhaben in ihrer Aussagekraft mittlerweile nicht mehr allgemeinverbindlich sein: die Symphersche Methode. Diese besteht darin, die Summe der jährlichen Frachtenersparnisse dem Bauaufwand gegenüberzustellen. Als Differenz ergibt sich dann der volkswirtschaftliche Nutzen. Dabei wird allerdings nur ein kleiner Ausschnitt aus dem voraussichtlichen ökonomischen Gesamteffekt erfaßt, denn dieser besteht primär in der von dem Hafen oder der Wasserstraße ausgehenden Intensivierung des Wirtschaftslebens[182].

---

[176] *Mohr*, Probleme, Kommunalwirtschaft 1966, S. 376 ff. (S. 381).

[177] *Kustermann* (S. 17) erkennt bei seiner Untersuchung betriebswirtschaftlicher Rentabilitäten treffend: "Il est difficile, pour l'investisseur, d'évaluer en chiffres les avantages de sa politique sociale. C'est pourquoi la rentabilité des investissements à caractère social ne peut être calculée que lorsqu'il est possible de mesurer un accroissement effectif da le productivité."

[178] *Kustermann*, S. 17.

[179] *Leikeb*, S. 18, mit eingehender Begründung.

[180] Ebd. S. 10/11.

[181] *Mohr*, Probleme, Kommunalwirtschaft 1966, S. 376 (S. 381).

[182] *Rhein-Main-Donau-Großschiffahrtsstraße*, S. 44.

Da das „Wohl der Allgemeinheit“ beim Neubau von Häfen kein justizfreier Ermessensbegriff ist, muß die Durchführung von großen und kapitalintensiven Wasserbauvorhaben jeweils sorgfältig abgewogen werden[183]. Nachdem bei Häfen die Auswirkungen auf die natürliche Ökologie der umliegenden Gebiete beträchtlich sind, bedarf es jeweils der genauen Begründung, daß diese Eingriffe andererseits auch tatsächlich durch die Bauwürdigkeit des Hafens gerechtfertigt sind[184].

Es ergibt sich also, daß der Neubau eines Hafens durch das Wohl der Allgemeinheit nur dann ausreichend legitimiert ist, wenn die erheblichen Veränderungen der natürlichen und wirtschaftlichen Umwelt durch den kollektiven Nutzen zweifelsfrei übertroffen werden. Die vielschichtigen Leistungen, die für die Bedienung der Wasserstraße und der Förderung des Umlandes erbracht werden sollen, wären ansonsten nicht mehr aus dem Prinzip der Sozialstaatlichkeit begründbar.

II. Rechtsschutz und Entschädigung beim Bau eines Hafens

Einer wohldurchdachten Untersuchung zum „Wohl der Allgemeinheit“ bei dem Neubau von Häfen und Bundeswasserstraßen bedarf es auch, da für diese Zwecke die Enteignung nach § 44 Abs. I Bundeswasserstraßengesetz zulässig ist. Dabei ist zu beachten, daß nach § 44 Abs. III die Durchführung des Enteignungsverfahrens nicht als Teil der Verwaltung der Bundeswasserstraße, sondern als Landesverwaltung im Sinne von Art. 30 GG gilt[185]. Während *dieses Verfahren* in den Landesgesetzen[186] abschließend geregelt ist, besteht noch Unsicherheit bei der Behandlung von Immissionsschäden. Zwar ist man bemüht, bereits bei der Errichtung eines Hafens auf die Verhinderung von Geräusch- oder Schmutzbelästigungen zu achten[187], doch sind beim Bau wie beim Betrieb Beeinträchtigungen durch Lärm und Staub nie vollständig ver-

[183] *Leikeb* (S. 358) gelangt für den neugebauten Rhein-Main-Donaukanal zu der Auffassung, daß der volkswirtschaftliche Aufwand in Höhe von 73,45 Mill. DM pro Jahr einem volkswirtschaftlichen Ertrag in Höhe von 67,432 Mill. DM pro Jahr gegenübersteht. Er kommt zu dem Ergebnis, „daß trotz hoher Ansätze auf der Ertragsseite und niedriger auf der Aufwandseite das Projekt (zumindest bis 1980) — per Saldo — keine produktiven Vorteile bringt“.

[184] *Külz* (Wohl der Allgemeinheit, S. 198) hält eine „bestimmte, wohlerwogene politische Zweckmäßigkeitserwägung“ beim Wohl der Allgemeinheit für zulässig. Dies ist bedenklich, denn damit ist der Neubau eines Hafens grundsätzlich und immer zu begründen.

[185] *Friesecke*, Bundeswasserstraßengesetz, Rn 6 zu § 44 (S. 371).

[186] Etwa in Bayern durch das „Gesetz, die Zwangsabtretung von Privateigentum für öffentliche Zwecke betr.“ v. 17. Nov. 1837 (BayBS I, S. 203) und das „Gesetz über die Enteignung aus Gründen des Gemeinwohls“ v. 1. Aug. 1933 (BayBS I, S. 207).

[187] *Lechner*, Nürnberger Forschungen 17, 1972, S. 185 ff. (S. 188).

meidbar. Ansprüche aus Immissionen sind von der Ausschlußwirkung des § 21 Abs. III Bundeswasserstraßengesetz nicht berührt, sie können auch nach dem rechtskräftigen Abschluß des Planfeststellungsverfahrens nach § 22 Bundeswasserstraßengesetz geltend gemacht werden.

1. Die gegenwärtige Handhabung der Immissionsschäden

Bei den von einem Hafen während dessen Baus und Betriebes ausgehenden Immissionen wird die Systemlosigkeit der überkommenen Auffassung zur Frage öffentlich-rechtlicher Abwehransprüche und Entschädigungsleistungen wieder einmal deutlich. Der Bundesgerichtshof hält nach wie vor daran fest, daß nachbarrechtliche Ansprüche grundsätzlich an § 906 Abs. I BGB zu messen seien, gleichgültig, ob die Beeinträchtigungen von einem privaten Grundstück oder von der Einrichtung eines Hoheitsträgers ausgehen[188]. Wie der Bundesgerichtshof dann allerdings aus diesem grundsätzlich zivilrechtlichen Nachbarschaftsverhältnis einen öffentlich-rechtlichen Anspruch auf Enteignungsentschädigung herleiten will[189], ist nur schwer erkennbar. Die dogmatischen Begründungen zu dieser Rechtsprechung sind daher wenig überzeugend. Sei es, daß man die §§ 74, 75 Einl. ALR. als durch Gerichtsgebrauch eingeführtes Gewohnheitsrecht weitergelten lassen will[190] oder daß Rechtskonflikte auf dem Gebiet des Nachbarrechts vorgeblich nur privatrechtlicher Art sein könnten[191]. Insbesondere ist die Analogie zu Art. 14 Abs. I S. 2 GG systematisch nicht haltbar. Der Schutz bzw. die Entschädigung bei Bauvorhaben ist nicht eine Frage der Sozialadäquanz des Eigentums, sondern an der Rechtsweggarantie von Art. 19 Abs. IV GG[192] zu messen. Die Rechtsprechung des Bundesgerichtshofs dagegen hat erhebliche Schwierigkeiten, den Anspruch aus „Enteignungsgesichtspunkten"[193] zu begründen. Die an der „klassischen" Enteignung von Grundeigentum orientierte Vorschrift des Art. 14 Abs. III GG ist für eine analoge Anwendung untauglich, was die Feststellung der rechtsstaatlichen Verhält-

---

[188] BGH, NJW 1973, S. 326 ff. (S. 326). In der Entscheidung ging es um die Lärmbelästigung durch einen Militärflugplatz.

[189] Ebd., S. 326 ff.

[190] *Schack*, Aufopferungsanspruch, JuS 1963, S. 263 ff. (S. 264).

[191] *Schack*, Entschädigungsansprüche, BB 1965, S. 341 ff. (S. 342).

[192] *Friauf* (DVBl. 1971, S. 713 ff. [S. 714]) sieht den Schutz vor nachbarrechtlichen Beeinträchtigungen unzutreffend als Problem der Sozialbindung des Eigentums. Er verkennt, daß hier nur die Privatnützigkeit des Eigentums durch die Belange der „*Allgemeinheit*" (Art. 14 Abs. II GG) abgegrenzt wird. Dieser Tatbestand ist aber für die Regelung von *individuellen* nachbarlichen Konflikten untauglich. Soweit er sich auf Art. 14 Abs. I S. 2 GG beruft, ist die Festlegung der Schranken doch gegenüber dieser *Allgemeinheit* gemeint, nicht aber die Abgrenzung der nachbarlichen Sphäre.

[193] BGH, NJW 1973, S. 326 ff. (S. 326).

nismäßigkeit des Eingriffs anbelangt. Art. 14 GG setzt für die Entschädigung aus Enteignung ein vorgängiges förmliches Verfahren voraus, was aber bei der nachbarrechtlichen Beeinträchtigung gerade nicht der Fall ist. Dabei kann der aus § 906 Abs. II BGB entlehnte zivilistische Begriff der „Ortsüblichkeit" auch keinen Fortschritt bringen, insbesondere nicht systemfremder Ersatz für die Verhältnismäßigkeit des Verfassungsrechts sein. Wann jeweils eine Beeinträchtigung als „ortsüblich"[194] anzusehen ist, vermag der Bundesgerichtshof nur unsicher und kasuistisch zu klären[195]. Zwar wird erkannt, daß dieser Rechtsschutz über die ordentlichen Gerichte bislang unzureichend war[196], doch sei es zweckmäßig, die öffentlich-rechtliche Nachbarklage bei den Zivilgerichten zu belassen, um die Verwaltungsgerichte „von ihnen fremden Aufgaben" zu entlasten[197].

Der wenig taugliche und nicht adäquate Maßstab der Ortsüblichkeit für die Zulässigkeit nachbarlicher Beeinträchtigungen wird auch dadurch nicht brauchbarer, daß man einräumt, die Ortsüblichkeit verliere mit dem Wandel der Verhältnisse die Legitimationswirkung[198]. Diese fragwürdige Definition der Zulässigkeit nachbarlicher Eingriffe hat überdies ein in rechtsstaatlicher Hinsicht bedenkliches Ergebnis. Der betroffene Bürger sieht sich in seinem Anspruch auf Schutz bzw. Entschädigung bei rechtswidrigen Emissionen der öffentlichen Hand einer Vielzahl kasuistischer Einzelfallentscheidungen gegenüber. Die Ortsüblichkeit, die in der überkommenen Auffassung als alleiniger Maßstab für die Rechtmäßigkeit von Beeinträchtigungen angesehen wird, vermag keinen generellen, dogmatisch haltbaren Anhaltspunkt dafür zu liefern, in welchem Umfang der Bürger eine rechtlich geschützte Position innehat. Insbesondere wird mit dieser aus dem Zivilrecht entlehnten Rechtsfigur übersehen, daß im Verhältnis Staat — Bürger privatrechtliche Institute systemwidrig sind. Es ist keine Lösung, wegen der unbefriedigenden „Spaltung des Rechtmäßigkeitsbegriffs"[199] in privates und öffentliches

---

[194] Ebd., S. 326 ff.

[195] Ebd.: „Schon früher ist jedoch darauf hingewiesen worden, daß unter Umständen einzelne, überragend große Betriebe den Charakter einer Landschaft unter dem hier maßgebenden Gesichtspunkt der Emission prägen können . . ., was alsdann einen Vergleich mit Einwirkungen in weiteren Räumen zuläßt und erfordert." Mit dieser Festlegung könne die Ortsüblichkeit und damit die Zulässigkeit von Beeinträchtigungen hinlänglich bestimmt werden.

[196] *Redeker*, NJW 1959, S. 749 ff. (S. 749).

[197] Ebd., S. 749 ff. (S. 752).

[198] *Friauf* (DVBl. 1971, S. 713 ff. [S. 719]) meint in diesem Zusammenhang, die geschützte Position des Betroffenen habe „keinen Ewigkeitswert".

[199] *Bartlsperger* (Nachbarrecht, VerwArch 60, 1969, S. 35 ff. [S. 36/37]) meint zu Recht, daß es Ausdruck der Systemlosigkeit des gegenwärtigen Nachbarrechts sei, den gleichen Lebenssachverhalt öffentlich-rechtlich als auch privatrechtlich geregelt vorzufinden. Unter dem Gesichtspunkt der Rechtssicherheit sei dieser Umstand bei Berücksichtigung der Effektivität und der Praktikabi-

Recht dann jeglichen nachbarrechtlichen Immissionsschutz insgesamt dem Zivilrecht zuzuweisen. Wenn der gleiche Lebenssachverhalt zweifach geregelt ist[200], so ist das noch kein Argument, jegliche öffentliche Elemente zu eliminieren. Statt dessen ist der Unterschied zwischen beiden Rechtsgebieten einzuhalten. Während das private Nachbarrecht nur auf die Abgrenzung der Eigentumssphären abstellt, ist es die „Systemidee" des öffentlichen Nachbarrechts, die „Ordnung der Bodennutzung in Erfüllung einer öffentlichen Aufgabe" zu gewährleisten[201].

2. Art. 19 Abs. IV Grundgesetz als Maßstab für Abwehransprüche und für öffentliche Ersatzleistungen

Wenn das Baurecht als Gegenstand des staatlichen Ordnungsrechtes zu gelten hat, so ist für die Anwendung alleiniger Maßstab die Rechtsschutzgarantie in Art. 19 Abs. IV GG[202]. Aus diesem Grunde muß den durch die Genehmigung und Durchführung eines Hafenbauvorhabens nach den §§ 12 ff. Bundeswasserstraßengesetz *betroffenen* Nachbarn ein subjektives öffentliches Recht auf Unterlassung über die Baunachbarklage eingeräumt werden[203]. Dieses Recht resultiert weder aus einem Aufopferungs- noch einem sonstigen privatrechtlichen Schadensersatzanspruch (also etwa §§ 1004, 823 BGB in analoger Anwendung), sondern es handelt sich um die allgemeine Anfechtungsklage gegen rechtswidriges hoheitliches Handeln nach § 42 Abs. I VwGO. Die Zuständigkeit der Verwaltungsgerichte ist somit nach § 40 Abs. I VwGO gegeben[204]. Daraus kann nicht vorschnell gefolgert werden, daß jeder irgendwie beeinträchtigte Nachbar prinzipiell eine Einstellung des Hafenbaues oder seines Betriebes mit der Abwehrklage verfolgen kann[205]. Im Rahmen der am Verwaltungszweck orientierten Verhältnismäßigkeit ist die Errichtung von Schutzvorrichtungen erforderlich. Eine Baubeseitigung kommt gegenüber öffentlichen Vorhaben insoweit in Betracht, als nur die völlige Ein-

---

lität des Rechts bedenklich. Ein nach öffentlich-rechtlichen Normen zulässiges Vorhaben könne dennoch auf Hindernisse treffen, wenn privatrechtliche Positionen entgegenstünden.

[200] *Ders.*, S. 36/37.

[201] *Ders.*, S. 36/37.

[202] *Bartlsperger*, Nachbarrecht, VerwArch 60, 1969, S. 35 ff. (S. 48); *Hoffmann* (S. 53) leitet für rechtswidrige Realakte der öffentlichen Hand den lückenlosen Rechtsschutz des Bürgers aus Art. 2 Abs. I und Art. 20 Abs. III GG ab. Es ist nicht einzusehen, warum bei rechtswidrigen Realakten ein anderer Maßstab gelten soll als bei rechtswidrigen Verwaltungsakten.

[203] *Bartlsperger*, Baunachbarklage, DVBl. 1971, S. 723 ff. (S. 724).

[204] So zutreffend *Memmert*, S. 261.

[205] *Memmert* (S. 258) bringt das Beispiel, daß eine stark belästigende Einrichtung in einem Villenviertel dann mit der Baubeseitigungsklage angegangen werden kann, wenn die Einrichtung auch auf einem abgelegenen Grundstück zu verwirklichen wäre und Schutzmaßnahmen keinen Erfolg versprechen.

stellung rechtmäßige Zustände schaffen kann. Die Klagebefugnis läßt sich zweifelsfrei abgrenzen. Der Kläger muß nachweisen, daß ein ihm zustehendes subjektives öffentliches Recht verletzt wurde, es kommt somit auf die objektive Feststellung der individuellen und konkreten Betroffenheit beim Vollzug einer öffentlich-rechtlichen Norm an[206]. Auf diese Weise läßt sich im Bereich von Immissionen, die von dem Bau und Betrieb eines Hafens ausgehen, grundsätzlich die Aktivlegitimation präzise feststellen. Nach den §§ 17, 18 und 22 Bundeswasserstraßengesetz bzw. § 31 Wasserhaushaltsgesetz[207] ergibt sich ohne Schwierigkeiten, welche Personen einer konkreten Normbetroffenheit unterliegen und damit ein subjektives öffentliches Recht beanspruchen können. Soweit nach dem Grundsatz der Verhältnismäßigkeit die Beeinträchtigung im Rahmen des angestrebten Verwaltungszweckes[208] unvermeidbar und erforderlich ist und mit Schutzmaßnahmen keine Abhilfe erreicht werden kann, muß der Beschwerdeführer die Störung hinnehmen. Ist die Beeinträchtigung unverhältnismäßig zum angestrebten Verwaltungszweck und nicht erforderlich, so kann mit der Unterlassungsklage durch den Nachbarn dagegen vorgegangen werden.

Das bedeutet, daß für Immissionen beim Bau und beim Betrieb von Häfen nicht der Maßstab der Ortsüblichkeit anzulegen ist. Die Klageerhebung wird daher nicht von § 906 Abs. II BGB und dem damit verbundenen, quasinegatorischen Abwehranspruch aus analoger Anwendung der §§ 823, 1004 BGB bestimmt. Vielmehr ist die konkrete Betroffenheit des Bürgers im Sinne von Art. 19 Abs. IV GG unter dem Blickwinkel der rechtsstaatlichen Verhältnismäßigkeit entscheidend.

Der Einwand, daß die so vorgenommene Ausweitung der Klagebefugnis durch den Suspensiveffekt des § 80 Abs. I VwGO zur endlosen Verschleppung größerer Wasserbauvorhaben führt, ist ohne Bedeutung. Diese Wirkung kann regelmäßig über § 80 Abs. II Nr. 4 VwGO beseitigt werden, wie das ohnehin schon[209] geschieht. Hier fällt die Begründung des öffentlichen Interesses für § 80 Abs. II VwGO leicht, denn ein Wasserbauvorhaben — sei es die Schiffahrtsstraße selbst oder ein Hafen — kann ohnehin nur erfolgen, wenn dies durch das öffentliche Interesse gerechtfertigt ist[210]. Wenn das Vorhaben bzw. die Durchführung des Planfest-

---

[206] *Bartlsperger*, Baunachbarklage, DVBl. 1971, S. 723 ff. (S. 729/730).

[207] Hier durch die Ausfüllung mit landesrechtlichen Normen, in Bayern etwa mit Art. 78 Abs. III des Bayerischen Wassergesetzes.

[208] *Memmert*, S. 257.

[209] So wurde in den Planfeststellungsbescheiden zum Neubau der Großschiffahrtsstraße Rhein-Main-Donau die unverzügliche Ausführung über § 80 Abs. II Ziff. 4 VwGO angeordnet. (z. B. Der Planfeststellungsbeschluß der Wasser- und Schiffahrtsdirektion Würzburg v. 30. 4. 1969 für die Haltung Kriegenbrunn, „Lose A und B I", S. 126).

[210] Vgl. oben Abs. I, 2.

stellungsverfahrens als genereller Legitimation des öffentlichen Interesses bedarf, liegt es ebenso im öffentlichen Interesse, die sofortige Vollziehung des Planfeststellungsbeschlusses anzuordnen. Nur auf diese Weise kann eine bauliche Maßnahme solchen Umfanges gewährleistet werden[211].

Unter dem Blickwinkel von Art. 19 Abs. IV GG ist für die Klagebefugnis des Nachbarn nur die Normbetroffenheit entscheidend[212], was die Verletzung der Rechte des Nachbarn betrifft. Die traditionelle Unterscheidung in „nachbarschützende" und „nicht nachbarschützende" Normen ist nicht brauchbar, denn das angegriffene Vorhaben bemißt sich ausschließlich an der Rechtmäßigkeit des staatlichen Eingriffs. Es besteht hierbei im Prinzip kein grundsätzlicher Unterschied, ob das nachbarliche Bauvorhaben von einer Privatperson oder von der öffentlichen Hand betrieben wird. Im ersten Falle ergibt sich die Klagebefugnis daraus, daß der Staat mit seiner ausschließlichen Kompetenz auf dem Gebiet des Bauordnungs- und Bauplanungsrechtes in unzutreffender Ausübung der jeweiligen Bestimmungen (etwa des Bundesbaugesetzes oder der Bauordnungen der Länder) den Bürger in seinen subjektiven öffentlichen Rechten verletzt hat. Bei den Bauvorhaben der öffentlichen Hand ist das immissionsträchtige Bauvorhaben an der Verhältnismäßigkeit des Eingriffs zu überprüfen. Es wäre das Abstellen auf eine nachbarschützende Norm gar nicht möglich, denn bei emittierenden Tätigkeiten zur Erreichung von Verwaltungszwecken ist die öffentliche Hand privilegiert[213], soweit es die ordnungsgemäße Durchführung des Vorhabens erfordert[214].

Soweit bereits eine Schädigung durch Lärm oder Staub von dem Bau oder dem Betrieb eines Hafens ausgegangen ist, kann das ohne Schwierigkeiten aus den vorgenannten Grundsätzen gelöst werden: Die Klagebefugnis der Dritten erfordert, daß sie in ihren subjektiven öffentlichen Rechten bedroht oder verletzt wurden. Der Ausgleichsanspruch ist dann die rechtsstaatlich zwingende Konsequenz aus vorgängigem Staatsunrecht[215]. Der Grundsatz der allgemeinen Handlungsfreiheit aus Art. 2 Abs. I GG garantiert in Verbindung mit dem Rechtsstaatsprinzip, daß

---

[211] In dem oben (in Fußnote 209) angeführten Planfeststellungsbeschluß wurde die Anordnung der unverzüglichen Ausführung daher auch in dieser Weise begründet.

[212] Zutreffend *Bartlsperger*, Nachbarrecht, VerwArch 60, 1969, S. 35 ff. (S. 41).

[213] *Memmert*, S. 255.

[214] Widersprüchlich *Aust*, NJW 1972, S. 1402 ff. Einerseits erkennt er, daß sich der privatrechtliche Anspruch aus §§ 906, 1004 BGB von öffentlich-rechtlichen Nachbarrechtsverhältnissen unterscheidet (S. 1403). Er kommt aber dann zu dem Ergebnis, daß kein Grund bestehe, Immissionen aus öffentlicher Betätigung und einer privaten Grundstücksnutzung unterschiedlich zu behandeln.

[215] Zutreffend erkennt *Bernhardt* (JZ 1963, S. 302 ff. [S. 304]), daß „auch der einzelne Staatsbürger einen individuellen Anspruch darauf hat, von der Verwaltung nur in der Übereinstimmung mit dem Gesetz belastet zu werden".

die Freiheitssphäre des Bürgers nur in Übereinstimmung mit einfachgesetzlichen Normen oder mit der Verfassung eingeschränkt werden darf[216]. Hier kann es nicht auf drittschützende Normen ankommen. Wenn der Bürger in seinen subjektiven öffentlichen Rechten verletzt wird, steht ihm im Hinblick auf Art. 19 Abs. IV GG insofern ein Entschädigungsanspruch zu, als seine rechtlich geschützten Interessen beeinträchtigt wurden. Die Verletzung der Rechtsposition kann durchaus in der Behinderung freier Disposition über das Eigentum bestehen. Damit wird aber die Verfügungsfreiheit in Art. 14 GG nicht selbst zum Angelpunkt eines Entschädigungsanspruches, sondern es wird dieses Recht am Eigentum über Art. 19 Abs. IV GG gewährleistet. Das bedeutet, daß sich ein Schadensersatzanspruch bzw. ein Abwehranspruch nur aus der Rechtsschutzgarantie der Verfassung ergibt, wobei dann Maßstab für die Verletzung einer gestützten Position Art. 14 GG im gegebenen Falle sein kann. Es ist unsystematisch, die Anspruchsgrundlage direkt aus der analogen Anwendung von Art. 14 GG zu entnehmen, wie das vom Bundesgerichtshof gemacht wird[217]. Art. 14 GG stellt auf den Fall der gesetzeskonformen „klassischen" Enteignung nach einem vorgängigen förmlich korrekten Enteignungsverfahren ab (über die Enteignungsgesetze der Länder). Eine solche Analogie ist für rechtswidrige Realakte (Immissionen) ebensowenig brauchbar wie für rechtswidrige Verwaltungsakte (Planfeststellungsbescheide) bei der Anwendung des öffentlichen Bauordnungsrechtes. Es ist nicht einzusehen, warum die in Art. 19 Abs. IV GG vorgegebene Garantie durch dogmatisch wenig befriedigende Hilfskonstruktionen ersetzt werden soll.

Es ergibt sich damit, daß jeder durch den Bau oder den anschließenden Betrieb eines Hafens betroffene Nachbar soweit die Befugnis zur Erhebung der Unterlassungsklage des Nachbarn hat, als er tatsächlich in seinen subjektiven öffentlichen Rechten beeinträchtigt wird. Wurde er bereits geschädigt, so kann er einen Ausgleich über Art. 19 Abs. IV GG, § 42 Abs. I VwGO verlangen. Das erkennende Gericht hat in § 113 VwGO das Werkzeug, eine Beseitigung von materiellen Nachteilen anzuordnen[218].

---

[216] *Bernhardt*, JZ 1963, S. 302 ff. (S. 306).

[217] BGH, NJW 1973, S. 326 ff. (mit zahlreichen Nachweisen aus früheren Entscheidungen, S. 326).

[218] *Schlee* (AöR 1967, S. 58 ff. [S. 60]) meint sogar, aus § 113 Abs. I S. 2 VwGO eine eigene Anspruchsgrundlage entnehmen zu können. Er übersieht dabei, daß der eigentliche Anspruch aus dem verfassungsrechtlichen Rechtsschutz des Bürgers folgt, wobei § 113 VwGO nur dem Gericht die konkrete Befugnis gibt.

§ 2. Der Betrieb des Hafens

Wie bereits bei den Ausführungen zur Bauwürdigkeit eines öffentlichen Hafens und bei der Problematik des Immissionsschutzes deutlich wurde, sind Bau und Betrieb eines öffentlichen Binnenhafens untrennbar miteinander verbunden. Ebenso wie die Frage des Standortes an der Wasserstraße im Verhältnis zu anderen Häfen für das weitere Schicksal des Unternehmens von großer Bedeutung ist, fällt bei der Errichtung des Hafens auch die Entscheidung, in welcher Form dieser betrieben werden soll. Für den konkreten Handlungsablauf bei der Verkehrsbedienung wird der betriebswirtschaftlichen Funktion der „Verfassung" des Hafens entscheidende Bedeutung beigemessen[219]. Da die Häfen gelegentlich an überwiegend kaufmännischen Faktoren gemessen werden, verlangt man eine entsprechende Form. Es sollen die laufenden Kosten des Betriebes gedeckt, die Substanz erhalten und unter Umständen eine Verzinsung für die Investitionsmittel erzielt werden[220]. Daher betrachtete man in der überkommenen Auffassung die förmliche Struktur des jeweiligen Hafenunternehmens als entscheidendes Merkmal für seine rechtliche Behandlung[221]. Da die regelmäßig privatrechtliche Organisationsform der Hafenunternehmungen in einem Spannungsverhältnis zu der Darbringung einer Verwaltungsleistung steht[222], sind die Organisationsstrukturen und die Motivationen für die Wahl der jeweiligen Formen von Bedeutung.

I. Die Organisationsformen

Vor dem Hintergrund der Auffassung, daß die Gemeinden im Rahmen der ihnen zustehenden Kompetenzen generell in der Wahl der Organisationsform frei seien[223], gibt es kaum eine Betriebsmöglichkeit des Zivilrechts, die nicht verwendet wurde[224]. Die häufigste Form ist die Gesellschaft des Handelsrechts[225]. Hier ging man davon aus, daß sie in ihrer Verwendung nicht zwangsläufig auf eine lediglich erwerbswirtschaftliche Betätigung beschränkt sei[226]. Die „Interdependenz" zwischen der Orga-

[219] *Mohr*, Organisationsformen, Internationales Archiv für Verkehrswesen, 15/16 1958 (Sonderdruck).

[220] Ebd.

[221] Vgl. oben im 1. Kapitel § 2, Abs. I zur Frage der Einordnung nach der formalen Rechtspersönlichkeit.

[222] Vgl. oben 1. Kapitel, § 3, Abs. I.

[223] *Schurkemeyer*, S. 42.

[224] Hierzu noch in Punkt 1 anschließend ausführlicher.

[225] Vgl. die Übersicht bei *Mohr*, Probleme, Kommunalwirtschaft 1966, S. 336 ff. (S. 338 - 339).

[226] *Steuck* (S. 65): „So können die Formen der AG und der GmbH ihres erwerbswirtschaftlichen ‚kapitalistischen' Charakters, den sie nach ihrer äußeren

nisationsform und den Aufgaben des Unternehmens[227] wurde meist völlig vernachlässigt. Wenn man diese überhaupt berücksichtigte, dann wurde nicht die Rechtsform der Häfen nach der Aufgabenstellung gewählt, sondern man definierte die Aufgaben fälschlicherweise nach der Rechtsform[228]. Waren nun einmal privatrechtliche Betriebsformen gefunden, so schien es nahezuliegen, die noch verbleibenden Organisationsstrukturen ebenfalls nach privatrechtlichen Grundsätzen auszurichten. Dabei wurde übersehen, daß es weniger verwaltungsrechtliche als vielmehr pragmatische Gründe waren, die zur Einrichtung von privaten Kapitalgesellschaften führten.

1. Die Vielfalt der historisch gewachsenen Verhältnisse

Bei den Organisationsformen der Binnenhäfen ist kein allgemeines Prinzip erkenntlich[229]. So waren „Praktikabilitätserwägungen und Überlieferung ... offenbar stärker als die Idee des Formenfehlgebrauchs“[230]. Hierbei ist zu beachten, daß das Reich sich mit der Reichswasserstraßenverwaltung grundsätzlich auf die Unterhaltung und den Ausbau der *Wasserstraßen* beschränkte und nur eine Verpflichtung für die Sicherheits- und Schutzhäfen anerkannte[231]. Es blieb überwiegend den Gemeinden überlassen, die Binnenhäfen zu betreiben und zu organisieren[232]. Für die Kommunen galt es, nach Betriebsformen zu suchen, die für das gemeindliche Budget keinen größeren Verlust erwarten ließen[233]. Die ursprünglichste Organisationsform gemeindlicher Verkehrstätigkeit[234] — der reine Regiebetrieb — erschien den Gemeinden dabei vielfach zu unbeweglich für den Betrieb ihrer Häfen. Insbesondere empfanden sie die Bindung an die strenge Kameralistik des öffentlichen Haus-

---

und inneren Struktur und der ihnen nach zuteil gewordenen gesetzlichen Ordnungen haben, völlig entkleidet und ... gemeinwirtschaftlichen Zwecken dienstbar gemacht werden.“

[227] *v. Brauchitsch/Ule*, S. 91.

[228] Diese Schlußfolgerung aber ist unzutreffend. Nach der Rechtsprechung des Bundesverfassungsgerichts (BVerfGE 10, S. 302 ff. [S. 327]) kann sich die öffentliche Hand auch dann nicht von Grundrechtsbindungen befreien, wenn sie einen Privaten „zur Wahrung einer öffentlichen Aufgabe bestellt“. Dagegen hat in der Praxis die Überzeugung Fuß gefaßt, daß man mit der privaten Form nur noch dem privaten Recht unterworfen sei.

[229] *Bartsch* bei *Meyer*, S. 118.

[230] *Stern*, Sache, VVDStRL 21, 1964, S. 183 ff. (S. 202).

[231] *Koenigs* bei *Meyer*, S. 30. Vgl. die heutige Regelung in § 1 Abs. IV Bundeswasserstraßengesetz.

[232] *Eichhorn*, Peter (S. 30, Fußnote 60) weist darauf hin, daß dies nur für die Hafenbetriebe, nicht aber für die Schiffahrt gelte, die neben bedeutenden Reedereien des Bundes und der Länder großenteils ein privater Verkehrszweig ist.

[233] *Hugel*, Hansa 1969, S. 1872 ff. (S. 1873).

[234] *Schurkemeyer*, S. 43.

haltsrechts als hinderlich[235]. Wo man sich dennoch nicht zur Errichtung einer privatrechtlichen Kapitalgesellschaft entschließen konnte (wie etwa bei der Bayerischen Landeshafenverwaltung), meinte man, sich mit der Etikettierung als „Wirtschaftsbetrieb" aus den erstarrten Formen der öffentlichen Verwaltung zu befreien. Dieser müsse nach „kaufmännischen Grundsätzen" betrieben werden[236].

Das führte dazu, daß ein großer Teil der gemeindlichen Häfen als Aktiengesellschaften oder Gesellschaften mit beschränkter Haftung betrieben wird oder als Abteilungszuständigkeiten privatrechtlichen „Stadtwerken" eingegliedert wurde[237]. Dabei behielt sich die öffentliche Hand regelmäßig die Mehrheitsbeteiligung vor, so daß fast alle bedeutenden Häfen, die als Gesellschaften des Privatrechts auftreten, von den Gemeinden majorisiert sind.

2. Die praktischen Motive der öffentlichen Verwaltung bei der Konzeption privatrechtlicher Organisationsformen

Die privaten Betriebsformen sind daher ausschließlich von pragmatischen Erwägungen bestimmt. Neben der Flucht aus der Kameralistik glaubte man auch, zu einer beweglichen Betriebsführung überhaupt nur durch die globale Überführung in das Privatrecht in der Lage zu sein.

Die öffentliche Hand befand sich in einer Zwangslage, insbesondere in der Zeit nach dem Zweiten Weltkrieg, aus der sie nur der Gesetzgeber hätte befreien können. Die Schaffung adäquater Handlungsformen der öffentlichen Hand war überfällig. Der moderne Leistungsstaat wäre zur Untätigkeit verurteilt gewesen, da er flexible Handlungsformen und Gestaltungsmöglichkeiten im geschriebenen öffentlichen Recht nicht vorfand[238]. Daher meinte man, sich der größeren Beweglichkeit privatrechtlicher Betriebsgesellschaften bedienen zu müssen. Die Auffassung folgte

---

[235] *Hugel*, Hansa 1969, S. 1872 ff. (S. 1873).

[236] *Hugel* (ebd.) hat diese Auffassung für die Bayerische Landeshafenverwaltung (Regiebetrieb).

[237] Als Aktiengesellschaften etwa die Häfen Dortmund, Duisburg-Ruhrort oder Heidelberg; als Gesellschaften mit beschränkter Haftung etwa die Häfen Braunschweig, Koblenz oder Ludwigshafen.

[238] *Krüger* (S. 329) bemerkt treffend, daß die Ursachen für die „Flucht in das Privatrecht" vor allem in jener Art von Rechtsstaatlichkeit zu suchen seien, „die noch nicht bemerkt hat, daß der Wirtschafts- und Wohlfahrtsstaat sehr viel mehr Handlungsfreiheit und Gestaltungsfreiheit verlangen als der lediglich gefahrenabwehrende Staat". *Gallwas* (VVDStRL 29, 1971, S. 211 ff. [S. 213]) weist zu Recht darauf hin, daß eine grundsätzliche Klärung noch ausstehe für die Handlungsformen, „in denen sich das Gemeinwesen zur Erfüllung seiner Zwecke Privater bedient, ohne diesen die spezifischen Befugnisse der übrigen öffentlichen Verwaltung einzuräumen". Deswegen waren die Hindernisse für die öffentliche Hand gering, sich privatrechtlicher Handlungsformen zu bedienen.

nach, damit zugleich aller öffentlich-rechtlicher Bindungen entledigt zu sein. Doch wenn es aus Gesichtspunkten der Praktikabilität zweckmäßig sein mag, öffentliche Einrichtungen förmlich nach privatem Recht zu betreiben[239], so geht damit nicht die Öffentlichkeit eines Hafens verloren[240]. Auch in der privaten Form muß sich eine Gemeinde sehr viel stärkere und engere Bindungen gefallen lassen, als eine wirkliche Privatperson[241]. Diese besondere Bindung entspringt nicht dem Bestreben, den Mißbrauch wirtschaftlicher Macht zu verhindern[242]. Vielmehr handelt es sich um jene Bindungen, denen die öffentliche Hand grundsätzlich bei der allgemeinen Verwaltung in jeglicher Form unterliegt: die zwingende Anwendung der verfassungsrechtlichen Prinzipien. Es stellen sich demnach die privatrechtlichen Konzeptionen bei dem Betrieb von Binnenhäfen als „Notlösung"[243] dar, da für die moderne Leistungsverwaltung der bei Otto Mayer vorzufindende Obrigkeitsstaat keine angemessene Handlungsform oder Leistungskategorie anbot[244]. Bei diesem Prozeß haben sich verschiedene Fallgruppen herausgebildet, die allerdings in sich kaum homogen sind. Hinsichtlich des Einflusses der öffentlichen Hand, der innerbetrieblichen Struktur oder auch nur der technischen Ausführung des Betriebes bieten die Häfen ein uneinheitliches Erscheinungsbild.

3. Die typischen Fallgruppen der Hafenbetriebsformen

A. Die unselbständigen Sondervermögen der öffentlichen Hand

Die engste Verbindung zur öffentlichen Hand besteht noch bei den Eigen- und Regiebetrieben[245]. Die Eigen- und Regiebetriebe zeichnen sich dadurch aus, daß sie keine institutionalisierte Persönlichkeit haben, sondern daß ihr Wesen ausschließlich durch die Grundsätze des jeweils gültigen Haushaltsrechtes bestimmt ist. Es ermangelt ihnen an jeglicher eige-

---

239 *Ossenbühl*, DVBl. 1973, S. 289 ff. (S. 289).

240 Ebd., S. 289 ff.

241 *Krüger*, S. 328.

242 *Emmerich* (S. 134) sieht in seiner Untersuchung das Problem der wirtschaftlichen Macht als Angelpunkt für die Behandlung der öffentlichen Unternehmungen. Er hält eine Grundrechtsbindung der öffentlichen Hand, insbesondere durch den Gleichheitssatz (S. 132), für keine adäquate Lösung. Daß der typisch privatrechtliche Gesichtspunkt des Monopolmißbrauchs aber dogmatisch nicht brauchbar ist, wurde bereits oben im 1. Kapitel (§ 4, Abs. II) dargelegt.

243 *Ossenbühl*, DVBl. 1973, S. 289 ff. (S. 292).

244 Ebd., S. 289 ff., ähnlich *Vogel*, S. 188.

245 Diese Betriebsform liegt bei den Häfen Bamberg, Berlin, Bingen, Bonn, Düsseldorf, Emmelsum, Emmerich, Essen, Frankfurt, Hamm, Hannover, Karlsruhe, Kitzingen, Köln, Krefeld, Mannheim, Neuß, Nürnberg, Oldenburg, Schweinfurt und Vallendar vor.

ner Rechtsfähigkeit, sie sind also weder im Sinne von § 61 Nr. 1 VwGO, noch nach § 50 Abs. I ZPO im gerichtlichen Verfahren parteifähig[246]. Ein Rechtsstreit wäre daher grundsätzlich gegen die jeweilige Trägerkörperschaft anzustrengen. Es besteht hier also keine dem § 2 Abs. I Bundesbahngesetz vergleichbare Regelung.

Die Betriebsführung dieser Häfen wird von den eher politischen als rechtlich wirksamen[247] allgemeinen Grundsätzen des öffentlichen Haushaltsrechtes bestimmt[248]. Diese sind kaum geeignet, eine konkrete rechtliche Bindungswirkung zu entfalten. So hat etwa das Erfordernis der Vollständigkeit des Haushaltsplans die Funktion, sogenannte „schwarze Fonds“ zu verhindern[249]. Zwar liegt es zweifellos im Interesse der rechtsstaatlichen Transparenz des Haushalts, „verschwiegene Sonderkassen“ nicht zuzulassen[250], doch ergeben sich hieraus kaum fungible Anhaltspunkte für die Wirtschaftsführung und das Verwaltungsgebaren eines Hafens. Konkrete Aussagen können dem Haushaltsplan für den Hafenbetrieb nicht entnommen werden, denn der Plan ist keine Bilanz im kaufmännischen Sinne, sondern primär eine „Verlaufsrechnung“[251].

Deswegen ist man bei der Schaffung der Organisationsform des Eigenbetriebes dazu übergegangen, daneben noch einen Finanzplan[252] als Teil des Wirtschaftsplans zu erstellen.

B. Die Einzelformen

a) Der Eigenbetrieb

Die Einführung des Wirtschaftsplanes zeigt deutlich, daß die Schaffung des Eigenbetriebes den Zweck haben sollte, in der Verwaltungspraxis zu mehr Beweglichkeit und zu größerer Effektivität zu gelan-

---

[246] Ein Rechtsstreit gegen einen als Eigen- oder Regiebetrieb auftretenden Hafen ist somit grundsätzlich unmöglich, da die Parteifähigkeit absolute Prozeßvoraussetzung im verwaltungsgerichtlichen wie auch im zivilrechtlichen Verfahren ist. — Vgl. hierzu im übrigen *Eyermann/Fröhler* (Rn 11 zu § 61) und *Thomas/Putzo* (Anm. 3 a zu § 51).

[247] *Vialon*, S. 10.

[248] *Ders.* nennt hier: die Vollständigkeit, die Einheit, die Stetigkeit, die Sparsamkeit, die Spezialität (der jeweiligen Einzelposten), die Vergleichbarkeit und die Öffentlichkeit des Plans.

[249] *Ders.*, S. 23.

[250] *Ders.* (ebd.) bezeichnet dies als den „Alptraum der Finanzminister“.

[251] *Ders.*, S. 23.

[252] Es ist etwa in § 15 Abs. I der Eigenbetriebsverordnung für das Land Nordrhein-Westfalen die Erstellung eines Finanzplanes vorgesehen: „Der Finanzplan muß mindestens alle voraussehbaren Einnahmen und Ausgaben des Wirtschaftsjahres enthalten, die sich aus Anlageänderungen (Ersatz, Erweiterungen, Neubau, Anlageveräußerungen) und aus der Kreditwirtschaft des Eigenbetriebes ergeben.“

gen. Dieser Wirtschaftsplan vertritt den Haushaltsplan (vgl. § 13 Abs. I der Eigenbetriebsverordnung für das Land Nordrhein-Westfalen). Er besteht regelmäßig aus dem Erfolgsplan, dem Finanzplan und der Stellenübersicht.

Es wurde das Ziel verfolgt, die kommunalen Hafenbetriebe von jenen Mängeln zu befreien, die zu sehr der kameralistischen Betrachtungsweise verhaftet waren[253]. Die Unternehmungen sollten so organisiert werden, daß sie den unter privatrechtlichen Gesellschaftsformen geführten Hafenbetrieben ebenbürtig sind[254]. Entgegen einer weit verbreiteten Auffassung war das *nicht* eine grundsätzliche Privatisierung der Häfen, sondern gerade diesem vermeintlichen Erfordernis wollte man vorbeugen[255]. Insofern ist auch § 1 der Eigenbetriebsverordnung für das Land Nordrhein-Westfalen mißverständlich formuliert, als hier von „*wirtschaftlichen* Unternehmen der Gemeinde ohne Rechtspersönlichkeit" gesprochen wird. So erweist sich in der gleichen Verordnung die Neutralität des Geschäftszweckes bei der Rechtsform des Eigenbetriebes, als in § 17 Abs. I eine kaufmännische doppelte *oder* eine entsprechende Verwaltugsbuchführung zugelassen ist.

Die Häfen, die als Eigenbetriebe auftreten, stehen überwiegend in der Verwaltung der Gemeinde[256]. Ansonsten haben sie miteinander kaum Gemeinsamkeiten, was die innere Struktur betrifft. Eine öffentlich-rechtliche innerbetriebliche Organisation[257] ist durchaus nicht die zwangsläufige Folge aus dieser Betriebsform[258]. Auch sind die innerbetriebliche Organisation und die Geschäftsführung nur teilweise durch Satzung geregelt[259]. Soweit eine Betriebssatzung vorliegt[260], konkretisiert sie regelmäßig die allgemeinen Bestimmungen des Haushaltsrechts der Eigenbetriebe[261]. Dadurch wird der Verwaltungszweck des Hafens intern sichergestellt.

---

[253] *Nagel*, Hafenwirtschaft, S. 35.

[254] Ebd., S. 35.

[255] Ebd., S. 35.

[256] Dagegen ist etwa in Baden-Württemberg nach § 26 Landeshaushaltsordnung der Mannheimer Hafen als Eigenbetrieb des Landes organisiert. In diesem Zusammenhang sei auch die Bayerische Landeshafenverwaltung genannt (Art. 26 der Bayerischen Haushaltsordnung), die allerdings traditionsgemäß zu den Regiebetrieben zählt. (*Mohr*, Probleme, Kommunalwirtschaft 1966, S. 336 ff. [S. 339].)

[257] Beispielsweise bei den Häfen Bonn, Bamberg, Emmelsum, Essen, Hamm, Hannover, Kitzingen, Köln, Mannheim.

[258] Etwa die BEHALA als Eigenbetrieb des Landes Berlin ist völlig privatrechtlich aufgebaut.

[259] Bonn, Bamberg, Berlin, Düsseldorf, Emmelsum, Essen, Hamm, Hannover, Köln, Krefeld, Neuß, Nürnberg, Oldenburg.

[260] Etwa für die städtischen Hafenbetriebe Neuß (auf Grund der §§ 4 und 74 der Gemeindeordnung für das Land Nordrhein-Westfalen, GV 1952, S. 283) vom 25. Januar 1960.

Eine teilweise oder gänzlich von den Regelungen des Eigenbetriebsrechts unabhängige Form ist der sogenannte „befreite Eigenbetrieb"[262]. Die Weiterentwicklung des befreiten Eigenbetriebs im geschriebenen Recht wäre eine jener Möglichkeiten, die öffentliche Hand von der Notwendigkeit zu befreien, ihre Leistungseinrichtungen in den Formen privater Kapitalgesellschaften zu organisieren[263]. Dazu ist allerdings erforderlich, die Zulässigkeit der Befreiung *nicht* an Erfordernisse zu knüpfen, welche die Verwendung dieser Betriebsform für die Häfen weitgehend ausschließen[264]. Es könnte ohne solche Hindernisse eine bewegliche Betriebsführung ermöglicht werden, die dennoch verwaltungsrechtlichen Anforderungen entspricht.

b) Der Regiebetrieb nach § 15 der Reichshaushaltsordnung

Der Regiebetrieb nach § 15 der Reichshaushaltsordnung[265] ist dem Eigenbetrieb in Struktur und Aufbau sehr ähnlich. Auch hier bedeutet die mißverständliche Formulierung des Begriffs „kaufmännisch eingerichtete Reichsbetriebe" nicht, daß ein „kaufmännischer" (erwerbswirtschaftlicher) Zweck zwingend ist. Vielmehr geht es nur um die kaufmännische *Buchführung*, wobei noch nicht einmal eine kaufmännische Organisation gefordert wird[266]. Aus diesem Grunde wurde in § 26 Abs. I Bundeshaushaltsordnung[267] lediglich der Begriff „Bundesbetriebe" ver-

---

[261] So regelt die Neußer Betriebssatzung in § 1 den Aufgabenbereich des Eigenbetriebes, in § 3 die Stellung der Werkleitung, in den §§ 4, 5 die Aufgaben des Werksausschusses. Mit § 6 ist die Globalzuständigkeit der Stadt festgelegt, die §§ 11 - 14 beziehen sich auf das Finanzwesen, § 15 gibt genauere Anweisungen zum Wirtschaftsplan.

[262] Vgl. § 26 Abs. I der Eigenbetriebsverordnung für das Land Nordrhein-Westfalen: „Der Regierungspräsident kann als Kommunalaufsichtsbehörde bestimmte Eigenbetriebe allgemein oder auf Antrag von den Vorschriften dieser Verordnung befreien."

[263] *Emmerich* (S. 38/39) spricht von einer „Renaissance" der Verwendung privater Rechtsformen.

[264] In § 26 Abs. II der Eigenbetriebsverordnung für das Land Nordrhein-Westfalen ist eine Befreiung ausgeschlossen, „für Elektrizitätswerke, Gaswerke, Elektrizitäts- und Gasverteilungsbetriebe, Straßenverkehrs- und Hafenbetriebe in Gemeinden oder in Versorgungs- und Einzugsgebieten mit mehr als 10 000 Einwohnern".

[265] In § 15 Abs. I war die Rechnungslegung der „kaufmännisch eingerichteten Reichsbetriebe" geregelt. Es war möglich, „statt der getrennten Veranschlagung der Einnahmen und Ausgaben das voraussichtliche Endergebnis in den Haushaltsplan einzustellen, wenn die Art des Betriebes ein Wirtschaften nach Einnahme- und Ausgabeansätzen des Haushaltsplans nicht zuläßt".

[266] *v. Köckritz/Ermisch/Maatz/Musti*, Rn 3.1 zu § 26.

[267] Die Bundeshaushaltsordnung trat am 19. 8. 1969 (BGBl. I, S. 1284, geändert durch Gesetz vom 23. 12. 1971, BGBl. I, S. 2133) an die Stelle der Reichshaushaltsordnung. § 26 BHO entspricht dem § 15 RHO.

wendet[268]. Die Vorschriften der Reichshaushaltsordnung sind für die von den Ländern und Gemeinden als Regiebetriebe geführten Häfen bestimmend gewesen, da die Geltung der Verordnung durch Gesetz über die Haushaltsprüfung, Rechnungslegung und Rechnungsprüfung der Länder[269] auf die Länder ausgedehnt wurde. Dadurch wurde der Charakter der betroffenen Unternehmungen[270] entscheidend geprägt. Es verwischte sich der ohnehin geringe Unterschied zum Eigenbetrieb vollends, als nach dem Kriege die Länder eigene Eigenbetriebsordnungen erließen[271]. Gleichwohl ist die Reichshaushaltsordnung für die „15er-Betriebe"[272] bestimmend geblieben[273]. So ist in der Satzung der Bayerischen Landeshafenverwaltung[274] festgelegt, daß die Landeshafenverwaltung ein „Betrieb im Sinn des § 15 RHO" sei.

Der einzige, eher graduelle Unterschied des Regiebetriebes alter Prägung zum gemeindlichen Eigenbetrieb besteht darin, daß das Anlage- und Betriebskapital der Unternehmung kein eigentliches Sondervermögen darstellt, sondern nur „unselbständiger Teilgegenstand des Gemeindevermögens" ist[275]. Dieser Umstand hat entscheidend zu der Kritik am Regiebetrieb beigetragen[276]. Zwar ermöglichte § 15 Reichshaushaltsordnung die Abweichung vom haushaltsrechtlichen Bruttoprinzip des § 7, statt dessen konnte das saldierte Endergebnis in den Haushaltsplan eingestellt werden[277]. Ansonsten ist aber auch der Regiebetrieb an die haushaltsrechtliche Ausgabengenehmigung gebunden. Gerade diese „Etatisierung"[278] ist bei dem befreiten Regiebetrieb[279] — ein solcher ist wohl

---

[268] *v. Köckritz/Ermisch/Maatz/Musti*, Rn 3.1 zu § 26.

[269] Vom 17. 6. 1936 (RGBl. II, S. 209).

[270] Besonders die Bayerische Landeshafenverwaltung.

[271] Etwa Hessen (GVBl. 1957, S. 19) oder Nordrhein-Westfalen (GV. 1953, S. 181), in jüngerer Vergangenheit ebenso in Bayern (GVBl. 1971, S. 433).

[272] *Vialon*, S. 177.

[273] Da die Haushaltsordnungen in den Ländern der RHO weitgehend nachgebildet wurden, waren grundlegende Änderungen kaum möglich. Beispielsweise entspricht Art. 26 der BayHO weitgehend § 15 RHO (vgl. hierzu Fußnote 265). In Art. 26 BayHO kann ebenso ein Wirtschaftsplan aufgestellt werden, „wenn ein Wirtschaften nach Einnahmen und Ausgaben des Haushaltsplans nicht zweckmäßig ist".

[274] In Ziffer I. 1. (Fassung v. 24. 1. 1968, Nr. IV Z/IV E-9710 a 72).

[275] *Schurkemeyer*, S. 44.

[276] Ebd., S. 44.

[277] *Vialon*, S. 177.

[278] *Mohr* (Organisationsformen, Internationales Archiv für Verkehrswesen, 15/16 1958 [Sonderdruck]) bezeichnet die Kameralistik mit ihrer Etatisierung als das größte und doch vermeidbare Hindernis bei der Betriebsführung von Häfen.

[279] *Schurkemeyer* (S. 47) prägt hierfür den Begriff des sogenannten „Leipziger Systems".

die Bayerische Landeshafenverwaltung[280] — weitgehend aufgegeben worden. Dennoch ist in der Hafenpraxis die Auffassung verbreitet, daß der Regiebetrieb (wie auch der Eigenbetrieb) zwangsläufig mit einer schwerfälligen und wenig effektiven Betriebsführung verknüpft sei[281]. Diese Schwierigkeit könne nur durch die Bildung privater Kapitalgesellschaften umgangen werden[282].

C. Hafenbetriebsgesellschaften in den Formen juristischer Personen des Privatrechts

Es waren demnach eher politische als rechtliche Gründe ausschlaggebend[283], vom befreiten Regiebetrieb (bzw. Eigenbetrieb) zu Unternehmensformen des Privatrechts überzugehen[284]. Es ist zunächst aufzuzeigen, welche grundsätzlichen Formen sich hierbei entwickelt haben. Bei Häfen, die von privaten Kapitalgesellschaften betrieben werden, gibt es im wesentlichen zwei Gruppen. Überwiegend hat die öffentliche Hand eine Gesellschaft mit beschränkter Haftung oder eine Aktiengesellschaft im Kapital majorisiert und läßt den Hafen dann von dieser Gesellschaft betreiben. Der Hafen ist hier regelmäßig auch Eigentümer der gesamten Liegenschaften. Als zweite Möglichkeit kommt in Betracht, daß die öffentliche Hand zwar das privatrechtliche Eigentum am Gelände innehat, der Betrieb aber insgesamt nach dem sogenannten „Heilbronner System" an eine Hafenbetriebsgesellschaft verpachtet ist. Auch hier ist eine Mehrheitsbeteiligung der öffentlichen Hand häufig, aber nicht der unbedingte Regelfall. Soweit eine Globalverpachtung des Hafens vorliegt, hat sich die öffentliche Hand durch Abmachungen mit der Pächtergesellschaft die Bestimmungsgewalt erhalten, wobei die Polizeigewalt von einem Hafenamt ausgeübt wird. Dieses ist der Preußischen Anstaltspolizei vergleichbar.

Soweit eine bestehende Majorität der öffentlichen Hand aufgegeben wurde (etwa bei dem Neckarhafen Plochingen GmbH seit dem Jahre 1973), sind noch Gesichtspunkte zu berücksichtigen, die einen gewissen

[280] *Hugel* (Hansa 1969, S. 1872 ff. [S. 1873]) weist darauf hin, daß sich die Bewirtschaftung der staatlichen Häfen nach kameralistischen Grundsätzen nicht bewährt habe, weil sie die rasche Anpassung an die betrieblichen Erfordernisse nicht zuließ.

[281] *Mohr*, Probleme, Kommunalwirtschaft 1966, S. 336 ff. (S. 337/338).

[282] Ebd., S. 336 ff.

[283] Vgl. oben Punkt 2.

[284] *Schurkemeyer* (S. 50) weist in diesem Zusammenhang darauf hin, daß man sich gleichzeitig erhoffte, die Wahl privatrechtlicher Organisationsformen würde den *politischen* Einfluß der Gemeindeparlamente auf den Betrieb mehr abschirmen. Das sei bislang beim Regiebetrieb nicht möglich gewesen. Diese Wirkung wäre aber ausgeblieben.

Konnex zu körperschaftlichen Strukturen haben: Die Nutzer und Begünstigten des Hafens sind Gesellschafter eines *öffentlichen* Hafens (Plochingen), haben also einen gewissen Einfluß auf die Willensbildung des Unternehmens.

Als wesentliches Merkmal der privatrechtlichen Hafenbetriebsgesellschaft tritt zunächst die Majorität am Gesellschaftskapital in den Vordergrund.

a) Die Mehrheitsbeteiligung der öffentlichen Hand

Für die öffentliche Hand war die Gründung und der Betrieb von Häfen durch selbständige Rechtspersonen des Privatrechts davon abhängig, wie unabhängig und beweglich die Betriebsführung jeweils sein sollte[285]. Es bestand also das Ziel, Verwaltungsaufgaben durch eine maßvolle „Entbürokratisierung" leichter durchführen zu können[286]. Um sich nicht der Gefahr auszusetzen, daß die so gegründete Hafengesellschaft dem Einfluß entgleitet, hat man sich zumindest bei den wichtigeren privatrechtlich organisierten Binnenhäfen die Mehrheitsbeteiligung vorbehalten[287]. Zum Teil ist der Hafen eine eigene Kapitalgesellschaft, oder es liegt eine Betriebsabteilung der privatrechtlich betriebenen Stadtwerke vor[288], die ihrerseits wiederum von der öffentlichen Hand majorisiert sind. Darüber hinaus ist der Hafenbetrieb auch als Betriebszweig einer Eisenbahngesellschaft denkbar[289], die aber ihrerseits wiederum in der Mehrheitsbeteiligung der öffentlichen Hand steht.

Es wurde bereits dargelegt, daß man überwiegend aus pragmatischen Erwägungen die Form der privatrechtlich organisierten Kapitalgesellschaft wählte. Es war dann erforderlich, sich die Herrschaftsbefugnis über die Gesellschaft unumstößlich zu sichern. Dabei geht es nicht etwa um das Aufsichtsverhältnis über eine ansonsten private Gesellschaft, sondern es soll die Sachherrschaft der öffentlichen Hand alleinig bestimmend sein. Über die beamtenrechtliche Weisungsbefugnis[290] kann

---

[285] *v. Brauchitsch/Ule*, S. 88.

[286] Ebd., S. 88.

[287] Bei den Aktiengesellschaften Dortmund, Duisburg-Ruhrort, Heidelberg, Mainz, Orsoy, Osnabrück, Wesseling/Godorf oder Wiesbaden. Bei den Gesellschaften mit beschränkter Haftung Braunschweig, Gelsenkirchen, Koblenz, Leer, Lünen, Wanne-Eickel, Weil am Rhein, Wesel, Trier oder Würzburg.

[288] Etwa Mainz, Osnabrück, Wiesbaden oder Wesel.

[289] So Wesseling/Godorf als Betriebszweig der Köln-Bonner-Eisenbahn AG oder Wanne-Eickel als Teil der Wanne-Herner Eisenbahn und Hafen GmbH.

[290] Vgl. § 37 Beamtenrechtsrahmengesetz:
„Der Beamte hat seine Vorgesetzten zu beraten und zu unterstützen. Er ist verpflichtet, die von ihnen erlassenen Anordnungen auszuführen und ihre allgemeinen Richtlinien zu befolgen ..."

grundsätzlich die Mehrheitsbeteiligung an dem Unternehmen ausgeübt werden, denn die Stimmrechte liegen in den Händen von Beamten[291].

Die Herrschaftsgewalt des Gemeinwesens, das die Mehrheitsbeteiligung an einer privaten Kapitalgesellschaft ausübt, fällt unter die gesetzliche Vermutung des § 17 Abs. II Aktiengesetz. Aus diesem Grunde kann von einer Majorität der öffentlichen Hand zwingend darauf geschlossen werden, daß eine Beherrschung der Hafengesellschaft vorliegt. Nachdem das Aktiengesetz hier schon die *Möglichkeit* einer Einflußnahme für die Vermutungsregel ausreichen läßt, wird eine Widerlegung nur bei Unmöglichkeit der Beherrschung erfolgreich sein[292]. Dieser Grundsatz gilt erst recht dann, wenn es sich um die sogenannte „Einmann-Gesellschaft“ handelt[293]. Soweit eine Hafenbetriebsgesellschaft in der ausschließlichen und vollständigen Mehrheitsbeteiligung der öffentlichen Hand steht, gilt die Gesellschaft als Einmann-Gesellschaft. Vom zivilrechtlichen Blickwinkel aus betrachtet, ist die Einmann-Gesellschaft unbedenklich, von möglichen Mißbräuchen abgesehen[294]. So unumstößlich damit die Sachherrschaft der öffentlichen Hand über ein von ihr majorisiertes Hafenunternehmen ist, bedeutet das nicht, daß eine Minderbeteiligung zwingend mit Einflußlosigkeit einhergeht. Es ist denkbar, daß die öffentliche Hand einen großen Minderanteil an dem Unternehmen *in einheitlicher Ausübung der Stimmrechte* zur Verfügung hat, die noch verbleibenden Anteile aber derart zesplittert sind, daß sie sich nicht durchsetzen können. Eine solche Minderbeteiligung kann ebenso zu einer Beherrschung im Sinne des § 17 Abs. II Aktiengesetz führen[295].

Die regelmäßige Mehrheitsbeteiligung der öffentlichen Hand an der Hafengesellschaft darf aber nicht mit der Frage des bürgerlich-rechtlichen Eigentums am Hafengrund verwechselt werden. Häufig ist die private Hafenbetriebsgesellschaft nicht Eigentümer ihrer Liegenschaften.

b) Das Fehlen privatrechtlichen Eigentums am Betriebsvermögen

Dabei ist das Hafengelände nur von der öffentlichen Hand gepachtet, gleichgültig, ob die Gesellschaft selbst unter Mehrheitsbeteiligung steht

---

[291] Bei *v. Brauchitsch/Ule* (S. 90) ist das denkbare Spannungsverhältnis zwischen Weisungsgebundenheit und persönlicher Verantwortung der in den Aufsichtsrat entsandten Behördenvertreter angesprochen. „Bei einem Konflikt zwischen beamtenrechtlicher Pflicht zum Gehorsam und der gesetzlichen Pflicht zur Wahrung der Gesellschaftsinteressen bleibt, wenn eine Gegenvorstellung keine Abhilfe schafft, nur übrig, das Aufsichtsratsmandat niederzulegen.“

[292] *Gessler*, Anm. 3 zu § 17.

[293] *Emmerich*, S. 229.

[294] *Baumbach/Hueck*, Anm. 3 A zu § 34 Anh.; *Baumbach*, A., *Hueck*, G., *Hueck/Schulze*, Rn 2 zu § 262 Anh.

[295] *Gessler*, Anm. 1 zu § 17.

oder nicht. Hauptgrund für diese Betriebsform war die Erwägung, den Anfall der Grunderwerbssteuer nach § 1 Abs. I Nr. 1 Grunderwerbssteuergesetz[296] zu vermeiden. Bedenkt man die großen Flächen wertvollen Industriegeländes, die für einen Hafen benötigt werden, so geht es um die Einsparung beträchtlicher Summen[297]. Soweit der Hafen nicht Eigentümer des Grundstückes ist, steht dieses immer im Eigentum eines Hoheitsträgers. Regelmäßig wird dann nach dem sogenannten „Heilbronner System" verfahren. Hierbei stellt die öffentliche Hand nur die Hafen- und Uferanlagen mit Hafenbahn und Mietgrundstücken zur Verfügung, die Umschlagstätigkeit wird einem oder mehreren Anliegern überlassen[298]. Soweit nach diesem System gearbeitet wird[299], werden die ordnungsbehördlichen Aufgaben von einem städtischen oder staatlichen Hafenamt wahrgenommen. Wie weit dieses als Anstaltspolizei im herkömmlichen Sinne anzusehen ist, wird bei den Ausführungen zum Sicherheitsrecht im Hafen noch genauer zu erläutern sein[300].

In diesem Zusammenhang ist noch auf die wenigen, überwiegend kleineren Häfen hinzuweisen, die als privatrechtliche Kapitalgesellschaften keine Mehrheitsbeteiligung der öffentlichen Hand haben[301]. Diese sind aber dennoch gebunden, denn es liegen Konzessions- oder Pachtverträge mit dem jeweiligen Hoheitsträger vor[302], die den Einfluß der öffentlichen Hand auf das Unternehmen sichern. Überdies bestehen öffentlich-rechtliche Hafenordnungen[303]. Es kann aus diesen Umständen abgeleitet werden, daß diese Hafengesellschaften hinsichtlich des Geschäftszweckes und des Verwaltungsgebarens ebenso gebunden sind, auch wenn sie nicht der Mehrheitsbeteiligung der öffentlichen Hand unterliegen.

D. Besonderheiten

Eine untypische Betriebsform liegt bei der Neckarhafen Plochingen GmbH vor. Hier hat man sich ab dem Jahre 1973 entschlossen, die Mehr-

---

[296] RGBl. I 1940, S. 585.

[297] Selbst wenn man Grundstücke in die Hafenbetriebsgesellschaft gegen die Gewährung von Gesellschaftsrechten eingebracht hat, liegt in diesem (günstigsten) Falle für die Steuer nach § 13 Abs. II Nr. 1 Grunderwerbssteuergesetz der Hebesatz bei 2 von 100. Dabei ist der regelmäßig hohe Marktpreis entscheidend (§ 11 Abs. I Satz 1 Grunderwerbssteuergesetz).

[298] Vgl. hierzu *Mohr,* Probleme, Kommunalwirtschaft 1966, S. 336 ff. (S. 337); *Trimter,* DVBl. 1965, S. 22 ff. (S. 22).

[299] Etwa in Duisburg-Ruhrort, Stuttgart und Heilbronn. In Ludwigshafen liegt dagegen eine Mischform vor, man überläßt die Errichtung von Spezialverlageanlagen Privatfirmen.

[300] Vgl. unten III, 1.

[301] Etwa Brink, Erlangen, Fallersleben, Fürth, Gernsheim, Hildesheim, Plochingen, Waltrop und Vlotho.

[302] Erlangen, Fallersleben, Fürth, Hildesheim und Plochingen.

[303] So in Erlangen, Fallersleben, Fürth, Hildesheim und Vlotho.

heitsbeteiligung der öffentlichen Hand aufzugeben. Das ist weniger der Ausdruck einer Tendenz zur Privatisierung öffentlicher Häfen, sondern vielmehr das Problem der Kapitalkraft von Städten, deren finanzielle Leistungsfähigkeit begrenzt ist. Dabei behielt die Stadt Plochingen 25,1 % des Gesellschaftskapitals (insgesamt 4 Mill. DM), die restlichen 74,9 % sind so auf 75 Gesellschafter verteilt, daß jeder im Durchschnitt einen Anteil von 1 % hält. Wie bereits dargestellt wurde, kann eine Minderbeteiligung der öffentlichen Hand als einheitlicher Block im Ergebnis einer Mehrheitsbeteiligung gleichstehen, sofern die noch vorhandenen Stimmrechte stark zersplittert sind. Selbst wenn dieser Gesichtspunkt unbeachtet bleibt, ist in dieser Betriebsform ein körperschaftlicher Gedanke verankert: Gerade jene Kreise der Wirtschaft, die an dem Hafen besonders interessiert sind, haben ein Mitbestimmungsrecht im Rahmen des Verwaltungszweckes[304] und der gesetzlichen Bestimmungen. Überdies besteht eine Parallele zum öffentlichen Beitragsrecht. Das Bundesverfassungsgericht hat entschieden, daß die Darbietung öffentlicher Einrichtungen nicht generell unentgeltlich sein muß. Vielmehr „soll derjenige, der daraus besonderen wirtschaftlichen Nutzen zieht, zu den Kosten ihrer Errichtung und Unterhaltung beitragen"[305]. Deswegen kann aus der Beendigung einer Mehrheitsbeteiligung nicht gefolgert werden, daß dadurch eine globale Überführung in das Privatrecht vollzogen werde. Öffentlich-rechtliche Gesichtspunkte können durchaus in privatrechtlichen Gestaltungsformen zum Ausdruck kommen. Dies liegt vor, da eine Zustimmung der privaten Gesellschafter zum öffentlichen Geschäftszweck des Hafens besteht[306].

Letztlich sei noch auf den Hafen Kehl verwiesen, der als rechtlich und wirtschaftlich selbständige Körperschaft des öffentlichen Rechts betrieben wird. Er hat ebenso eine Ausnahmestellung von den bisher aufgezeigten Gruppen inne. Das Bundesverfassungsgericht[307] hat klargestellt, daß die Übertragung von hoheitlichen Befugnissen, etwa die Festsetzung der Hafengebühren, an die Körperschaft durch das Land Baden zulässig war[308]. Die Bildung der Körperschaft war möglich, da die Bin-

---

[304] *Ossenbühl* (DVBl. 1973, S. 289 ff. [S. 294]) setzt für den Betrieb einer selbständigen öffentlichen Einrichtung (z. B. GmbH) durch Private voraus, daß eine Zustimmung der Betroffenen zu dem öffentlichen Geschäftszweck vorliegt. Das muß bei einem solchen Hafenbetriebsmodell bejaht werden, denn die Beteiligung an einem öffentlichen Hafen indiziert die Zustimmung zu dessen Geschäftszweck.

[305] BVerfGE 14, S. 312 ff. (S. 317).

[306] Vgl. *Ossenbühl* (Fußnote 304). — Im Hafen Plochingen gilt nach wie vor das sogenannte „Jedermann-Prinzip", ein subjektiver Anspruch auf Zulassung zum Hafenbetrieb bleibt damit gewährleistet.

[307] BVerfGE 2, S. 347 ff.

[308] BVerfGE 2, S. 347 ff. (S. 376/377). — In der Entscheidung ging es um die Überprüfung des Vertrages an Art. 59 GG, in dem die gemeinsame Ver-

nenhäfen am Rhein nicht zu den Wasserstraßen des allgemeinen Verkehrs gehörten, die durch Staatsvertrag vom 29. 7. 1921 vom Reich übernommen wurden. Es war damit weder eine Zuständigkeit des Bundes nach Art. 89 GG noch nach der konkurrierenden Gesetzgebungsbefugnis über Art. 74 Nr. 21 GG gegeben[309].

II. Die Rechtsbeziehungen der Hafenverwaltung

Wie bereits bei der Darstellung der unterschiedlichen Hafenbetriebsformen deutlich wurde, sind die Möglichkeiten der Beherrschung und der Einflußnahme durch die öffentliche Hand an den Unternehmungen äußerst vielfältig. Die Rechtsverhältnisse zwischen der Hafenverwaltung und dem Hoheitsträger haben Bedeutung, da sie zugleich die Außenbeziehungen zu den Nutzungsberechtigten bestimmen. Soweit die öffentliche Hand das jeweilige Unternehmen beherrschen kann, ist sie in der Lage, den Verwaltungszweck zu garantieren. Eine Einordnung der Häfen in das öffentliche Sachenrecht wäre ohne die Feststellung einer tatsächlichen öffentlich-rechtlichen Sachherrschaft unmöglich. Problemlos ist das Sachherrschaftsverhältnis jener Häfen zur öffentlichen Hand, die als Eigen- oder Regiebetriebe ohne eigene Rechtspersönlichkeit sind. Sie unterliegen im gleichen Umfange als unselbständige Sondervermögen der Gemeinde oder eines Bundeslandes den öffentlich-rechtlichen Bindungen wie das jeweilige Gemeinwesen selbst[310].

Diese Häfen unterstehen offensichtlich der Herrschaftsgewalt der öffentlichen Hand. Eine öffentlich-rechtliche Sachherrschaft ist damit ohne Schwierigkeiten nachweisbar. Einer genaueren Untersuchung bedarf es noch, wie die privatrechtlichen Beherrschungsmöglichkeiten der öffentlichen Hand in der Außenrechtsbeziehung verwaltungsrechtlich bei den Betriebsgesellschaften des Handelsrechts zu werten sind.

1. Das Verhältnis zur öffentlichen Hand bei den privatrechtlich organisierten Betriebsgesellschaften

Daß aus der regelmäßigen Mehrheitsbeteiligung der öffentlichen Hand die faktische Beherrschung der Kapitalgesellschaften folgt, ergibt noch nicht die Art des förmlichen Rechtsverhältnisses zu den jeweiligen Hoheitsträgern. Die tatsächlich vorhandene Herrschaftsgewalt wird von entscheidender Bedeutung für den Nachweis der öffentlich-rechtlichen

---

waltung des Hafens Kehl am 19. 10. 1951 zwischen Baden und dem Port Autonome de Strasbourg vereinbart wurde.

[309] BVerfGE 2, S. 347 ff. (S. 376).

[310] *Nagel*, Hafenwirtschaft, S. 36.

Sachherrschaft sein. Zunächst aber sind die privatrechtlich betriebenen Häfen förmlich fremde Subjekte, die in öffentlicher Vermögensträgerschaft in das Staatsganze inkorporiert sind. Es bedarf der Untersuchung, welche förmlichen Zuordnungsmerkmale verfügbar sind. Daraus kann zwar noch keine umfassende Abklärung des Sachstatus der Häfen erfolgen, jedoch ist das Vorliegen eines *besonderen* verwaltungsrechtlichen Verhältnisses ein verwendbares Indiz für die öffentlich-rechtliche Sachherrschaft. Dies gilt insofern, als damit nicht ein ansonsten privatwirtschaftliches Handeln gebunden[311], sondern die Darbringung einer Verwaltungsleistung sichergestellt wird. So bietet sich zunächst die Annahme eines Konzessionsverhältnisses an, da bei einigen Häfen ein Konzessionsvertrag besteht. Vielfach hat auch ein vorhandenes Gestattungsverhältnis große Ähnlichkeiten mit einem Konzessionsvertrag, obwohl es als bürgerlich-rechtlicher Miet- oder Pachtvertrag deklariert ist.

A. Die Darstellung als Konzessionierte

Den privatrechtlich organisierten Hafengesellschaften ist häufig von der jeweiligen Kommune eine besondere Berechtigung zur Besorgung des Hafenbetriebes eingeräumt. Diese können demnach als Konzessionierte erscheinen. Konzessionsverträge oder konzessionsähnliche Gestattungsverträge zwischen der Hafenbetriebsgesellschaft und dem jeweiligen Hoheitsträger[312] müssen nicht unbedingt direkt zwischen der Hafenbetriebsgesellschaft und der Gemeinde geschlossen sein, teilweise besteht das Rechtsverhältnis nur zwischen den Stadtwerken (die als private Kapitalgesellschaft organisiert sind) und der Stadt[313]. Oft berühren diese Konzessionsverträge die Belange des Hafens nur mittelbar, etwa wenn es um die Erlaubnis zum Betrieb einer Eisenbahn geht[314]. Ansonsten gibt es bei den Konzessionsverträgen der Häfen, im Gegensatz zum ener-

---

[311] Vgl. oben 1. Kapitel, § 4, Abs. II.

[312] So in Erlangen, Fallersleben, Fürth, Hildesheim, Köln, Krefeld, Mainz, Osnabrück, Plochingen, Recklinghausen, Wanne-Eickel, Weil am Rhein und in Wiesbaden.

[313] Beispielsweise in Osnabrück, wo der Hafen eine Betriebsabteilung der Stadtwerke AG ist. In diesen Fällen werden die Belange des Hafens kaum betroffen, zumal es sich um teilweise energierechtliche Konzessionsverträge handelt (etwa Wiesbaden).

Anders bei den Häfen in Wanne: Die Wanne-Herner Eisenbahn und Häfen G.m.b.H. betreibt die gesellschaftseigenen Häfen Wanne-West und Wanne-Ost, wobei sie durch Konzessionsvertrag mit der Wasserstraßenverwaltung zur Einhaltung des „Jedermann-Prinzips" verpflichtet ist. (Die Gesellschaft befindet sich zu 70 % in Händen der Stadt Wanne-Eickel, 30 % hält die Stadt Herne.)

[314] So in Köln der Betrieb einer nicht-öffentlichen Hafenbahn im Hafen Köln-Rheinau und einer öffentlichen Hafenbahn im Hafen Köln-Deutz und Köln-Mülheim.

giewirtschaftlichen Konzessionsvertrag, kaum grundsätzliche und regelmäßig wiederkehrende Vertragsbestandteile[315].

Mit dem Konzessionsverhältnis, das teilweise lediglich in der „Verpachtung" des Hafengeländes besteht, werden bei Häfen recht unterschiedliche Gegenstände geregelt. Es ist der häufigste Fall, daß der Hafenbetriebsgesellschaft mit der Überlassung des Geländes gleichzeitig die Verpflichtung auferlegt wird, den Güterumschlag durchzuführen. Der Konzessionsvertrag zum Betrieb eines Hafens hat sich naturgemäß nicht wie der energierechtliche Konzessionsvertrag aus dem Wegebenutzungsvertrag entwickelt[316]. Deswegen besteht auch kein Streit darüber, ob er öffentliches oder privates Recht darstellt. Da die traditionelle Auffassung der Vorstellung folgte, daß die „öffentliche Zweckbestimmung der Straße mit dem Gemeingebrauch daran kongruent" sei[317], schien es folgerichtig, alle den Gemeingebrauch nicht berührenden Straßenbenutzungen dem Privatrecht zuzuweisen[318]. Diese Konstellation begünstigte den Abschluß privatrechtlicher Konzessionsverträge, was „den Wünschen der Versorgungswirtschaft und der kommunalen Versorgungsträger" eher entsprach als einer verwaltungsrechtlichen Notwendigkeit[319]. Bei den Konzessionsverträgen der Häfen hingegen muß nicht erst die privatrechtliche Sondernutzungstheorie des Bundesgerichtshofes[320] überwunden werden, was die angebliche Kongruenz zwischen öffentlicher Zweckbestimmung und dem Gemeingebrauch (an öffentlichen Straßen) betrifft. Nach dieser Theorie wäre jede über den Gemeingebrauch hinausgehende Nutzung eine „privatrechtliche" Sondernutzung. Wenn ein Hoheitsträger dem Energieversorgungsunternehmen mit „Exklusivklausel"[321] Rechte an der Straße als öffentlicher Sache einräumt, so kann es sich hierbei nur um einen öffentlich-rechtlichen Vertrag handeln[322]. Ein ver-

---

[315] *Eiser/Riederer/Hlawaty* (V 35 a, 2.) nennen als wesentlichen Inhalt des energiewirtschaftlichen Konzessionsvertrages: die Gestattung der Wegebenutzung, die Verpflichtung des Versorgungsunternehmens zum Ausbau und Betrieb der Energieanlagen, die allgemeine Anschlußpflicht und das Mitwirkungsrecht bei der Festsetzung der Tarife. Vgl. ebenso *Stern*, Konzessionsvertrag, AöR 84, 1959, S. 143 ff.

[316] *Eiser/Riederer/Hlawaty* (V 35 a, 2.) erkennen, daß die Reduzierung auf den bloßen Wegebenutzungsvertrag nicht mehr zeitgemäß ist und den gegebenen Realitäten widerspricht.

[317] *Bartlsperger* (Bundesfernstraßen, S. 8) wendet sich zutreffend gegen diese Prämisse des energierechtlichen Konzessionsvertrages.

[318] Vgl. § 8 Abs. X FStrG.

[319] *Bartlsperger*, Bundesfernstraßen, S. 9.

[320] BGHZ 21, S. 319 ff.

[321] *Forsthoff*, 1. Bd., AT, S. 367.

[322] *Eiser/Riederer/Hlawaty* (V 38, b) schließen sich in dieser Streitfrage der öffentlich-rechtlichen Auffassung an. Das sei jedenfalls schon aus praktischen Gründen zwingend, da bei einer zivilrechtlichen Behandlung des Konzessionsvertrages die Vereinbarung von Erwerbsrechten (nach Ablauf des Vertrages

waltungsrechtlicher Vertrag liegt bei jeglichem Konzessionsvertrag über die Nutzung einer öffentlichen Sache — also auch eines Hafens — vor, da die vereinbarte besondere Rechtsstellung nicht lediglich eine privatrechtliche Koordination darstellt[323]. Wenn zur Nutzung einer öffentlichen Sache Gestaltungsformen des Vertrags mit öffentlich-rechtlicher Regelungswirkung versehen sind[324], so ist das bürgerliche Recht damit nicht anwendbar. Es sind für die öffentliche Rechtsnatur des Konzessionsvertrages zum Betrieb eines Hafens zwei Argumente vorhanden: Können schon die besonderen Nutzungen an einer öffentlichen Sache nicht dem bürgerlichen Recht zugänglich sein (was die Hafenbetriebsgesellschaft betrifft), so sind die Beziehungen zwischen Staat und Bürger ebenso nicht durch einen privatrechtlichen Vertrag regelbar[325]. Der Hafenkonzessionsvertrag, mit dem einem Unternehmen die Betriebsführung und Betriebspflicht übertragen wird, ist folglich zwingend öffentlich-rechtlicher Art, denn der Staat kann über die Durchführung seiner Leistungen keinen privatrechtlichen Vertrag abschließen[326].

Ein Teil der in privater Form betriebenen Häfen unterliegt aber weder einem ausdrücklichen Konzessionsverhältnis noch einem entsprechenden Gestattungsverhältnis. Da hier ebenfalls Verkehrsleistungen erbracht werden, käme eine Einstufung als Beliehene in Betracht.

B. Die Einstufung als Beliehene

Die Frage, ob Binnenhäfen in der Form von Kapitalgesellschaften als Beliehene gelten können, hängt von der Auffassung zum Wesen der Beleihung ab: Es ist entscheidend, ob man eine Beleihung schon in der *Wahrnehmung* öffentlicher Aufgaben sieht (Aufgabentheorie) oder ob Beliehener nur ist, wem durch einen *förmlichen* Übertragungsakt *hoheitliche* Befugnisse übertragen wurden (Rechtsstellungstheorie)[327]. Es erscheint dabei wenig sinnvoll, zum wiederholten Male auf Otto Mayers Lehre von der „Verleihung öffentlicher Unternehmungen"[328] zurückzu-

---

durch die Gemeinde) ansonsten wegen §§ 310, 311 BGB nichtig wäre. Handelt es sich um einen öffentlich-rechtlichen Vertrag, besteht diese Schwierigkeit nicht.

[323] *Forsthoff* (1. Bd., AT, S. 367), ebenso *Stern* (Konzessionsvertrag, AöR 84, 1959, S. 274 ff. [S. 292 - 294]) mit eingehender Begründung.

[324] *Stern*, Konzessionsvertrag, AöR 84, 1959, S. 274 ff. (S. 292).

[325] Das betrifft die Übertragung einer Verwaltungsleistung zur Ausführung durch eine förmlich private Betriebsgesellschaft.

[326] Zutreffend *Mennacher* (S. 117), der diesen Umstand allerdings zu eng nur für die Beleihung mit hoheitlicher Gewalt eingrenzt.

[327] Vgl. zum Widerstreit beider Theorien ausführlich *Vogel*, S. 60 ff.

[328] *Mayer*, Verwaltungsrecht II, S. 243.

greifen. Insbesondere ist die Terminologie Otto Mayers, was den Gebrauch des Wortes „Verleihung" betrifft, kaum mit aktuellem verwaltungsrechtlichem Verständnis verwendbar[329]. Man kann von Otto Mayer nicht, wie das häufig geschieht, die dogmatische Begründung der Aufgabentheorie herleiten[330]. Wenn Otto Mayer von „Verleihung" schreibt, ist dem Beliehenen „rechtliche Macht gegeben ... über ein Stück öffentliche Verwaltung zur Ausübung eigenen Namens"[331]. Hieraus kann aber kein Schluß auf die Anwendung der Aufgabentheorie gezogen werden. Vielmehr hatte Otto Mayer die „Verleihung" mit Regalien[332] gemeint, also eine durchaus privatnützige Ausübung öffentlicher Sonderrechte[333]. Folgerungen für die moderne Verwaltungsrechtslehre sind aus diesem Verständnis Otto Mayers nicht möglich[334]. Es ist mit dem zeitgerechten Staatsverständnis nicht mehr vereinbar, etwa den an eine Gesellschaft übertragenen Betrieb eines öffentlichen Hafens als Ausübung regalienähnlicher Sonderrechte zu betrachten[334a].

Weiterhin übersieht die Aufgabentheorie, daß aus dem materiellen Begriff der öffentlichen Aufgabe keine hinreichende Bestimmbarkeit des Beliehenen abgeleitet werden kann[335]. Es ist in diesem Rahmen nicht möglich, in größerem Umfang in den alten Streit um die Definition der

---

[329] *Vogel* (S. 48) meint zutreffend, „wer in die verwickelten Ausführungen Otto Mayers über die Verleihung öffentlicher Unternehmen eindringen will, tut gut daran, zunächst einigen Ballast abzuwerfen ... denn die von Otto Mayer gebrauchten Begriffe tragen ohne Ausnahme den eigenwilligen Stempel des Autors und stimmen selten mit dem überein, was die moderne Dogmatik mit denselben Namen benennt".

[330] *Ders.* (S. 47) mit zahlreichen Nachweisen. Er wendet sich zu Recht gegen die oberflächliche Übernahme des von Otto Mayer begründeten Rechtsinstitutes.

[331] *Otto Mayer*, Verwaltungsrecht II, S. 243.

[332] Vgl. die Definition bei *Creifelds*, S. 875.

[333] Dies wird besonders bei dem Beispiel deutlich, das *Otto Mayer* (Verwaltungsrecht II, S. 247) für die Verleihung einer Brücke oder Fähre prägt. Dabei gibt es zwei Aspekte: „Verleihung des besonderen Nutzungsrechts am Fluß und Verleihung des öffentlichen Unternehmens der Brücke oder Fähre."

[334] *Steiner* (DÖV 1970, S. 526 ff. [S. 527]) führt zu Recht aus, „daß Otto Mayer den Terminus des ‚Beliehenen' für die rechtliche Einordnung von Sachverhalten geprägt hat, die heute durchwegs ... diesem Begriff nicht mehr zugerechnet werden". *Ossenbühl* (Verwaltungsaufgaben, VVDStRL 29, 1971, S. 137 [S. 141/142]) kennzeichnet die Rechtsfigur des beliehenen Unternehmers sogar als „bequemes Sammelbecken für all jene Phänomene, ..., bei denen in irgend einer Weise private Personen oder Institutionen über den bislang als Privatsphäre verstandenen Raum hinaus in den öffentlich-rechtlichen oder auch nur öffentlichen Bereich hineinwirkten." Es handele sich bei der Beleihung um ein Institut, das sich im Wandel der Rechtsauffassungen „aus absolutistischer Zeit ... aber — sonderbarerweise — bis heute erhalten" habe.

[334a] Vgl. zu diesem Komplex: *Brohm*, S. 204 ff.

[335] Dies hat *Vogel* (S. 60/61) zutreffend erkannt.

öffentlichen Aufgabe einzutreten[336]. Zumindest aber kann die Wahrnehmung einer „öffentlichen" Aufgabe allein eine Beleihung noch nicht rechtfertigen, denn diese Aufgabe muß nicht zugleich eine „staatliche" sein[337]. Häufig wird der Begriff „öffentlich" schon dann verwendet, wenn lediglich eine gesteigerte Sozialadäquanz vorliegt, also das erwerbswirtschaftliche Streben von Privaten in den Hintergrund tritt[338]. Zwar ist eine staatliche Aufgabe stets auch eine öffentliche Aufgabe, doch gibt es öffentliche Aufgaben (man denke an die Arbeit der Wohlfahrtsverbände), die durchaus nicht staatliche sind. Daraus folgt, daß *mit dem materiellen Begriff* der öffentlichen Aufgabe eine Beleihung *noch nicht* zu rechtfertigen ist. Zu dem Vorliegen einer öffentlichen Aufgabe muß noch die staatliche Rechtsträgerschaft hinzukommen. Eine Beleihung kann deswegen nur insoweit angenommen werden, als die Rechtsakte von förmlich Privaten auch in prozessualer Hinsicht von staatlichem Handeln nicht mehr zu unterscheiden sind[339]. Dies liegt dann vor, wenn die Rechtsakte des Beliehenen sich im Außenverhältnis als *ausdrückliche* Zuweisung öffentlich-rechtlicher *Kompetenzen* darstellen[340].

Mit dieser „Rechtsstellungstheorie" gelangt man an die „Indienstnahme"[341] von förmlich Privaten. Das bedeutet, daß sich ein Hafenunternehmen gleichzeitig als Beliehener wie als Gegenstand des öffentlichen Sachenrechts darstellen könnte. Soweit es um eine funktionale Einordnung nach der Darreichung einer Verwaltungsleistung geht[342], ist die Unternehmung öffentliche Sache. Was die Befugnis zur Ausübung hoheitlicher Kompetenzen beträfe, wäre dieses Rechtsverhältnis förmlich als Beleihung anzusehen[343]. Öffentlicher Sachstatus und Beleihung liegen auf verschiedenen Ebenen. Eine Beleihung kann nur angenommen werden für die *ausdrücklich erfolgte* Übertragung von hoheitlichen Rechten auf eine außerhalb der allgemeinen Verwaltung stehende Rechtsperson[344]. Von den zwei großen Gruppen der Beleihung, näm-

---

336 Vgl. hierzu *Klein* (öffentliche Aufgabe, DÖV 1965, S. 755 ff.). Mit Recht wendet sich *Klein* gegen die Begriffsverwirrung zwischen der „öffentlichen" und der „staatlichen" Aufgabe (S. 756).

337 Ebd., S. 756.

338 *Ders.* (a.a.O.) prägt treffend das Beispiel von den „öffentlichen Aufgaben" der Presse.

339 *Krautzberger*, S. 116.

340 Ebd., S. 116.

341 *Vogel*, S. 31.

342 Hierzu noch ausführlicher unten im 3. Kapitel (§ 1 und § 2).

343 Insoweit kann *Otto Mayer* nachgefolgt werden: „... das von der Verleihung betroffene Stück öffentlicher Verwaltung kann sich verkörpern in einer öffentlichen Sache." (Verwaltungsrecht II, S. 243).

344 *Obermayer* (Verwaltungsrecht, S. 13) ist zuzustimmen, daß sich als beliehener Unternehmer nur darstellt, wer „an der Ausübung öffentlicher Gewalt" teilnimmt.

lich durch Rechtssatz oder durch sonstigen Hoheitsakt[345], kommt für die Häfen nur eine Beleihung durch Verwaltungsakt in Betracht, nämlich die Ausübung der Hafenpolizeigewalt. Hier aber scheidet eine Beleihung aus. Bei jenen Häfen, die als Aktiengesellschaften oder Gesellschaften mit beschränkter Haftung organisiert sind, wird die Polizeigewalt nicht von der Gesellschaft, sondern von einem Hafenamt ausgeübt. Soweit ohnehin ein Regie- oder Eigenbetrieb vorliegt, kann ebenso nicht von Beleihung gesprochen werden. Hier ist einem unselbständigen und nicht rechtsfähigen Teil der allgemeinen Verwaltung, neben der Darbringung einer Verkehrsleistung, auch noch die Polizeigewalt übertragen worden. Es handelt sich dann nicht um eine förmlich private Person, die von der öffentlichen Hand zumindest äußerlich unabhängig ist.

Eine Beleihung wäre noch, was die Ausübung öffentlicher Gewalt betrifft, hinsichtlich der Hafengebühren denkbar. Fast alle Häfen erheben öffentlich-rechtliche Gebühren. Das ist jedoch nicht die verliehene Befugnis zum Einzug einer öffentlich-rechtlichen Gebühr, also etwa im Sinne des früheren Steuerregals, sondern die Abgeltung einer Verwaltungsleistung über *eine von einem Hoheitsträger festgesetzte* Gebührenordnung[346]. Die Gebührenbemessung ergibt sich aus der Gebührenhoheit des Landes.

Wenn öffentliche Häfen öffentlich-rechtliche Hafenabgaben erheben[347], so haben sie damit nicht die *Befugnis* verliehen bekommen, als Private hoheitlich tätig zu werden, sondern dies ist die Abgeltung einer öffentlich-rechtlichen Sachnutzung. Deswegen sind diese Hafenabgaben vom Hafen selbst nicht mit den Zwangsmitteln der allgemeinen Verwaltung beizutreiben, soweit es sich um eine private Kapitalgesellschaft handelt. (Bei Eigen- und Regiebetrieben bestehen keine Unterschiede zur sonsti-Beitreibung von öffentlich-rechtlichen Gebühren, denn diese Häfen gehören ohnehin als unselbständige Sondervermögen zur allgemeinen Verwaltung.) Würde man aus der Tatsache, daß förmlich private Unternehmungen eine materiell öffentliche Gebühr ohne ausdrücklichen Übertragungsakt erheben eine Beleihung ableiten, so wäre man hier wieder bei der oben bereits abgelehnten Aufgabentheorie angelangt. Eine Beleihung könnte nur angenommen werden, wenn *auch* den förmlich privaten Hafenunternehmungen hoheitliche Zwangsmittel zur Durchsetzung ihrer Gebührenforderungen in die Hand gegeben worden wären.

---

345 Diese Unterscheidung trifft *Mennacher* (S. 116).

346 Eine solche öffentlich-rechtliche Gebührenordnung haben fast alle Binnenhäfen, also auch jene, die privatrechtlich organisiert sind. Seltsamerweise sind die wenigen Ausnahmen hiervon auch bei den Eigen- oder Regiebetrieben angesiedelt, etwa in Berlin, Hamm oder Hannover.

347 Vgl. hierzu ausführlicher unten in Punkt 2 C und im 3. Kapitel (§ 2, Abs. II, 2.).

Daß die Leistungen des Hafens teilweise unter Gebührentatbestände fallen, die auch in traditioneller Sicht öffentlich-rechtlichen Charakter haben, ist somit noch kein hinreichendes Indiz für das Vorliegen eines *förmlichen* Beleihungsverhältnisses. Die öffentliche Rechtsqualität der Gebühren steht mit der Darbringung einer Verwaltungsleistung in Einklang, was noch ausführlicher darzulegen sein wird[348]. Nur mit der Aufgabentheorie würde man hier zur Beleihung gelangen, nämlich der Verwirklichung öffentlich-rechtlicher Gebührentatbestände. An einem förmlichen Beleihungsakt aber fehlt es bei den Binnenhäfen insoweit grundsätzlich.

Da somit nicht kraft ausdrücklicher Zuweisung, sondern aus dem öffentlichen Sachstatus heraus Gebühren erhoben werden, die auch in herkömmlicher Sicht öffentlich-rechtlich sind, erweist sich einmal mehr, daß eine Einstufung der Binnenhäfen als private Unternehmungen nicht haltbar ist. Wenn die öffentlich-rechtlichen Gebühren nicht kraft Zuweisung, sondern aus dem Wesen der abzugeltenden Tätigkeit anfallen, ist eine globale Zuordnung der Häfen als auch deren Tätigkeit in das Zivilrecht unschlüssig. Für die Vertreter der Meinung, daß es sich bei den Häfen um Subjekte des Privatrechts handelt, schien es hingegen nur folgerichtig zu sein, die Häfen mit allen Konsequenzen als „Kaufleute" des Handelsgesetzbuches einzuordnen. Damit war der Weg zu der rein privatrechtlichen Betrachtungsweise eröffnet[349].

2. Das Verhältnis zu den Hafenbenutzern

A. Die Hafenverwaltung als Kaufmann des Handelsrechts

Obgleich das Handelsrecht als Sonderrecht der Kaufleute keinen Aufschluß über das Wesen der ausgeübten Tätigkeit gibt[350], wird doch aus der förmlichen Unterlegenheit unter das Handelsgesetzbuch geschlossen, daß damit zwangsläufig die *gesamten* Rechtsbeziehungen nicht nur formal, sondern auch inhaltlich privatrechtlich seien. Es wird nicht berücksichtigt, daß man aus einer Sonderrechtsordnung, die *nur* an die *äußere* Rechtsperson der Beteiligten anknüpft, keinen Schluß auf den materiellen Gegenstand der Rechtsbeziehungen ziehen kann. Da die meisten Häfen aus der formalen Rechtspersönlichkeit als „Kaufleute" eingestuft werden, kann sich weder eine Regelungswirkung noch eine Handlungsmaxime für die Darreichung der Hafenleistung ergeben. Das Handelsrecht bleibt hierbei neutral[351].

---

[348] Im 3. Kapitel (§ 2, Abs. II, 2.).

[349] Vgl. oben im 1. Kapitel § 2, Abs. I.

[350] Vgl. *Baumbach/Duden*, Anm. 1 A, 1. Buch I (siehe auch im 1. Kapitel § 2, Abs. I).

[351] Ebenda.

Für die Einordnung der Unternehmungen als „Kaufleute" kommen zwei Möglichkeiten in Betracht: Die Binnenhäfen dürften auch in der traditionellen Auffassung kaum unter die sogenannten „Grundhandelsgeschäfte" des § 1 HGB fallen[352]. Dagegen sind jene Hafengesellschaften, die als Kapitalgesellschaften betrieben werden, Kaufleute im Sinne von § 6 Abs. I HGB. Soweit es sich um Eigen- oder Regiebetriebe handelt, werden diese von § 2 HGB betroffen[353]. Es wird kaum einen öffentlichen Binnenhafen geben, der als unselbständiges Sondervermögen nicht auch über einen „Geschäftsbetrieb" verfügt, der § 2 HGB entspricht. Dabei ist darauf hinzuweisen, daß nach § 36 HGB diese Unternehmungen von der Eintragungspflicht befreit sind[354]. Die unter § 36 HGB fallenden Unternehmungen dürfen, müssen aber nicht ins Handelsregister eingetragen werden. Ist das dennoch geschehen, können sie nach Belieben gelöscht werden[355]. Dies gilt aber nur, soweit eine „kaufmännische" Organisation vorliegt. Nachdem nun das Selbstverständnis der Hafenpraxis als auch die voreiligen Folgerungen aus dem formalen Stand als „Kaufmann" dazu führten, die Rechtsbeziehungen global dem Zivilrecht zuzuordnen, ist auf dem Boden der überkommenen Meinung zu skizzieren, wie es zu der privatrechtlichen Auffassung kommen konnte.

Diese Entwicklung war durch die Kodifikation des Eigenbetriebsrechts begünstigt. So ist in § 9 Abs. V der Eigenbetriebsverordnung für das Land Nordrhein-Westfalen eine „marktübliche" Verzinsung des Eigenkapitals verlangt[356], was bei oberflächlicher Betrachtung die Festschreibung „kaufmännischer Grundsätze" zu sein scheint. Das aber ist nicht der Fall. Es ist längst überfällig, endlich eine genaue Trennung zwischen „wirtschaftlichen Grundsätzen"[357] vorzunehmen, die der vernünftige Ausdruck eines angemessenen Verhältnisses zwischen Auf-

---

[352] Allenfalls wäre eine Anwendung von § 1 Abs. II Ziff. 6 („Lagerhalter") denkbar.

[353] Vgl. § 15 RHO: „... kaufmännisch eingerichtete Reichsbetriebe ..."

[354] Bei *Baumbach/Duden* (Anm. A zu § 36) ist angemerkt, daß § 36 nicht für öffentlich-rechtlich organisierte Unternehmungen gilt, diese sind einzutragen, „wenn sie nicht durch besondere Vorschrift von der Eintragungspflicht befreit sind".

[355] Ebenda.

[356] Der Text von § 5, Abs. V EBO NW. (GV. NW. 1953, S. 435) lautet: „Der Jahresgewinn des Eigenbetriebes als Unterschied der Erträge und Aufwendungen soll so hoch sein, daß außer dem notwendigen Rücklagekapital gemäß Abs. IV mindestens eine marktübliche Verzinsung des Eigenkapitals erwirtschaftet wird." (In Abs. IV ist als Rücklagekapital dasjenige vorgesehen, was „für die technische und wirtschaftliche Fortentwicklung des Eigenbetriebes" erforderlich ist.)

[357] Etwa in § 3 der Betriebssatzung für die städtischen Hafenbetriebe Neuß v. 25. 1. 1960.

wand und Erfolg sind, und der Befolgung wenig adäquater Leitlinien *erwerbswirtschaftlicher* Art[358].

Das bedeutet, daß ein Hafen unter dem Gesichtspunkt eines ökonomisch vernünftigen Aufwandes geführt werden kann und geführt werden muß, damit aber nicht zwangsläufig eine Gewinnerzielungsabsicht einhergeht[359].

Es besteht sonach eine verhängnisvolle Verkettung, die zu der Einstufung der Binnenhäfen als Subjekte des erwerbswirtschaftlichen Verkehrs führte: Waren sie auf der einen Seite förmlich „Kaufleute" des Handelsrechts, hatten sie andererseits auf Grund normativer Festlegung einen Überschuß zu erwirtschaften, so schien auch die materielle Zuordnung der Unternehmungen wie ihrer Rechtsbeziehungen zum Zivilrecht nur noch folgerichtig. Hatte man sich nun einmal entschlossen, „Kaufmann" mit allen Konsequenzen zu sein, war es günstig, daß es ein generelles Verbot gewinnorientierter, wirtschaftlicher Betätigung der öffentlichen Hand nicht gibt[360]. Mit einem großzügigen Umkehrschluß glaubte man dann, die generelle Zulässigkeit jeglicher erwerbswirtschaftlicher Betätigung zu erkennen[361].

Damit schien die unbeschränkte Einordnung der Hafenunternehmungen in das Privatrecht, in welcher Form sie auch immer betrieben wurden, konsequent. Aus diesem Grunde hat sich das Rechtsverhältnis zu den Anliegern im Hafengebiet als zivilrechtliches Vertragsverhältnis herausgebildet.

---

[358] *Rüfner* (S. 142) bemerkt zu Recht bei den öffentlichen Unternehmungen, „ihnen ist in der Regel die Erwirtschaftung eines Gewinnes aufgegeben, aber schwerlich liegt darin heute noch eine ausreichende Legitimation für ihre Existenz — wenn sie es überhaupt je gewesen sein könnte". Vom finanzwissenschaftlichen und finanzpraktischen Blickwinkel her betrachtet, würden diese Einnahmen ohnehin kaum lohnen. „Die öffentliche Hand erhält durch vielfache und hohe Besteuerungen einen so hohen Anteil am Ertrag aller gewerblichen Unternehmungen, daß der Gewinn, den sie als Eigentümerin zusätzlich einnehmen kann, nur wenig ins Gewicht fällt. Im Rahmen der Gesamthaushalte von Bund, Ländern und Gemeinden spielen die Erträge aus eigenen Unternehmungen nur noch eine sehr unbedeutende Rolle."

[359] Zutreffend zum Staatshafen Nürnberg *Lechner* (Nürnberger Forschungen 17, 1972, S. 185 ff. [S. 191]).

[360] So *Klein*, Wettbewerb, S. 183 (vgl. ebenso oben im 1. Kapitel § 2, Abs. II).

[361] *Mohr* (Probleme, Kommunalwirtschaft 1966, S. 336 ff. [S. 337/338]) schlägt einen Kompromiß zwischen privatwirtschaftlicher und verwaltungsrechtlicher Zielsetzung vor. Er verlangt einerseits den Grundsatz „unternehmerischen Wirtschaftens", will dabei aber „keineswegs das Prinzip der Gewinnmaximierung als alleiniges Ziel der Unternehmenspolitik" befolgt sehen. Dabei ist doch gerade die Gewinnerzielung Hauptmerkmal und Zweck einer unternehmerischen Privatinitiative (vgl. hierzu im übrigen oben im 1. Kapitel § 3, Abs. I, insbes. Fußnote 81).

B. Die Rechtsbeziehungen zu den Anliegern im Hafengebiet in den Formen des Privatrechts

Bei modernen Häfen besteht die Neigung zur „konzentrierten Betriebsform“, bei welcher der Hafen die Umschlagsgeräte in der Regel selbst beschafft und zur Verfügung stellt. Diese werden ansonsten von den im Hafen ansässigen Speditionsfirmen und Lagereien vorgehalten[362]. Allgemein hat sich die konzentrierte Betriebsform noch nicht durchgesetzt und ist auch vom Gesichtspunkt der Praktikabilität her nicht immer umfassend zu verwirklichen. Da der Umschlag nicht ausschließlich durch die Hafenverwaltungen durchgeführt werden kann, bieten die meisten Häfen ein Nebeneinander von eigenem Umschlag und dem von verschiedenen Anliegern[363].

Eine besondere Stellung hat hier das sogenannte „Heilbronner System“[364], bei dem der Hafenumschlag global an zumeist eine oder auch mehrere Hafenbetriebsgesellschaften „verpachtet“ ist.

Die Anlieger im Hafengebiet investieren oft erhebliche Summen zur Sicherung ihres Geschäftszweckes, sie haben sonach ein wirtschaftliches und auch rechtliches Interesse an einer langfristigen Absicherung. Aus Gründen der Denaturierungsgefahr[365] werden heute kaum noch Teilflächen in den Binnenhäfen verkauft, was für die Anlieger die beste Garantie wäre. Vielmehr werden mit den im Hafengebiet angesiedelten Firmen — nach dem Selbstverständnis der Häfen als kaufmännische Einrichtungen — Verträge des Privatrechts geschlossen: meistens Mietverträge, Pachtverträge und Erbbaurechtsverträge. Zwar sind die Binnenhäfen dennoch „öffentliche Verkehrseinrichtungen (Unternehmungen)“[366], doch fand man sich hierdurch nicht am Abschluß privatrechtlicher Kontrakte gehindert. Um trotzdem des spezifischen Verwaltungszweckes nicht verlustig zu gehen, bedarf es vielfältiger Sicherungen. Statt die Handlungskategorie des öffentlich-rechtlichen Vertrages zur Benutzung öffentlicher Einrichtungen heranzuziehen[367], ver-

[362] *Lechner* (Nürnberger Forschungen 17, 1972, S. 185 ff. [S. 186]) führt aus, daß bei der Planung des Nürnberger Hafens die Gutachter vorschlugen, die „extensive Vorkriegsplanung“ mit dieser neuen Betriebsform einzuschränken.

[363] *Nagel* (Hafenwirtschaft, S. 25) stellt treffend fest, daß sich „von Beginn an auf Grund der obwaltenden und nicht endgültig zu übersehenden Verhältnisse keine einheitlichen Richtlinien über die in der Bewirtschaftung der öffentlichen Häfen einzuschlagende Politik“ herausgebildet haben.

[364] Vgl. hierzu oben Abs. I, 3 B.

[365] Vgl. unten b.

[366] *Nagel* (Hafenwirtschaft, S. 24) für die Niederrhein-Häfen.

[367] *Ossenbühl* (DVBl. 1973, S. 289 ff. [S. 293]) ist zuzustimmen, „wenn und soweit der öffentlich-rechtliche Vertrag als Handlungskategorie bei der Benutzung öffentlicher Einrichtungen verwertbar ist, sehe ich keinen Grund die Bestimmungen des Rechtsregimes dem Belieben des jeweiligen Hoheitsträgers zu überlassen“.

wendet man komplizierte privatrechtliche Vertragsklauseln. Die Tatsache, daß die Verwaltungspraxis diese Rechtsbeziehungen als privatrechtliche ausgestaltet, hindert nicht die Auslegung als öffentlich-rechtliche Leistungsverhältnisse nach dem Satz: „falsa demonstratio non nocet[368].“ Diese Einordnung der Vertragsbeziehungen in das öffentliche Recht[369] erfordert, daß die bürgerlich-rechtliche Ausgestaltung der Rechtsverhältnisse analysiert wird.

a) Die Struktur und die Typologie der Verträge

Zur Regelung des Nutzungsverhältnisses zu den Anliegern bedient sich die Hafenpraxis der bürgerlich-rechtlichen Form von Mietverträgen nach §§ 535 ff. BGB, von Pachtverträgen nach §§ 581 ff. BGB und von Erbbaurechtsverträgen nach der Erbbaurechtsverordnung[370]. Die Laufzeiten dieser Verträge sind je nach Vertragsart und unter Berücksichtigung der konkreten Erfordernisse sehr unterschiedlich. Zumeist kann eine Neigung beobachtet werden, langfristige Bindungen einzugehen. Die Befristungen schwanken zwischen fünf Jahren als unterer Grenze bei Miet- und Pachtverträgen und 99 Jahren als Obergrenze bei Erbbaurechtsverträgen. Durchaus üblich ist auch die Vereinbarung einer Option auf Verlängerung eines bestehenden Vertragsverhältnisses.

Da die Laufzeiten der Verträge häufig mehrere Jahrzehnte lang sind, haben sich komplizierte Vertragswerke herausgebildet, um den Interessenausgleich zwischen der Hafenverwaltung und den betroffenen Anliegern herbeiführen zu können. Als einziges Regulativ für diese Abmachungen standen nach bürgerlichem Recht bislang nur die §§ 138, 134 BGB zur Verfügung. Nachdem regelmäßig entgegenstehende *gesetzliche* Verbote im Sinne von § 134 BGB nicht vorhanden sind, verbliebe nur noch § 138 Abs. I BGB als unvollkommene und nicht sachadäquate Leitlinie. Wie schon bei den Ausführungen zur Frage des Monopolmißbrauchs[371] deutlich wurde, ist § 138 BGB darauf zugeschnitten, bei der Kollision unterschiedlich mächtiger Kontrahenten die widerstreitenden Privatautonomien zu einem billigen Ausgleich zu bringen. Da § 138 BGB einen weiten Spielraum läßt, ist seine Anwendung auf seltene und extreme Einzelfälle beschränkt. Deswegen können die Verträge,

---

[368] *Ders.* (a.a.O.) meint in diesem Zusammenhang: „Es ist insoweit Aufgabe der Gerichte, ‚zivilrechtliche Mietverhältnisse‘ als öffentlich-rechtliche Verträge zu entlarven.“

[369] Unten 3. Kapitel, § 2, Abs. II, 1 A.

[370] Verordnung über das Erbbaurecht vom 15. Januar 1919 (RGBl. 72, Ber. 122). Durch § 35 dieser Verordnung wurden die §§ 1012 bis 1017 des Bürgerlichen Gesetzbuches außer Kraft gesetzt, nach § 38 der Verordnung gilt dies aber nur für Erbbaurechte, die nach dem 22. 1. 1919 begründet wurden.

[371] Vgl. oben im 1. Kapitel § 4, Abs. II.

mit denen eigentlich längerfristige Nutzungen zu einer öffentlichen Leistungseinrichtung geregelt werden, auf dem Boden der *bisherigen* Handhabung fast jegliche beliebige Regelung enthalten. Eine Begrenzung besteht nur in der Verteilung der jeweiligen Macht- und Interessenlage, denn die Risikoverteilung des Bürgerlichen Gesetzbuches ist zwischen den Kontrahenten weitgehend abdingbar.

Zu den häufigsten Regelungen gehört der Ausschluß des Entlastungsbeweises nach § 831 BGB für den Anlieger, soweit er zu Lasten der Hafenverwaltung ginge[372]. Darüber hinaus werden den Anliegern Pflichtversicherungen zur Auflage gemacht[373]. Allgemein ist den Verträgen die Tendenz zu entnehmen, daß das Haftungsrisiko des Hafens den Nutzern (Schiffahrtstreibenden) gegenüber soweit als irgend möglich dem entsprechenden Anlieger aufgebürdet werden soll. Dabei wird neben verwaltungsrechtlichen Bedenken nicht berücksichtigt, ob dieser auch in jedem Falle die erforderliche Liquidität besitzt.

Darüber hinaus enthalten die Verträge weitere vielfältige Regelungen, die wirtschaftlichen Interessen des Hafens zu schützen. Diese Abmachungen entsprechen in ihrer Vielfalt den ungezählten Möglichkeiten der zivilrechtlichen Gestaltungsfreiheit und können demnach kaum generalisiert werden. Beispielhaft seien noch erwähnt: Der nicht garantierte Gewährleistungsanspruch für die ungestörte Benutzung des Grundstückes durch den Mieter, ein gelegentlicher Ausschluß des Aufrechnungs- und Zurückbehaltungsrechtes bei Besitzstörung, die Umkehrung der Beweislast bei Schadensfällen, der *unentgeltliche* Übergang von Einrichtungen des Mieters nach Vertragsablauf an die Hafenverwaltung, außerordentliche Kündigungsrechte oder einseitige Angleichung der Miet- und Pachtzinsen an die veränderten Kaufkraftverhältnisse. Eine herausragende Stellung hat bei der Überzahl dieser Verträge das Denaturierungsproblem des Hafens. Man versucht in den Verträgen der Gefahr zu begegnen, daß in dem Bestreben einer wirtschaftlich optimalen Nutzung des Hafengebietes eine Zweckentfremdung herbeigeführt wird. Die Nutzung einer Teilfläche zu hafenfremden Tätigkeiten kann kurzfristig mit höherem Gewinn als eine hafentypische Verwendung verbunden sein. Langfristig besteht damit aber das Risiko, daß der Hafen immer mehr zu einem Industriegebiet wird, das der speziellen Vor-

---

[372] Es kann sich regelmäßig eine Anliegerfirma nicht derart exkulpieren, daß ein Anspruch der Hafenverwaltung sich dann gegen den jeweiligen Angestellten des Anliegers richten müßte.

So Ziffer 10 der Allgemeinen Vertragsbedingungen für die Vermietung von Grundstücken der Bayerischen Landeshafenverwaltung. Ähnliche Regelungen bestehen in Berlin, Braunschweig, Duisburg-Ruhrort, Emmelsum, Gernsheim, Hamm, Heilbronn, Mainz, Mannheim, Schweinfurt, Würzburg.

[373] So in Berlin, Emmelsum oder Heilbronn.

kehrungen zum Löschen und Laden nicht mehr bedarf und damit seiner ursprünglichen Bestimmung weitgehend entzogen ist.

b) Der Schutz des Hafengebietes vor Denaturierung

Die Hafenverwaltung befindet sich hier unter dem zivilrechtlichen Gesichtspunkt in einer schwierigen Lage. Zur Abwendung der Denaturierungsgefahr hat man ohnehin in weitem Umfang vom Abschluß von Kaufverträgen über Teilgrundstücke abgesehen[374], da hier eine Zweckentfremdung des Hafengebietes wegen des „numerus clausus" des dinglichen Rechts nur unvollkommen möglich war[375]. Auch die Vereinbarung von Vor- und Rückkaufsrechten zugunsten der Hafenverwaltung erwies sich als kein wirkungsvolles Instrument[376].

Außerdem bleibt bei all diesen Regelungen noch die Frage unberücksichtigt, ob öffentliche Sachen überhaupt Gegenstände des privaten Rechtsverkehr sein können[377]. Wenn von der Hafenpraxis vielerlei Regelungsmechanismen in die Verträge eingebaut werden, um einer Denaturierung der Sachgemeinschaft vorzubeugen, geht es letztlich um die Aufrechterhaltung des besonderen Verwaltungszweckes. Dieser wird sich als Sachnutzungsbestimmung der öffentlichen Sache Binnenhafen darstellen. Man könnte sich von dem komplizierten Ballast privatrechtlicher Vertragsklauseln befreien, würde man sich zur Anerkennung

---

[374] Keine Teilgrundstücke werden verkauft in den Häfen Bonn, Bamberg, Berlin, Braunschweig, Brink, Brohl, Dortmund, Düsseldorf, Duisburg-Ruhrort, Erlangen, Fallersleben, Gernsheim, Lahnstein, Lünen, Nürnberg, Osnabrück, Speyer, Schweinfurt, Stuttgart, Weil am Rhein, Wesel, Worms oder Würzburg.

[375] Eine bestimmte Nutzungsart auf dem Grundstück kann weder als solche eingetragen werden, noch durch eine Hypothek, eine Grundschuld oder gar einen Nießbrauch gesichert werden. Vgl. zu den eintragungsfähigen Rechten im übrigen *Palandt,* Anm. 8, 9, 10 zu § 873 (Degenhart).

[376] In diesem Zusammenhang muß auf die interessante Regelung des § 5 des Hamburgischen Hafenerweiterungsgesetzes (v. 30. Oktober 1961, GVBl. S. 339, m. Änd. v. 10. Dezember 1963, GVBl. S. 229, abgedruckt bei *Grapengeter*/Wegener) hingewiesen werden. Hier steht der Freien und Hansestadt Hamburg „an allen Flächen im Hafenerweiterungsgebiet ein gesetzliches Vorkaufsrecht zu. Es hat den Rang vor allen anderen Verkaufsrechten und bedarf nicht der Eintragung in das Grundbuch". Zuvor besteht bereits eine gesetzliche Veränderungssperre nach § 2 des Gesetzes. Diese Regelung dient nicht unmittelbar der Aufrechterhaltung des Hafenzweckes, sondern soll die Erweiterung des Hafens nach den Erfordernissen ermöglichen. Das vertragliche Vor- oder Rückkaufrecht an veräußertem Hafengrund, als untaugliches Instrument für die Aufrechterhaltung des Hafenzweckes, hat demnach mit dieser Regelung keine Gemeinsamkeit.

[377] *Kaczmarzyk* (S. 143) meint, daß die Verwertbarkeit der Institute des Erbbaurechts und der Dienstbarkeit davon abhängen, ob öffentliche Sachen privatrechtlich verfügbar sind. „Trotzdem dürfte der Ansicht, nach der über die öffentlichen Sachen (als solche) nicht ebenso wie über die fiskalischen Sachen privatrechtlich verfügt werden könne ... der Vorzug zu geben sein." (S. 144).

öffentlich-rechtlicher Nutzungsverhältnisse (bei den Anliegern dann öffentlich-rechtliche Verträge) im Rahmen des Hafenbetriebes durchringen können. Dann wäre alleiniger Parameter für die Rechtsbeziehungen die sich aus dem Wesen des Hafens als öffentliche Sache ergebende öffentlich-rechtliche Sachnutzungsbestimmung. Damit ist einer Zweckentfremdung *grundsätzlich* vorgebeugt. Statt dessen ist man bei zivilrechtlicher Betrachtungsweise dem Erfordernis unterworfen, eine Vielzahl privatrechtlicher Regelungen zu kombinieren, um mit inadäquaten Mitteln wenigstens zu einem praktisch tragbaren Ergebnis zu gelangen.

Besonders typisch sind die Vereinbarung eines Mindestumschlages (Umschlagsgarantie) und die Festlegung des Nutzungszweckes[378].

Schließlich sind Verstöße gegen Nutzungszweck und Umschlagsgarantie regelmäßig mit der Sanktion einer außerordentlichen Kündigung (mit kurzen Fristen) verbunden. Dies gilt ebenso für festgelegte Mindestsätze des Gebührenaufkommens beim globalverpachteten Hafen nach dem „Heilbronner System". Die Vielfalt der Möglichkeiten, den Verwaltungszweck des Hafens eher unzulänglich mit zivilrechtlichen Vertragsfiguren gewährleisten zu wollen, ist fast unerschöpflich. Hinzu treten noch zahlreiche Abwandlungen und Varianten bei dem jeweiligen

---

[378] So fordert etwa die Hafenverwaltung Nürnberg für eine Ansiedlung am Ufer ein jährliches Mindestaufkommen von 500 t pro Meter in Anspruch genommenen Ufers. Für Ansiedlungen im Hafenrandgebiet muß ein Mindestbahnverkehr von 1 t pro qm benutzter Gesamtfläche garantiert werden. Ähnliche Regelungen sind vorhanden in den Häfen Berlin (Umschlagsgarantien), Braunschweig (Festlegung der Nutzungsarten und Umschlagsgarantien), Brink, Brohl, Dortmund (Mietzweck und Aftervermietung nach § 4 und § 10 der allgemeinen Benutzungsbedingungen), Düsseldorf, Duisburg-Ruhrort (Kündigungsmöglichkeit bei Zweckentfremdung oder unzureichendem Umschlag), Essen (vertragsgemäße Nutzung und Genehmigung von Untervermietung), Fallersleben (Unterverpachtung nur mit Zustimmung der Stadt Wolfsburg), Hamm (Zustimmungsbedürftigkeit der Drittüberlassung), Hannover (Zustimmungserfordernis bei Abweichung vom vereinbarten Nutzungszweck), Heidelberg (keine Fabrikation, mit Ausnahme der Betreibung einer Frischbetonanlage), Heilbronn, Kitzingen (Zustimmungserfordernis zur anderweitigen Nutzung), Köln (Nutzungsbestimmung), Krefeld, Lahnstein, Mainz (Nutzungsart, Untervermietung in den allgemeinen Benutzungsbedingungen), Mannheim (Nutzungszweck, Drittumschlagsverbot für Nicht-Spediteure in den allgemeinen Nutzungsbedingungen), Neuß (Nutzungszweck), Oldenburg (Nutzungszweck), Osnabrück (Genehmigungspflichtigkeit der Untervermietung und Veräußerung von Baulichkeiten), Recklinghausen (spezifische Nutzungsabsprachen), Schweinfurt (Werftgeldgarantie), Stuttgart (Hafengebührengarantie und Mietzuschlag in Höhe von 50 %), Wesel (Umschlagsbindung), Plochingen (Änderung des Betriebszweckes bedarf der Zustimmung der GmbH), Hildesheim (Zustimmungserfordernis zur anderweitigen Benutzung), Bingen (Benutzung nur für Umschlag und Lagerei), Frankfurt (Vereinbarung eines Mietzweckes), Fürth (Zustimmungserfordernis zur Bebauung der Mietsache), Karlsruhe (Nutzungszweck, Genehmigung von Untermietverträgen), Kehl (Zustimmungserfordernis zur Änderung des Nutzungszweckes) und Trier.

Einzelvertrag[379]. Daraus wird ersichtlich, daß die Aufrechterhaltung der widmungsgemäßen Nutzung mit bürgerlich-rechtlichen Einzelkonstruktionen nur sehr schwer gewährleistet werden kann. Die öffentlich-rechtliche Sachnutzungsbestimmung setzt hingegen einen klaren und präzisen Maßstab, an dem ohne Schwierigkeit die Rechtmäßigkeit des Verhaltens eines Anliegers im Hafengebiet überprüft werden kann. Soweit der Spediteur oder die Umschlagsfirma sich einer hafenfremden Nutzung zuwenden würde, wäre dieses Verhalten rechtswidrig, da es der Sachnutzungsbestimmung zuwiderlaufen würde. Sinngemäß gilt dieser Satz ebenso für die Hafenverwaltung. Das bedeutet nicht, daß damit Einzelvereinbarungen mit Dauernutzern überflüssig wären, sondern daß hier letztlich öffentlich-rechtliche Gestattungsverträge im Rahmen der Darbringung einer Verkehrsleistung vorliegen[380].

Wie bei den Rechtsverhältnissen der Anlieger schon deutlich wurde, bringt die überkommene Auffassung vom gemischtwirtschaftlichen Unternehmen erhebliche Schwierigkeiten mit sich. Es kann die Anknüpfung an die private Form in der traditionellen Auffassung kein dogmatisch befriedigendes Ergebnis haben, soweit sie eine globale Zuweisung der Hafentätigkeit in das Privatrecht vornimmt. Das gilt nicht nur für die Anlieger, sondern auch für die Schiffahrtstreibenden. Besonders bei deren Beziehungen zum Hafen zeigt sich, daß die Nutzung einer öffentlichen Leistungseinheit dogmatisch dem Zivilrecht entzogen ist. Insbesondere führt auch hier die Behandlung der Rechtsverhältnisse mit nicht sachgerechten Instituten des bürgerlichen Rechts zu praktischen Verwirrungen auf Grund rechtlicher Unklarheiten.

C. Die Beziehungen des Hafens zu den Schiffahrtstreibenden

a) Der herkömmliche Dualismus zwischen öffentlich-rechtlichem und zivilrechtlichem Nutzungsverhältnis

Nach der überkommenen Auffassung stehen die Schiffahrtstreibenden sowohl in einem öffentlich-rechtlichen Benutzungsverhältnis als auch in einem privatrechtlichen Vertragsverhältnis zum Hafen. Es bestehen somit zwei Aspekte: Die allgemeine Nutzungsberechtigung beim Einlaufen in den Hafen, die Schutzfunktion und die Verfügbarkeit der Uferanlagen (öffentlich-rechtlich), andererseits die verschiedenen Umschlags- und Güterverkehrsgeschäfte als Lösch- und Ladearbeiten (pri-

[379] Vgl. die Beispiele in Fußnote 378. Die jeweiligen Einzelheiten der Verträge können des weiteren nicht detailliert aufgeführt werden, denn die Regelungen sind zu zahlreich und unterschiedlich.

[380] Die Frage, wie Rechtskonflikte bei verwaltungsrechtlichen Vertragsverhältnissen beizulegen sind, wird noch im 3. Kapitel (§ 2, Abs. II, 1 B) genauer behandelt.

vatrechtlich). Bei dem privatrechtlichen Teil käme allenfalls ein „Typenkombinationsvertrag“[381] in Betracht. Diese dogmatische Hilfskonstruktion scheidet aber aus, denn es sind nicht nur gesetzlich normierte Vertragstypen gemischt worden. In dem „Vertragsverhältnis“ der Schifffahrtstreibenden finden sich kaum Teile von Kauf, Miete, Tausch oder anderen zivilistischen Geschäften. Deswegen muß schon auf der Grundlage der überkommenen Auffassung ein sogenannter „atypischer“ Vertrag[382] angenommen werden.

Soweit diese zivilrechtliche Konstruktion schon nicht zu befriedigen vermag, bleibt damit das Verhältnis zu dem öffentlich-rechtlichen Nutzungsverhältnis weiter ungeklärt.

Der Schiffahrtstreibende zahlt für die Einfahrt in den Hafen ein in der Regel öffentlich-rechtliches „Hafengeld“, weiterhin verlangt die Hafenverwaltung für die generelle Benutzung der Uferanlagen das ebenso öffentlich-rechtliche „Ufergeld“, auch die Schutzfunktion des Hafens (etwa im Winter vor Eisgang) wird durch ein öffentlich-rechtliches „Schutzgeld“ abgegolten[383]. Die Existenz öffentlich-rechtlicher Hafengebühren hat bislang die Praxis und die Gerichte noch nicht daran hindern können, die Hafenleistung nach wie vor global dem Zivilrecht zuzurechnen. So hat das OLG Köln[384] zwar anerkannt, daß es ein öffentlich-rechtliches Hafenbenutzungsverhältnis gibt, doch können „auch öffentlich-rechtliche Verhältnisse Rechte und Pflichten erzeugen, die entsprechend den Vorschriften des bürgerlichen Rechts zu beurteilen sind ...“[385]. Daher müßten Schadensersatzansprüche an den Hafen „kraft gewohnheitsrechtlicher Zuweisung“ zu den bürgerlichen Rechtsstreiten im Sinne von § 13 GVG gerechnet werden[386]. Ähnlich verhält es sich mit der Rechtsprechung des Bundesgerichtshofs. Einerseits soll für die Rechtsnatur der Nutzungsbeziehungen die äußere Form des Leistungsverhältnisses entscheidend sein[387]. Es müßte also bei einem öffentlich-rechtlichen Gebührentatbestand auch ein öffentlich-rechtliches Nutzungsverhältnis angenommen werden. Auf der anderen Seite hinderte das den Bundesgerichtshof in neuester Rechtsprechung nicht, Streitigkeiten

[381] Dieser Terminus wird von *Larenz* (2. Bd., BT, S. 5) geprägt.

[382] *Larenz* (2. Bd., BT, S. 7) meint hierzu: „Wo ein konkreter Vertrag weder im Ganzen noch auch nur teilweise einem gesetzlichen Typus sinngemäß entspricht, wäre es falsch, ihn um irgendwelcher äußerlicher, formaler Übereinstimmungen willen dennoch unter einen gesetzlich geregelten Vertragstypus zu pressen.“

[383] Zu den Gebühren noch genauer unten in D, ebenso im 3. Kapitel (§ 2, Abs. II, 2).

[384] VersR 1960, S. 43 ff. (S. 43).

[385] OLG Köln, VersR 1960, S. 43 ff. (S. 45).

[386] OLG Köln, a.a.O.

[387] BGHZ 9, S. 145 ff. (S. 145) Leitsatz.

aus einem öffentlich-rechtlichen Gebührenverhältnis dennoch den Rheinschiffahrtsgerichten (also Zivilgerichten) zuzuweisen[388]. Demnach ergibt sich unter Zugrundelegung der in der Hafenpraxis überwiegenden Verkehrsanschauung und der Rechtsprechung der Obergerichte ein seltsames Mischverhältnis aus öffentlich-rechtlichem und privatrechtlichem Hafennutzungsverhältnis: Einerseits werden öffentlich-rechtliche Gebührentatbestände verwirklicht, andererseits gibt es daneben ein privatrechtliches Vertragsverhältnis. Um die dogmatische Verwirrung zu vollenden, werden wiederum die öffentlich-rechtlichen Hafenabgaben, und das diesen zugrundeliegende Nutzungsverhältnis, den Zivilgerichten zugewiesen. Nach der herkömmlichen dualistischen Auffassung von der Anstaltsnutzung wäre es neben anderen Schwierigkeiten auch hier kein Fortschritt, in ein Anstaltsverhältnis zu flüchten. Damit bliebe das Nutzungsverhältnis dennoch dem Zivilrecht belassen[389].

Die eigenartige Zweispurigkeit im Hafenrechtsverhältnis offenbart sich besonders deutlich bei dem regelmäßigen Nebeneinander einer öffentlich-rechtlichen Hafenordnung und allgemeinen privatrechtlichen Benutzungsbedingungen. Mit der Verwendung von „Bedingungen" glaubte man beweglicher sein zu können als mit einer öffentlich-rechtlichen Satzung. Dieser Dualismus ist also keineswegs zufällig[390].

b) Allgemeine Benutzungsbedingungen

Viele Binnenhäfen haben neben einer, fast immer vorhandenen, öffentlich-rechtlichen Satzung oder Polizeiverordnung über den Verkehr im Hafen eine allgemeine Benutzungsordnung als „allgemeine Benutzungsbedingungen"[391]. Diese allgemeinen Bedingungen sind nicht zwangs-

---

[388] BGH (DÖV 1973, S. 213): „Streitigkeiten wegen Zahlung von Hafengeld gehören auch dann vor die Rheinschiffahrtsgerichte, wenn es sich bei dem Hafengeld um eine öffentlich-rechtliche Gebühr und nicht um ein privatrechtliches Entgelt handelt."

[389] Zudem ist das Anstaltsnutzungsverhältnis in der überkommenen Auffassung zumindest dann „notwendig privatrechtlich ... wenn das öffentliche Unternehmen in Privatrechtsform betrieben wird ..." (*v. Brauchitsch/Ule*, S. 92). Da ein großer Teil der Häfen als Rechtsperson des Privatrechts auftritt, wäre mit dem Anstaltsbegriff überkommener Anschauung nichts gewonnen. Man hätte sich nur zusätzlich mit dem fragwürdigen Begriff des besonderen Gewaltverhältnisses auseinanderzusetzen, andererseits wieder die Einordnung in das Zivilrecht abzuwehren.

[390] In „1. sachlicher Geltungsbereich", Abschnitt 1.0. der „Allgemeinen Benutzungsbedingungen der Anlagen der städtischen Hafenbetriebe Neuß" ist ausdrücklich aufgeführt: „Die allgemeinen Benutzungsbedingungen für die Anlagen der städtischen Hafenbetriebe Neuß gelten neben den Bestimmungen der allgemeinen Hafenverordnung v. 12. 6. 1963 in der jeweils geltenden Fassung ..."

[391] z. B. in Köln, Krefeld oder Neuß.

läufig und ausschließlich auf die Schiffahrtstreibenden zugeschnitten, sondern können auch summarisch das Verhältnis zu den Anliegern regeln[392]. Hier ist insbesondere die „Betriebs- und Lagerordnung" zu nennen, die von den Oberrheinhäfen gemeinsam erlassen wurde[393].

Der Bundesgerichtshof hält bislang daran fest, daß solche Betriebsordnungen als allgemeine Geschäftsbedingungen am § 242 BGB zu überprüfen seien — auch wenn sie dem Gegenstand nach den Zugang zum Hafen als öffentliche Leistungseinrichtung regeln[394]. Andererseits handele es sich etwa bei einem Schlachthof um „eine Betätigung schlicht-hoheitlicher Verwaltung", die ein öffentlich-rechtliches Nutzungsverhältnis nach sich ziehe[395]. Hier sei bei der Ausgestaltung der Leistungsbeziehungen von verwaltungsrechtlichen Grundsätzen auszugehen[396]. Diese Unterscheidung ist nur schwerlich einsehbar. Warum sollen für ähnlich strukturierte öffentliche Leistungseinrichtungen unterschiedliche Grundsätze gelten? In beiden Fällen ist es der widmungsgemäße Zweck, eine Verwaltungsleistung darzubringen.

Da nach dieser Auffassung den Binnenhäfen bei der Regelung der Nutzungsberechtigung die ganze Palette zivilrechtlicher Gestaltungsmöglichkeiten zur Verfügung steht, wurde hiervon in beträchtlichem Umfange Gebrauch gemacht. Sei es, daß man die allgemeine Verhaltenspflicht im Hafen festgelegt hat[397] oder daß eine Tarifpflicht für die

---

[392] Etwa die „Allgemeinen Benutzungsbedingungen für die Hafenanlagen der Stadt Köln" (Amtsblatt der Stadt Köln 1968, S. 348) werden in § 11, Abs. I der „Allgemeinen Bedingungen für die Vermietung von Lagerplätzen, Lagerräumen und Sonstigen" ausdrücklich für die Mieter einbezogen. („Allgemeine Vermietungsbedingungen" werden in der Regel für einzelvertragliche Abmachungen unterlegt.)

[393] Am 1. 4. 1966 gemeinsam für: Gernsheimer Hafenbetriebsges. m. b. H., Staatliches Hafenamt Mannheim, Hafenbetriebe Ludwigshafen am Rhein GmbH., Wasser- und Schiffahrtsamt Mannheim (staatl. Hafen Speyer und staatl. Hafen Maximiliansau), Städtische Hafenbetriebe Speyer, Städtische Rheinhäfen Karlsruhe, Hafenverwaltung Kehl — Körperschaft des öffentlichen Rechts —, Rheinhafengesellschaft Weil am Rhein GmbH und Rheinumschlag GmbH (Breisach).

[394] BGH, NJW 1973, S. 1192 ff. (S. 1192/1193). — In dieser Entscheidung ging es um die Inhaltskontrolle der Betriebsordnung der Bremer Lagerhausgesellschaft, die neben Lagergeschäften den Güterumschlag in den Häfen der Stadt Bremen betreibt.

[395] BGH, NJW 1973, S. 1741 ff. (S. 1741). — Es war hier darüber zu befinden, ob ein Haftungsausschluß per Satzung möglich sei. Dies wurde zutreffend verneint.

[396] BGH, a.a.O.

[397] Neuß: „Im Hafengebiet hat sich jede Person so zu verhalten, daß weder der Betrieb noch der Verkehr oder gar Dritte oder Sachen gefährdet, geschädigt oder mehr als nach den Umständen unvermeidbar behindert oder belästigt werden." (1.1. der Neußer ABB) Es wäre dogmatisch überzeugender, so etwas nur durch eine öffentlich-rechtliche Satzung zu regeln.

(traditionell privatrechtlichen) Leistungsentgelte vorgeschrieben wird[398]. Weiterhin ist gelegentlich, ähnlich dem Gewerberecht, eine Zuverlässigkeitsprüfung für die Zulassung von Firmen oder Personen für hafeneigene Umschlagseinrichtungen vorgesehen[399]. Ebenso sind teilweise Haftungseinschränkungen niedergelegt[400]. Diese vielfältigen Gestaltungsmöglichkeiten des Zivilrechts, die nur an den allgemeinen Vorschriften der §§ 138, 242 BGB gemessen werden[401], können sogar zu der Zweckmäßigkeitserwägung verleiten, überhaupt von öffentlich-rechtlichen Satzungen (also von Hafenordnungen) abzusehen. Eine privatrechtliche Nutzungsordnung erscheint, vom Blickwinkel der Hafenpraxis aus, naturgemäß als beweglicher[402].

Bei dieser Konstruktion der privatrechtlichen Benutzungsbedingungen wird vollständig das Problem übergangen, in welchem Umfang allgemeine Leistungsbedingungen im öffentlichen Recht zulässig sein können. Denn das öffentliche Recht kennt für allgemeinverbindliche Rechtsetzung, also zur Regelung öffentlich-rechtlicher Tatbestände, nur Gesetz, Verordnung und Satzung[403]. An dieser Tatsache kommt man auch dann nicht vorbei, wenn man versucht, „ein praktikables Mittelding in Form der von der Anstaltsleitung zu erlassenden Anstaltsordnung zu entwickeln, indem sie die Anstaltsbenutzer über das „besondere Gewaltverhältnis" zu anstaltsinternen Benutzern machte ..."[404]. Gegen diese Rechtsfigur der Anstaltsunterworfenheit und damit der grundsätzlichen — auch privatrechtlichen — Regelungsbefugnis des Anstaltsherrn, bestehen erhebliche verfassungsrechtliche Bedenken. Es wird insbesondere übersehen, daß der Sachherr einer öffentlichen Einrichtung nur solche Klauseln einführen darf, die dem jeweiligen Verwaltungszweck (also der Sachnutzungsbestimmung) entsprechen[405]. Das bedeutet für allgemeine Benutzungsbedingungen bei öffentlichen Binnenhäfen, daß nur Regelungen zu treffen sind, die für die widmungsgemäße Nutzung unerläßlich bleiben. Es liegt außerhalb der Sachnutzungsbestimmung, Bedingungen zu setzen, die lediglich die Ausnutzung einer vorteil-

---

[398] Neuß, 1.2. der ABB.

[399] Neuß, 5.0. der ABB.

[400] Neuß, 7.2. der ABB (Reduzierung der Haftung auf grobfahrlässiges oder vorsätzliches Handeln, Ausschluß von Vermögensschäden).

[401] Vgl. oben B, a zu den Anliegerverträgen.

[402] Bei der Hafen- und Ländeordnung der Stadt Würzburg v. 16. Juni 1964 (Amtsblatt Nr. 9/64) ist geplant, sie durch eine privatrechtliche Benutzungsordnung zu ersetzen.

[403] So zutreffend *Püttner*, S. 341.

[404] Ebd., S. 341.

[405] *Hardinghaus* (S. 128) meint in diesem Zusammenhang für den Konzessionsvertrag: „Der öffentliche Sachherr ist nur zur Vereinbarung solcher Klauseln berechtigt, die den jeweiligen widmungsgemäßen Gebrauch der öffentlichen Sache schützen ..."

haften Interessenlage darstellen und für den Hafen wirtschaftlich günstig sind[406]. Vor allem gilt es dabei, das rechtsstaatliche Gebot der Verhältnismäßigkeit zu beachten.

Dagegen ist es mit einer nicht sachgemäß am widmungsgemäßen Verwaltungszweck orientierten Inhaltskontrolle nach bürgerlichem Recht für solche Benutzungsbedingungen sehr schwierig, zumindest zu einem billigen Ergebnis zu gelangen. Gehen schon die Maßstäbe des Zivilrechts vor dem Hintergrund der Privatautonomie von anderen Voraussetzungen aus als das Verwaltungsrecht, so ist darüber hinaus die einschlägige Dogmatik im bürgerlichen Recht selbst noch nicht gesichert. Der Bundesgerichtshof meint, daß die Übereinstimmung „mit den Grundsätzen von Treu und Glauben ... am Gerechtigkeitsgehalt der sonst anwendbaren gesetzlichen Dispositivnorm zu messen" sei[407]. Ebenso müsse dabei auf einen billigen Interessenausgleich zwischen den Beteiligten geachtet werden[408]. Daß schon im Zivilrecht die Inhaltskontrolle allgemeiner Geschäftsbedingungen problematisch ist, erweist weiterhin, daß hiermit nicht Regelungen überprüft werden können, die den Zugang zu einer öffentlichen Einrichtung betreffen. Besonders muß beachtet werden, daß dem Grundsatz der Beachtung von „Treu und Glauben" in § 242 BGB kein allgemein anerkanntes, objektivierbares Rechtmäßigkeitsprinzip innewohnt. Da die Zivilrechtsordnung primär auf den *Interessenausgleich* gleichberechtigter Privater abstellt, ist die Exzerption eines solchen *generellen* Grundsatzes weder möglich noch erforderlich.

Hingegen bietet die verfassungsgemäße Ordnung, insbesondere die Art. 19, Abs. IV des Grundgesetzes und 3, Abs. I in Verbindung mit den einzelnen Grundrechten, einen solchen objektiven und generellen Maßstab an. Denn hier ist nicht der Interessenausgleich oberstes Ziel, sondern die Sicherstellung einer „objektiven Wertordnung"[409]. Deswegen ergibt sich schon aus der Grundidee der verfassungsrechtlichen Bindung, daß ein gemeinverbindlicher Maßstab vorhanden sein muß.

Das bedeutet, daß für die Inhaltskontrolle der Zugangsbedingungen zum Hafen zivilrechtliche Maßstäbe aus zwei Gründen nicht in Betracht kommen:

---

[406] Solche unzulässigen Regeln sind etwa, daß für die Leistungspflicht des Hafens keinerlei Gewähr übernommen wird, daß grundsätzlich die Haftung auf ein Minimum eingeschränkt wird oder daß Mietsachschäden generell nicht ersetzt werden können.

[407] BGH, NJW 1973, S. 1192 ff. (S. 1192). Vgl. dazu oben Fußnote 394.

[408] BGH, NJW 1973, S. 1194 f. (S. 1194). — Es ist „einseitig aufgestellten Klauseln die Anerkennung zu versagen, wenn sie den im dispositiven Recht enthaltenen, ausgewogenen Ausgleich widerstreitender Interessen der Vertragspartner verdrängen, ohne dem Kunden in anderer Weise einen angemessenen Schutz zu sichern."

[409] BVerwG, DÖV 1966, S. 198 ff. (S. 199).

Zunächst ist das Privatrecht kein adäquater Maßstab für das Nutzungsverhältnis der öffentlichen Einrichtung Binnenhafen. Weiterhin kann dem Privatrecht nach seinem Wesen, als Instrument des Interessenausgleichs, kein *allgemeiner* Rechtmäßigkeitsgrundsatz entnommen werden, der gerade das öffentliche Recht kennzeichnet.

Wie bereits angedeutet wurde, ist besonders typisch für die Verwirrung um das Verhältnis zwischen öffentlichem und privatem Recht im Hafen die Aufspaltung der Gebührentatbestände. Auch hier konnte man sich nicht entschließen, zumindest bei jenen Gebühren zu sachadäquaten Folgerungen zu gelangen, die auch in der überkommenen Auffassung öffentlich-rechtlicher Natur sind.

D. Das Gebührenwesen

Da allgemeinverbindliche Terminologien und Rechtsnormen für Hafengebühren und Leistungsentgelte nicht vorhanden sind, ist deren Vielfalt in Tatbestand und Erhebungsweise beträchtlich. Im Laufe der Zeit haben sich zwei Gebührengruppen herausgebildet, deren eine traditionell als öffentlich-rechtlich, die andere als privatrechtliche gilt[410]. Die Qualifizierung des Gebührentatbestandes folgt aus der Art des zugrunde liegenden Leistungsverhältnisses. Nachdem dieses in ein öffentlich-rechtliches und ein privatrechtliches gespalten ist[411], war dieser Dualismus auch für die Gebühren festgelegt. Um eine Aufhellung in das komplizierte Nebeneinander einer Vielzahl von Tatbeständen bringen zu können[412], bedarf es der Darstellung der einzelnen Gebührenarten.

a) Öffentlich-rechtliche Hafenabgaben

Bei den öffentlich-rechtlichen Hafenabgaben hat sich im Laufe der Zeit eine Dreiteilung herausgebildet. Es wird Hafengeld (auch Liegegeld genannt), Ufergeld (auch Werftgeld genannt) und Schutzgeld eingefordert. Dieser Aufgliederung ist auch der Bundesgerichtshof gefolgt[413].

---

[410] Diese Unterscheidung wird etwa von *Kirschke* (Tarifwesen, DVBl. 1956, S. 430 ff.) und *Trimter* (DVBl. 1965, S. 22 ff.) vorgenommen.

[411] Vgl. oben C, a.

[412] *Kirschke* (a.a.O.) meint hierzu: „Diese Zersplitterung des Tarifrechtes der Häfen ist darauf zurückzuführen, daß die schiffbaren Flüsse, und damit auch die Häfen, in früheren Jahrhunderten unter der Sorge der einzelnen Landesfürsten und Reichsstädte oder Stadtstaaten standen, daß diese Stellen allenfalls danach strebten, sich aus den Hafengebühren eine Einnahmequelle zu beschaffen und daß im übrigen die Entwicklung dieses Rechtsgebietes mit der schnellen Entwicklung des neuzeitlichen Verkehrswesens nicht schrittgehalten hat."

Gelegentlich wird mit Hafengeld auch die Einheit der öffentlich-rechtlichen Hafenabgaben insgesamt bezeichnet, ohne daß auf den präzisen Gebührentatbestand abgestellt wird[414]. Daher bedarf es zunächst der genauen Festlegung der einzelnen Tatbestände.

Hafengeld ist die Gebühr, die für jenen Aufenthalt im Hafen erhoben wird, der nicht ausschließlich durch einen Lösch- oder Verladevorgang bedingt ist[415].

Die Entrichtung des Hafengeldes berechtigt zu dem ununterbrochenen Aufenthalt für eine bestimmte Zeitspanne[416]. Nach Ablauf der jeweiligen Frist fällt das Hafengeld erneut an. Erhoben wird die Gebühr regelmäßig nach bestimmten Pauschalsätzen pro Tonne Tragfähigkeit des Schiffes. Da jedoch auch bei dem Schutzsuchenden, etwa wegen Eisgangs, nach diesen Grundsätzen ein Hafengeld anfiele, scheiden sich beide Gebührentatbestände gegenseitig aus[417]. Daneben findet sich häufig eine Befreiung vom Hafengeld für die Dienstfahrzeuge der öffentlichen Verwaltung, insbesondere der Wasserschutzpolizei[418].

Das *Hafenschutzgeld* wird erhoben, wenn ein Wasserfahrzeug vor Eisgang oder Hochwasser im Hafen Schutz sucht[419]. Auch das Schutzgeld wird nach Gebühreneinheiten pro Tonne Tragfähigkeit des Wasserfahrzeuges erhoben, wobei zumeist ein gewisser Mindestsatz nicht unterschritten werden kann. Dabei fällt das Schutzgeld während eines Hebungsjahres insgesamt nur einmal an. Wenn ein Schiff schon in einem deutschen Hafen Schutzgeld bezahlt hat, ist es davon in den anderen

---

413 BGH (DÖV 6, 1973, S. 213) unter Bezugnahme auf *Trimter* (DVBl. 1965, S. 22 ff.):

„Vom Hafengeld, das für das Aufsuchen eines Hafens erhoben wird, ist das Ufergeld, auch Bohlwerksgebühr, Werftgeld oder Kaigebühr genannt, ... zu unterscheiden."

414 Vgl. *Creifelds* (S. 505 [Stichwort „Hafengeld"]): „Hafengeld sind die Gebühren und Auslagen, die für die Benutzung eines Hafens durch ein Schiff zu zahlen sind ..."

415 Nach § 1 des „Tarifs für die Benutzung des Hafens Bamberg" (v. 1. 4. 1963, Abschnitt A, Hafengeld) wird Hafengeld erhoben „für alle Wasserfahrzeuge, die länger als 1 Woche über die zur Vornahme des Güterumschlages gesetzlich festgelegten Lösch- und Ladezeiten hinaus im Hafen liegen bleiben. Fahrzeuge, die sich ohne zu laden oder zu löschen im Hafen aufhalten, sind ebenfalls hafengeldpflichtig".

416 In dem angeführten Tarif z. B. für einen „ununterbrochenen Aufenthalt im Hafen bis zu jeweils 30 Tagen" (§ 1 des Tarifs).

417 In dem vorgenannten Tarif ist in § 4 bestimmt: „Hafengeld wird nicht erhoben für die Zeit, in der Hafenschutzgeld zu zahlen ist."

418 Etwa in § 5 Ziff. a) des obigen Tarifes.

419 Vgl. § 1 des Bamberger Tarifs (Abschnitt B, Hafenschutzgeld): „Schutzgeld wird erhoben für alle Wasserfahrzeuge, sonstige Schwimmkörper und Flöße, die sich während einer Schutzzeit wegen Eis- oder Hochwassergefahr im Hafen aufhalten."

Binnenhäfen frei — gegebenenfalls werden Differenzbeträge in der Gebührenhöhe ausgeglichen. Auch beim Schutzgeld findet sich eine Befreiung für Fahrzeuge der öffentlichen Verwaltung[420].

Als dritte der öffentlich-rechtlichen Hafenabgaben ist das *Ufergeld* zu nennen. Es wird erhoben für jede Umschlagseinheit, die über das Ufer, also die Kaimauer, gehoben wird. Das bedeutet, daß für alle Güter, die auf dem Wasserweg im Hafen ankommen oder abgehen und umgeladen werden, diese Gebühr an die Hafenverwaltung zu entrichten ist[421].

Regelmäßig wird bei der Berechnung der Gebühr auf das sechsklassige „Güterverzeichnis für den Verkehr auf deutschen Binnenwasserstraßen" Bezug genommen. Diese damit eingetretene Vereinheitlichung der Güterberechnung soll unerträgliche Unterschiede zwischen einzelnen, teilweise nahe beieinanderliegenden, Häfen vermeiden. Bei den Ufergebühren werden ebenfalls Befreiungen eingeräumt, sofern Güter für die Belange der öffentlichen Verwaltung umgeschlagen werden[422]. Da die Werftgebühren nach dem Bruttogewicht der umgeschlagenen Güter berechnet werden, ist eine praktisch einfache Feststellung dieses Gewichtes erforderlich gewesen. Zu diesem Zweck sind Frachtschiffe geeicht, die Eichung erfolgt nach der „Eichordnung für Binnenschiffe auf deutschen Wasserstraßen"[423]. Diese Eichordnung beruht auf Art. 2 des internationalen Übereinkommens vom 27. Nov. 1925[424], das in Verbindung mit Anlagen und Zeichnungsprotokollen die gegenseitige Anerkennung von Eichsteinen vorsieht[425]. Die Eichung der Schiffe er-

[420] Vgl. § 6 des Bamberger Tarifs Abschnitt B, Hafenschutzgeld.

[421] Dies würde genaugenommen dann Gebührenfreiheit für den Umschlag von Schiff zu Schiff bedeuten. Da aber hierfür ebenso die Vorhaltungen des Binnenhafens erforderlich sind, ist auch dieser Tatbestand gebührenpflichtig. Es ist zu betonen, daß mit diesem Ufergeld der Umschlag als solcher noch *nicht* abgegolten ist. Das geschieht durch ein eigenes Kranleistungsentgelt, das nach überkommener Auffassung privatrechtlich ist (vgl. unten b).

[422] Etwa § 3 des „Tarif für die Benutzung des Bayerischen Landeshafens Bamberg vom 1. März 1971" (Werftgebühren).

[423] Vom 23. März 1928 (RGBl. II, S. 238) mit Änderungen. Vgl. hierzu auch das „Gesetz über die Eichung von Binnenschiffen" v. 15. 2. 1966; geändert zuletzt BGBl. II, 1973, S. 1417.

[424] RGBl. II 1927, S. 356.

[425] Nach diesem Übereinkommen sind ebenso Eichordnungen erlassen worden in der Schweiz durch Verordnung des Bundesrates über die Eichung der Binnenschiffe vom 1. Juli 1927, in Frankreich durch Dekret vom 29. März 1928, veröffentlicht im Journal Officiel vom 31. März 1928, in den Niederlanden durch königlichen Erlaß vom 23. Dezember 1954 (Staatsblatt Nr. 634) und in Belgien durch königlichen Erlaß vom 19. September 1927 (Staatsblatt vom 21. September 1927).

Die Bundeszuständigkeit ergibt sich in Deutschland aus Art. 87 GG, ausgefüllt durch das Gesetz über die Aufgaben des Bundes auf dem Gebiet der Binnenschiffahrt (BGBl. II 1956, S. 317, BGBl. III 9500-1).

möglicht es, durch „Ablesung“ der Skala die Beladung festzustellen. Die Eichung ist nicht Sache der Häfen, sondern wird von den Schiffseichämtern durchgeführt.

Ist man sich mittlerweile über Art und Erhebung der öffentlich-rechtlichen Gebührentatbestände einig, so herrscht Verwirrung über die Rechtsgrundlage dieser Gebühren. Eindeutig sind die Verhältnisse nur dort, wo das jeweilige Bundesland von seiner Gebührenhoheit im Rahmen von Art. 30 des Grundgesetzes Gebrauch gemacht hat[426]. Besteht ohnehin eine Landeshafenverwaltung wie in Bayern, ist das unproblematisch. Wird der Hafen hingegen von einer Gemeinde betrieben, ist die Gemeindevertretung genötigt, eine Satzung über die Hafengebührenerhebung zu beschließen. Diese wird dann dem jeweiligen Ministerium für Wirtschaft und Verkehr zur Genehmigung vorgelegt[427]. Es erscheint bei dieser Lage nicht vertretbar, heute noch auf Art. 99 der Weimarer Reichsverfassung als Rechtsgrundlage zurückzugreifen[428]. In Art. 140 GG ist abschließend enthalten, welche Artikel der Weimarer Verfassung weitergelten sollen. Art. 99 WV ist dabei nicht erwähnt[429].

Überdies ist ein Zurückgreifen auf Art. 99 WV, der u. a. das Kostendeckungsprinzip normiert hat, nicht erforderlich und kaum begründbar[430]. Dagegen ist die Weitergeltung des Art. 27 der Mannheimer revidierten Rheinschiffahrtsakte vom 17. 10. 1868 unbestritten[431]. Hier ist in Art. 27 Abs. II (für den Geltungsbereich) das Kostendeckungsprinzip

---

[426] Etwa in Nordrhein-Westfalen mit der „Verordnung über Hafenabgaben in öffentlichen Rheinhäfen im Lande Nordrhein-Westfalen“ vom 24. August 1964 (GV. NW. 1964, S. 237).

[427] In den Landeswassergesetzen ist die Genehmigungspflicht meist ausdrücklich vorgeschrieben (etwa in § 32 Abs. V LWG Rheinland-Pfalz [GVBl. 1960, S. 153], § 30 Abs. VIII Saarländisches Wassergesetz [Amtsblatt 1960, S. 511], § 35 Abs. I Wassergesetz des Landes Schleswig-Holstein [GVBl. 1960, S. 39]). *Trimter* (DVBl. 1965, S. 22 ff. [S. 24]) weist darauf hin, daß dieses Verfahren sehr langwierig sein kann, wenn mehrere Gebietskörperschaften einen Hafen gemeinsam betreiben.

[428] Wie das *ders.* (a.a.O.) noch berücksichtigt sehen will.

[429] Bei *Leibholz/Rinck* (Anm. 4 zu Art. 140) und *Schmidt-Bleibtreu/Klein* (Rn 2 zu Art. 140) ist ausdrücklich betont, daß etwa Art. 135 der Weimarer Verfassung bewußt nicht übernommen wurde. Art. 140 GG ist eine enumerative Aufzählung weitergeltender Verfassungsnormen des früheren Rechts.

[430] *Trimter* (DVBl. 1965, S. 22 ff. [S. 24]) räumt selbst ein, daß die Fortgeltung von Art. 99 der Weimarer Verfassung umstritten sei, will dies aber aus Art. 123 Abs. I GG hergeleitet wissen. Dadurch habe die Vorschrift der Weimarer Verfassung nur noch die Eigenschaft eines einfachen Bundesgesetzes. Diese Auffassung ist bedenklich. Würde man dem nachfolgen, so bestünde die Weimarer Verfassung neben dem Grundgesetz einfachgesetzlich weiter, da große Teile kaum dem Grundgesetz widersprechen dürften. Eine Verfassung, die, ihres besonderen Charakters entkleidet, als Norm weitere Wirkung haben soll, ist sinnlos. Überdies bestünden erhebliche staatsrechtliche Schwierigkeiten.

[431] So auch *ders.*, a.a.O. Derzeit gültig in der Fassung der Bekanntmachung v. 11. März 1969 (BGBl. II 1969, S. 567).

bei Hafengebühren normiert[432]. Damit wird die eigentliche Berechtigung der Hafengebühren offenkundig: Die Bereitstellung zur Benutzung öffentlicher Hafenanlagen berechtigt den öffentlichen Sachherrn zur Gebührenerhebung[433]. Der Umstand, daß überhaupt öffentlich-rechtliche Gebühren erhoben werden und deren Beschränkung auf das Kostendeckungsprinzip durch eine innerstaatlich wirksame völkerrechtliche Vereinbarung festgelegt ist, ergibt ein weiteres Indiz für die Einordnung der Häfen in das öffentliche Sachenrecht. Dabei ist daran zu erinnern, daß sich nicht die Öffentlichkeit der Binnenhäfen aus der Verwendung öffentlich-rechtlicher Gebührentatbestände ergibt, sondern die Öffentlichkeit des Gebührenrechts eine Folge des öffentlichen Einrichtungscharakters ist[434]. So erweist sich wiederum die Unhaltbarkeit der Auffassung vom öffentlichen Hafen als gemeinwirtschaftliches bzw. gemischtwirtschaftliches Unternehmen. Auch die Vertreter der Auffassung, die Hafentätigkeit überwiegend in das Privatrecht einzuordnen, müssen die Existenz öffentlich-rechtlicher Gebührentatbestände einräumen[435].

b) Privatrechtliche Leistungsentgelte (Manipulationsgebühren)

Das in der Mannheimer Rheinschiffahrtsakte normierte Kostendeckungsprinzip soll nach traditioneller Auffassung hingegen nicht bei jenen Gebühren gelten, die als Leistungsentgelte dem Privatrecht zugerechnet werden[436]. Teilweise werden zu den Leistungsentgelten auch die Mieten und Pachtzinsen aus der Zurverfügungstellung von Teilflächen gezählt. Auf dem Boden dieser Betrachtungsweise sind die Häfen bei den Leistungsentgelten nicht an die Gebührenhoheit des Landes gebunden. Sie können die Höhe der Abgeltung selbst festsetzen[437]. Die Binnenhäfen unterliegen dabei lediglich dem „bekannten Grundsatz des Gemeindeverfassungsrechtes“[438], daß die Betriebskosten

---

[432] Art. 27 Abs. II spricht zwar von „Entgelt“, während Abs. III im gleichen Zusammenhang wieder den Terminus „Gebühr“ gebraucht. Beides wird hier also nicht präzise getrennt.

[433] *Kirschke* (Tarifwesen, DVBl. 1956, S. 430 ff. [S. 430]) erkennt hierin zutreffend das wesentliche Element der Gebührenerhebung.

[434] Vgl. *Ossenbühl*, Fußnote 25 (1. Kapitel, Abs. II, § 2).

[435] *Mohr* (Probleme, Kommunalwirtschaft 1966, S. 376 ff. [S. 380]) meint, daß die Erträge der Häfen sich in solche gliedern ließen, die privatrechtliche Grundlagen haben, und solche, welche „gleichsam öffentlich-rechtlichen Charakter“ haben.

[436] An Leistungsentgelten sind eine große Zahl zu nennen, die sich von Hafen zu Hafen unterscheiden. So werden in den Häfen der Stadt Köln beispielsweise erhoben: Kranleistungsentgelt, Kaimiete, Eichaufnahmeentgelt, Wiegeentgelt, Drehbrückenentgelt und die Leistungsentgelte im öffentlichen Zollgutlager.

[437] So *Kirschke*, Tarifwesen, DVBl. 1956, S. 430 ff. (S. 434).

[438] Ebd., S. 430 ff.

aus dem eigenen Gebührenaufkommen zu bestreiten sind. Eine Überschußerzielung ist zwar nach diesem Prinzip nicht unzulässig, wegen der „Konkurrenzlage“ der meisten Häfen aber regelmäßig wirtschaftlich unmöglich. Soweit es sich nicht um gemeindliche Häfen handelt, ist häufig eine ausdrückliche Beschränkung auf die Kostendeckung vorgesehen[439]. Wenn auch nicht in der rechtlichen Begründung, so ist im Ergebnis die Erhebungspraxis der „zivilrechtlichen“ Leistungsentgelte in den Häfen den „öffentlich-rechtlichen“ Hafenabgaben sehr nahe. Dies gilt allerdings uneingeschränkt nur dort, wo der Hafen die Leistungseinheit — also die Krangestellung oder die Lagerungsmöglichkeit — selbst zur Verfügung stellt und betreibt. Wenn hingegen nach dem „Heilbronner System“ gearbeitet wird[440], wäre man bei den Manipulationsgebühren zunächst nicht gehalten, nach dem Kostendeckungsprinzip zu verfahren. Hier wird besonders die Unhaltbarkeit der traditionellen Zweiteilung in öffentlich-rechtliche Hafengebühren und privatrechtliche Entgelte deutlich. Stehen beide Gebührentatbestände in der Erhebungspraxis und im Lebenssachverhalt sehr nahe beieinander, so würden sie beim Betrieb nach dem „Heilbronner System“ plötzlich wieder beträchtlich divergieren können. Für den Schiffahrtstreibenden besteht ein einheitlicher Leistungstatbestand, der nur schwer als rechtlich zweigeteilt erkenntlich sein kann: Soweit er in den Hafen einläuft und eine Umschlagstätigkeit aufnimmt, unterliegt er öffentlich-rechtlichen Gebührentatbeständen, was den Umschlag aber selbst betrifft, wird dieser wiederum durch ein privatrechtliches Leistungsentgelt abgegolten.

Es handelt sich vielmehr um die Abgeltung einer öffentlichen Verkehrsleistung, die nach einheitlichen Grundsätzen geschehen sollte. Das hindert den Bundesgerichtshof nicht daran, sowohl die Leistungsentgelte als auch die Hafengebühren dem Zivilrechtsweg zu belassen. Deswegen seien Streitigkeiten wegen Zahlung des öffentlich-rechtlichen Hafengeldes den Rheinschiffahrtsgerichten zuzuweisen[441]. § 14 des Gesetzes über das gerichtliche Verfahren in Binnenschiffahrtssachen[442] verlangt jedoch für Rheinschiffahrtssachen ausdrücklich einen „bürgerlichen Rechtsstreit“, wobei in § 2 Abs. I Binnenschiffahrtssachen ohnehin schon als „bürgerliche Rechtsstreitigkeiten“ definiert sind. Eine solche Rechtsprechung verkennt die Zuständigkeitsregelung der Schiffahrtsgerichte, was sich aus einer Fehleinschätzung der Gebühren für die Benutzung öffentlicher Einrichtungen ergibt. Wenn in derselben Entscheidung die

---

439 z. B. nach § 11 Abs. II der Geschäftsordnung der Außenstellen der Bayerischen Landeshafenverwaltung vom 18. Dez. 1967, geändert am 22. Febr. 1968.

440 Vgl. hierzu oben B; ebenso *Trimter*, DVBl. 1965, S. 22 ff. (S. 22).

441 BGH, DÖV 1973, S. 213.

442 Vom 27. Sept. 1952, BGBl. I, S. 641, in der Fassung vom 14. Mai 1965 (BGBl. I, S. 389).

Öffentlichkeit der Hafengebühr anerkannt wird, kann diese nicht der Zuständigkeit von Zivilgerichten anheimgestellt werden[443]. Vielmehr muß dann uneingeschränkt § 40 Abs. I VwGO zur Anwendung kommen. Die Einordnung des Binnenhafens in das öffentliche Sachenrecht hätte auch hier den Vorteil, daß das regional uneinheitliche, in öffentlich-rechtliche und zivilrechtliche Tatbestände aufgespaltene Gebührenrecht insgesamt nach öffentlich-rechtlichen Gesichtspunkten zu bemessen wäre[444].

Neben den typischen Umschlagstätigkeiten, wie das Löschen und Verladen der Güter im Hafen als auch die damit zusammenhängenden Lagerei- und Speditionsgeschäfte, wird im Rahmen des Hafenbetriebes noch eine weitere Verkehrsleistung erbracht. Diese steht mit dem Hafen in einem unabdingbaren Zusammenhang: die Tätigkeit der Hafenbahn.

E. Die Hafenbahn im Verbund der Hafenleistungen

Die Leistung der Eisenbahn im Binnenhafen war hier anzuschließen, weil deren Gebühren ebenso als privatrechtliches Entgelt betrachtet werden[445]. Dabei ist darauf hinzuweisen, daß es eine einheitliche „Hafenbahn als Rechtsbegriff nicht gibt“[446]. Die Hafenbahn kann eine Eisenbahn des öffentlichen als auch des nicht-öffentlichen Verkehrs sein[447]. Die Aufgaben der Hafenbahn sind vielfältig und bestehen nicht nur im Gütertransport aus dem Wasserumschlagsverkehr[448]. Sie wird teilweise durch die Häfen allein betrieben[449], teilweise auf hafeneigenen Anlagen durch die Bundesbahn[450] oder durch die Bundesbahn im Auftrag der Hafenverwaltung[451].

---

443 BGH, DÖV 1973, S. 213.

444 *Trimter* (DVBl. 1965, S. 22 ff. [S. 24]) meint zutreffend: „Die Bedeutung der Binnenschiffahrt läßt eine Vereinheitlichung des Hafenabgabenrechts ebenso wünschenswert erscheinen wie die Beseitigung der in den einzelnen Ländern verschiedenen Verordnungen über die Benutzung der Hafenanlagen. Die Hafenverwaltungen und die in letzter Hinsicht besonders überforderten Binnenschiffer würden dies dankbar begrüßen.“

445 Vgl. *Finger*, Eisenbahn-Verkehrsordnung, Anm. 1 f. zu § 1 EVO.

446 *Krome*, Eisenbahnen, ZfB 1956, S. 312.

447 Ebd., S. 312.

448 *Nagel* (Hafenwirtschaft, S. 34) nennt hier daneben noch den Gütertransport der angesiedelten Wirtschaftsunternehmungen im Verkehr mit der Bundesbahn, den Gütertransport aus dem Verkehr der Freilade-Güterbahnhöfe, den Gütertransport in Verbindung mit der Zollbehandlung. Vgl. hierzu auch *dens.*, Handbuch, S. 31/32.

449 Etwa in Braunschweig, Düsseldorf, Hamm, Hannover, Krefeld, Leer, Neuß, Orsoy, Osnabrück oder Wesel.

450 So in Bingen, Fallersleben, Heilbronn, Kehl, Mannheim, Nürnberg, Oldenburg, Plochingen oder Wörth.

451 z. B. in Emmelsum, Erlangen (geplant), Lahnstein, Lünen, Maximiliansau, Stuttgart, Weil am Rhein und Waltrop.

Gelegentlich sind diese Betriebsverhältnisse gemischt. Es kann auch der Hafen Nebenbetrieb einer Eisenbahn sein[452].

Wenn die Hafenverwaltung die Eisenbahn im Hafengebiet nicht selbst betreibt, wird ein Hafenbahnvertrag mit der Bundesbahn oder einer anderen Eisenbahnunternehmung geschlossen. Regelmäßiger Inhalt dieses Vertrages, als Interessenausgleich von Hafen und Eisenbahn, ist die Bestimmung der Kostenverteilung. Weiterhin ist der Umfang der Verkehrbedienung geregelt, die Unterhaltung und Verkehrssicherung der Anlagen, die Abgrenzung der gegenseitigen Haftung und daneben eine größere Zahl individueller Abreden[453]. Von den Ausnahmefällen abgesehen, in denen der Hafen dem Eisenbahnbetrieb untergeordnet ist[454], sind die Eisenbahnen öffentlicher Häfen ein tatsächlich integrierter Bestandteil des Hauptunternehmens[455]. Sie sind damit — unter Veränderung ihrer Struktur im Laufe der Entwicklung — genau wie die Häfen selbst auf die Abwicklung der öffentlichen Verkehrsbedienung abgestellt[456]. Dennoch gibt es verwaltungsrechtliche Unterschiede in der herkömmlichen Auffassung darnach, ob es sich um eine Eisenbahn des öffentlichen Verkehrs oder um eine Eisenbahn des nicht-öffentlichen Verkehrs handelt[457].

a) Die Hafenbahn als Eisenbahn des öffentlichen Verkehrs

In § 2 Abs. I des allgemeinen Eisenbahngesetzes ist die Legaldefinition der öffentlichen Eisenbahn gegeben[458]. Wieweit eine nicht zu den Bundesbahnen gehörende Eisenbahn die Eigenschaft als Eisenbahn des öffentlichen Verkehrs hat (oder auch diese Eigenschaft verliert), wird nach § 2 Abs. II des Gesetzes von den „beteiligten obersten Landesverkehrs-

---

[452] Es hat die Wanne-Herner Eisenbahn und Hafen GmbH eine öffentliche Eisenbahn, mit der sie auch die gesellschaftseigenen Binnenhäfen Wanne-West und Wanne-Ost bedient, wobei aber der weit überwiegende Eisenbahnverkehr außerhalb der Beförderung von und nach beiden Häfen abgewickelt wird. Das bedeutet, daß es sich bei solchen Verhältnissen nicht um eine Hafenbahn im eigentlichen Sinne handelt, sondern um eine von der Bundesbahn personenverschiedene Eisenbahn des öffentlichen Verkehrs, die *auch* die Güterbeförderung für den Hafen vornimmt. Ähnlich ist der Rheinhafen Wesseling/Godorf ein Betriebszweig der Köln-Bonner Eisenbahnen AG, einer ebenfalls von der öffentlichen Hand zu 100 % majorisierten Gesellschaft.

[453] Vgl. hierzu *Giese* (Archiv für Eisenbahnwesen 1932, S. 297 ff. und 605 ff.) ausführlicher; bes. S. 302.

[454] Hierzu im übrigen *Kirschke*, Binnenhäfen, ZfB 1959 (Sonderdruck), S. 12.

[455] Ebd., S. 12.

[456] *Krome*, Eisenbahnen, ZfB 1956, S. 312 ff. (S. 313).

[457] Ebd., S. 312 ff.

[458] § 2 Abs. I lautet: „Eisenbahnen dienen dem öffentlichen Verkehr, wenn sie nach ihrer Zweckbestimmung jedermann zur Personen- oder Güterbeförderung benutzen kann.“

behörden im Benehmen mit dem Bundesminister für Verkehr" getroffen. Die eigentliche Betriebsführung der Eisenbahn des öffentlichen Verkehrs in den Häfen erfolgt, von der bloßen Zuständigkeitsregelung des § 2 Eisenbahngesetz abgesehen, nach der Eisenbahn-Verkehrsordnung[459]. Die Eisenbahn-Verkehrsordnung ist als Rechtsverordnung mit Gesetzeskraft[460] verbindliche Rechtsgrundlage für alle dem öffentlichen Verkehr dienenden Eisenbahnen Deutschlands[461]. Im übrigen richtet sich das Recht der Hafenbahnen, die Eisenbahnen des öffentlichen Verkehrs sind[462], nach den jeweiligen Landeseisenbahngesetzen[463], die dem Preußischen Eisenbahngesetz aus dem Jahre 1838 weitgehend nachgebildet wurden[464]. Die wichtigste Vorschrift für die Hafenbahnen ist § 3 EVO. Hier ist der Beförderungszwang niedergelegt. Nach der überkommenen Auffassung ist das Eisenbahn-Verkehrsrecht Teil des Privatrechts, und zwar des Handelsrechts[465]. Diese Auffassung schließt an die Rechtsprechung des Bundesgerichtshofs an[466]. Die historisch bedingte Konstruktion[467] behilft sich damit, daß die Eisenbahn-Verkehrsordnung als Normgebung des Zivilrechts mit öffentlich-rechtlichen Vorschriften „durchsetzt" ist[468]. Diese privatrechtliche Auffassung von den Eisenbahnen hindert jedoch nicht die Tatsache, daß die Eisenbahn im Hafen zur Darreichung einer Verkehrsleistung bestimmt ist. Sie teilt also die diesbezügliche Sachnutzungsbestimmung der Sachgemeinschaft Hafen.

Die Tarifhoheit der nicht bundeseigenen Eisenbahnen haben die Länder[469], wobei die sogenannte „Tarifinitiative" bei den Eisenbahnen selbst liegt[470]. Bei den Tarifen ist als wichtigster Punkt die gesetzliche Verpflichtung des § 6 Abs. III AEG zu nennen, der für öffentliche Eisenbahnen die sogenannte „Durchtarifierung" *zwingend* vorschreibt.

---

[459] vom 8. Sept. 1938 (RGBl. II, S. 663); (abgedruckt bei *Finger*, Eisenbahn-Verkehrsordnung).

[460] *Finger*, Eisenbahn-Verkehrsordnung, Anm. 1 a zu § 1.

[461] Vgl. den Wortlaut von § 1: „Die Eisenbahn-Verkehrsordnung (abgekürzte Bezeichnung: EVO) gilt auf allen dem öffentlichen Verkehr dienenden Eisenbahnen Deutschlands."

[462] Beispielsweise in Aschaffenburg, Dortmund, Neuß, Regensburg, Wanne-Eickel sowie die drei Kölner Bahnen.

[463] Etwa das Bayerische Eisenbahn- und Bergbahngesetz vom 17. Nov. 1966 (GVBl. 1966, S. 429).

[464] Nicht aber in Baden-Württemberg.

[465] *Finger*, Eisenbahn-Verkehrsordnung, Anm. 1 b zu § 1.

[466] Vgl. oben im 1. Kapitel § 4, Abs. II.

[467] BGHZ 2, S. 37 ff. und BGHZ 6, S. 304 ff. zur Rechtsnatur der Reichsbahn.

[468] *Finger* (Eisenbahn-Verkehrsordnung, Anm. 1 b zu § 1) nennt hier etwa den Tarifzwang (§ 6 der Verordnung) oder die Ordnungsvorschrift des § 7.

[469] *Krome*, Eisenbahnen, ZfB 1956, S. 312 ff. (S. 314).

[470] *Finger*, Eisenbahngesetze, Anm. 3 zu § 6 AEG.

b) Die Hafenbahn als Eisenbahn des nicht-öffentlichen Verkehrs

Soweit der Hafenbahn nicht die Eigenschaft einer Eisenbahn des öffentlichen Verkehrs im Sinne von § 2 Abs. II des Allgemeinen Eisenbahngesetzes zuerkannt wurde, ist die Zuständigkeit des Bundes auf technische Vorschriften begrenzt[471]. Dadurch ergibt sich eine seltsame Konstellation. Die Geltung der Eisenbahn-Verkehrsordnung ist in § 1 ausdrücklich auf die dem öffentlichen Verkehr dienenden Eisenbahnen beschränkt. Es kann daher für jene Hafenbahnen, die Eisenbahnen des nicht-öffentlichen Verkehrs sind, keine Beförderungspflicht im Sinne von § 3 der Eisenbahn-Verkehrsordnung angenommen werden. Ein Teil der Eisenbahnen in den Häfen wäre beförderungspflichtig, ein anderer Teil — nämlich die nicht-öffentlichen Eisenbahnen — unterläge dieser Beförderungspflicht nicht[472]. Dieses Ergebnis ist in zweierlei Hinsicht unbefriedigend: Es besteht nicht nur die Divergenz zu jenen Hafenbahnen, die Eisenbahnen des öffentlichen Verkehrs sind, obwohl die Verhältnisse prinzipiell gleich liegen. Vielmehr bedeutete das eine Abweichung von dem für Häfen verbürgten „Jedermann-Prinzip"[473], also ein subjektives Recht auf Abfertigung. Dieses Recht wäre dann dort nicht gewährleistet, wo die Hafenbahn eine nicht-öffentliche Eisenbahn ist. Deswegen muß auch für diese Eisenbahnen ein Beförderungszwang gelten, der nicht aus dem zivilrechtlichen Gedanken des Monopolmißbrauchs resultiert, wie das für § 3 Eisenbahn-Verkehrsordnung allgemein angenommen wird[474]. Entscheidend ist die Partizipation an der öffentlichen Sacheigenschaft des Binnenhafens[475]. Das bedeutet, daß auch die nicht-öffentlichen Eisenbahnen in den Binnenhäfen soweit zur Beförderung verpflichtet sind, als dies im Rahmen der Sachgemeinschaft Hafen erforderlich ist und der Darreichung einer Verwaltungsleistung entspricht. Es erschiene deswegen sinnvoll, die Eisenbahnen öffentlicher Häfen allgemein und grundsätzlich zu Eisenbahnen des öffentlichen Verkehrs zu erklären[476]. Dies hätte den Vorteil, daß die Hafenbahnen grundsätzlich der Durchtarifierung unterliegen würden[477] und dem Beförderungs-

---

[471] Ebd., Anm. 3 zu § 3 AEG. Vgl. im übrigen den Wortlaut von § 3 Abs. III des Allgemeinen Eisenbahngesetzes.

[472] *Finger* (Eisenbahnverkehrsordnung Anm. 1 d, dd) nimmt für solche Eisenbahnen grundsätzlich keinen gesetzlichen Beförderungszwang an.

[473] Hierzu oben im 1. Kapitel, § 1, Abs. II.

[474] Vgl. oben im 1. Kapitel § 4, Abs. II.

[475] Hierzu ausführlicher im 3. Kapitel, § 1.

[476] *Krome* (Eisenbahnen, ZfB 9, 1956, S. 312 ff. [S. 314]) macht diesen Vorschlag. Er führt zutreffend aus, daß die Eisenbahnen der öffentlichen Binnenhäfen, ihrem Wesen nach, dem Dienste der Allgemeinheit zur Erfüllung wichtiger wirtschaftlicher Verkehrsaufgaben gewidmet sind. Überdies könne hierdurch eine wünschenswerte Abgrenzung von den tatsächlich privaten Bahnen privater Häfen durchgeführt werden.

[477] Ebd., S. 314.

zwang auch nach dem geschriebenen Recht nachkommen müßten. Insbesondere würde dadurch die Hafenbahn nicht mehr in der Nähe der sogenannten „Privatgleisanschlüsse“ angesiedelt sein[478]. Im Gegensatz zu diesen geht es bei den Hafenbahnen nicht um die Verwirklichung eines privatnützigen Interesses, sondern um die Teilnahme an einer öffentlichen Verkehrsleistung[479].

F. Die Haftung beim Hafenbetrieb

a) Die Haftung über §§ 823, 831, bzw. 89, 31 BGB

Die Eisenbahn gehört zu den gefährdungsträchtigen Anlagen im Hafen, neben den Umschlagseinrichtungen an der Kaimauer. In der überkommenen Auffassung gilt sowohl der Eisenbahnbetrieb des Hafens als auch dessen Gesamttätigkeit als gemischtwirtschaftlich oder gemeinwirtschaftlich[480]. Bei dieser privatrechtlichen Betrachtungsweise erfolgt die Haftung des Hafenträgers nach bürgerlichem Recht. Die Haftung des Hafens wird häufig in den allgemeinen Benutzungsbedingungen herabgemindert oder für Teilbereiche ausgeschlossen[481]. Dabei ist es der Regelfall, daß eine Exkulpation der Anlieger über § 831 BGB zu Lasten des Hafens ausgeschlossen, also der Nachweis ausreichender Aufsicht und Auswahl der Hilfspersonen durch die Anlieger nicht möglich ist. Weiterhin werden die Anlieger häufig verpflichtet, den Hafen von der Haftpflicht als Eigentümer der Grundstücke freizustellen. So verständlich eine Abschirmung der Hafenverwaltung vor Haftungsrisiken in der Praxis sein mag, so bedenklich erscheint dies unter dem Blickwinkel von Art. 19 Abs. IV des Grundgesetzes. Es kann nicht zulässig sein, daß sich ein öffentlich-rechtlicher Träger des Hafens durch den „Formenmißbrauch“ als privatrechtliche Kapitalgesellschaft oder als „privatrechtliches“ Sondervermögen öffentlich-rechtlichen Haftungsgrundsätzen entzieht[482]. Allerdings hat eine Zuordnung zur öffentlich-rechtlichen Haftung

---

[478] Zutreffend *Giese*, Archiv für Eisenbahnwesen 1932, S. 297 ff. und 605 ff. (S. 321).

[479] Ebenda. *Kirschke* (Binnenhäfen, ZfB 6, 1959 [Sonderdruck], S. 11) bemerkt zu Recht, daß die Eisenbahnen öffentlicher Häfen ohne Rücksicht auf ihren formalen Rechtsstatus ebenso wie die Bundesbahn jedermann unbeschränkt zugänglich sind und dem für alle öffentlichen Verkehrsmittel geltenden Beförderungszwang unterliegen.

[480] Vgl. oben E und 1. Kapitel, § 2.

[481] Hierzu oben C, b.

[482] Vgl. *Obermayer* (Verwaltungsrecht, S. 2) zu der Frage des Gebrauches privatrechtlicher Formen für öffentlich-rechtliche Belange. *Pestalozza* (S. 184) meint zutreffend, daß der „maskierte Staat“ einen „Ausschluß privatrechtlicher Haftungsbeschränkungen“ hinnehmen müsse. Ähnlich *Böckstiegel* (S. 12) zum „Durchgriff auf den Staat“ in Formen des Privatrechts.

wiederum das Dilemma des geltenden Amtshaftungsrechtes zur Folge, das als unglücklicher Endpunkt der römisch-rechtlichen Mandatstheorie eine dogmatisch wenig überzeugende Lösung anbietet[483]. Soweit es sich bei dem Hafen um einen Eigenbetrieb handelt, ist die Haftung der Gemeinde auch nach zivilrechtlichen Grundsätzen vergleichsweise unproblematisch[484]. Auf dem Boden der Auffassung vom Hafen als privatrechtlich auftretender Unternehmung erscheint die Annahme einer zivilrechtlichen Haftung konsequent. Schwer einsehbar ist hingegen die Rechtsauffassung des OLG Köln[485], das zwar bei einem Hafenbenutzungsverhältnis öffentlich-rechtliche Beziehungen voraussetzt, dennoch den ordentlichen Rechtsweg für gegeben hält. Diese Rechtsauffassung widerspricht § 40 Abs. I VwGO. Insbesondere ist der Hinweis auf § 13 GVG verfehlt. Im Wortlaut dieser Vorschrift ist ausdrücklich der Vorbehalt anderweitiger verwaltungsrechtlicher Zuständigkeit aufgeführt. Es überzeugt auch nicht, mit gewohnheitsrechtlichen Erwägungen zu argumentieren[486], wenn die Rechtslage ohne Schwierigkeiten aus dem geschriebenen Recht zu entnehmen ist.

Problematisch wird die zivilrechtliche Haftung bei jenen Binnenhäfen, die als Aktiengesellschaften oder als Gesellschaften mit beschränkter Haftung organisiert sind. Es kann *dann* zur „Durchgriffshaftung" der öffentlichen Hand kommen, wenn alle Anteile der Gesellschaft konzentriert sind[487]. Diese Durchgriffshaftung beruht auf einer Erwägung der Billigkeit. Es soll bei der sogenannten „Einmann-Gesellschaft" nicht möglich sein, sich hinter der Haftungslimitierung einer gesellschaftlichen Rechtsform vor weiteren Risiken abzuschirmen. Für die Anwendung des Haftungsdurchgriffes allerdings ist erforderlich, daß „die Verwendung der Rechtsfigur der juristischen Person dem Zweck der Rechtsordnung

---

483 Dazu ausführlicher unten im 3. Kapitel (§ 2, Abs. II, 3).

484 *Zeiß* (S. 37): „Aus der Stellung des Eigenbetriebs als eines unselbständigen Teiles des Gemeindevermögens folgt, daß die Gemeinde Dritten für die Schulden des Eigenbetriebs unmittelbar und ohne Beschränkung auf sein Vermögen haftet, wie alle Gläubiger der Gemeinden sich an das Vermögen des Eigenbetriebs halten können, wenn die gesetzlichen Voraussetzungen einer Vollstreckung in das Gemeindevermögen vorlägen."

485 OLG Köln, VersR 1960, S. 43 ff.

486 OLG Köln, VersR 1960, S. 45.

487 *Emmerich* (S. 230), der sich gegen eine öffentlich-rechtliche Betrachtung privatrechtlich organisierter Leistungseinheiten der öffentlichen Verwaltung wendet, meint, daß die privatrechtlichen Regelungsmechanismen für die rechtliche Kontrolle ausreichen würden. Es bestünde kein Anlaß, diese Unternehmen dem öffentlichen Recht zu unterstellen. Vielmehr könne von einem „Vorrang des öffentlichen Rechts vor dem Privatrecht keine Rede sein" (S. 161). (Diese gesellschaftsrechtliche „Durchgriffshaftung" auf den einzigen Inhaber des Kapitals ist streng vom „Durchgriff" beim Formenfehlgebrauch zu trennen [siehe oben Fußnote 482].)

widerspricht"[488]. Allein deshalb, daß ein Beherrschungsverhältnis im Sinne einer Majorität am Kapital vorliegt, kann noch kein Haftungsdurchgriff auf die Gebietskörperschaft angenommen werden[489]. Da aber die regelmäßige Majorität im Kapital von Binnenhäfen wohl grundsätzlich nicht zum Zwecke des vorsätzlichen *Mißbrauchs* im Haftungsfall gebildet wurde, dürfte die zivilrechtliche Durchgriffshaftung fast immer ausscheiden[490].

Daraus kann ersehen werden, daß die Unternehmungen der öffentlichen Hand den Regelungsmechanismen des Zivilrechtes nicht überlassen werden können. Eine solche Haftung ist nicht nur dogmatisch unbefriedigend, sondern auch in der Praxis mit unbilligen Ergebnissen behaftet. Hätte man eine Durchgriffshaftung für Kapitalgesellschaften der öffentlichen Hand grundsätzlich bejahen können, dann wäre wenigstens im praktischen Resultat ein ähnlich lückenloser Rechtsschutz hergestellt gewesen, wie er durch Art. 19 Abs. IV GG i. V. m. § 40 Abs. I VwGO vom öffentlich-rechtlichen Blickwinkel her dogmatisch befriedigend begründbar ist.

b) Die Haftung der Anlieger

Die Haftung der Anlieger im Hafengebiet gegenüber dem Hafen erfolgt zu Recht nach bürgerlich-rechtlichen Grundsätzen. Die Haftung eines jeden Privatmannes kann gegenüber der öffentlichen Hand naturgemäß nicht dem öffentlichen Recht unterliegen. Die Haftung der Anlieger gegenüber Nutzungsberechtigten im Hafen hingegen kann sich, entgegen der bisherigen Ansicht, nicht nach privatrechtlichen Gesichtspunkten bemessen. Bestellt die Hafengesellschaft private Hilfspersonen, etwa zur Durchführung des Umschlagsbetriebes, wird sie damit nicht von ihrer öffentlich-rechtlichen Haftpflicht frei. Die öffentliche Hand kann sich von ihrer verfassungsrechtlichen Bindung — und dazu gehört Art. 19 Abs. IV des Grundgesetzes — nicht dadurch befreien, daß sie sich der Mithilfe von Privaten bedient[491]. Soweit also ein Schiffahrtstreibender durch einen Anlieger *im Rahmen der Hafenleistung* geschädigt wird, bleibt es damit bei der Haftung des *Verwaltungsträgers*[492].

Das Verhältnis des Hafens zu seinen Nutzern ist aber nicht nur von der Leistungsbeziehung geprägt, sondern diese erfordert ein Ordnungsrecht

---

[488] BGHZ 22, S. 226 ff. (Leitsatz).

[489] BGH, BB 1961, S. 988 ff. (S. 988).

[490] *Emmerich* (S. 231) hingegen meint, daß die Durchgriffshaftung einen ausreichenden *zivilrechtlichen* Schutz auch bei Eigengesellschaften der öffentlichen Hand bieten würde. Dennoch muß auch er die Durchgriffshaftung auf „Ausnahmefälle" einschränken.

[491] BVerfGE 10, S. 302 ff. (S. 327).

[492] Hierzu noch unten im 3. Kapitel (§ 2, Abs. III, 3).

im Hafen zur Sicherstellung des Verwaltungszweckes. Gleichzeitig wird hier die öffentlich-rechtliche Sachherrschaft des Verwaltungsträgers besonders deutlich, denn bei einem vorgeblich privatrechtlichen Unternehmen wären sicherheitsrechtliche Regelungen des öffentlichen Rechts weder erforderlich noch zulässig. Private Unternehmungen würden ihren Geschäftszweck nur durch bürgerlich-rechtliche Dispositionsbefugnisse garantieren können, nicht aber den Nutzungszweck durch eine „Polizeigewalt“ gesichert bekommen.

III. Das Sicherheitsrecht im Hafen

1. Die Hafenordnung

In fast allen öffentlichen Binnenhäfen in der Bundesrepublik besteht eine von einem Hoheitsträger erlassene öffentlich-rechtliche Hafenordnung. Diese Hafenordnung ist ein besonders anschauliches Indiz dafür, daß es sich bei den Binnenhäfen um öffentliche Sachen handelt. Es findet sich eine Parallele zur Preußischen Anstaltspolizei, was die Gewährleistung der Sachnutzungsbestimmung durch den Sachherrn betrifft. Hierbei geht es nicht in erster Linie um eine Analyse des umstrittenen „besonderen Gewaltverhältnisses“[493], sondern ein anderer Aspekt ist bestimmend: Durch die Hafenordnung wird der *Anstaltszweck* geschützt und aufrechterhalten. Im Interesse der Gesamtheit der Nutzungsberechtigten besteht ein gesteigertes Schutzrecht des Staates gegenüber sachfremden Einflüssen[494]. Diese Tatsache ist ein unverleugbares Anzeichen für den öffentlichen Sachstatus des Hafens. Wenn man einer Sachgemeinschaft durch öffentlich-rechtliche Satzung die Garantie eines Verwaltungszweckes gibt, so ist diese Sachgemeinschaft damit unter die Herrschaftsgewalt des Staates gestellt — es liegt also eine öffentlich-rechtliche Sachherrschaft vor[495]. Hierdurch soll nicht etwa die Einzwängung des Hafens in den überkommenen Anstaltsbegriff vorgenommen, sondern aufgezeigt werden, daß die spezifische Sachnutzungsbestimmung vom

[493] Ausführlich *Merk* (S. 1368 ff.), der auch im aktuellen Verwaltungsrecht noch das besondere Gewaltverhältnis durch die Anstaltsgewalt Anwendung finden lassen will. Dieser Rechtsansicht dürfte nach zeitgerechtem Verfassungsverständnis nicht mehr zu folgen sein. Der mit dem „status activus“ ausgestattete Bürger kann nicht zum Anstaltsinternum minderer Rechtsstellung degradiert werden.

[494] Vgl. *Otto Mayer* (Verwaltungsrecht I, 2. Aufl., S. 223, Fußnote 3): „Es handelt sich dabei um den Selbstschutz des Staates in seiner öffentlichen Verwaltung, während der Staat als Fiskus den polizeilichen Schutz nicht anders genießt wie ein einzelner für seinen Lebenskreis.“

[495] Dieser Aspekt wurde bereits von *Fleiner* (S. 332) zutreffend erkannt. „Den Ausgangspunkt bildet der Schutz der in der einzelnen öffentlichen Anstalt verkörperten besonderen öffentlichen Interessen: Von dessen Geltendmachung durch den Anstaltsbetrieb sind Störungen abzuwehren.“

öffentlichen Sachherrn durch verwaltungsrechtliche Bindungen (Satzung) gesichert wird. Es muß sich demnach um ein öffentlich-rechtliches Nutzungsverhältnis an einer öffentlichen Sache handeln[496]. Ein tatsächlich privatrechtliches Vertragsverhältnis wäre privatrechtlichen Regelungsmechanismen vorbehalten, von staatlichen Aufsichts- und Kontrollbefugnissen abgesehen. Wieweit im einzelnen die widmungsgemäße Nutzung des Hafens gewährleistet wird, ist im nachfolgenden auszuführen.

A. Die Zuständigkeiten für den Erlaß der Hafenordnungen in Ländern und Gemeinden

Teilweise bestehen landeseinheitliche Hafenpolizeiverordnungen, wie in Nordrhein-Westfalen[497], in Rheinland-Pfalz[498] oder in Niedersachsen[499]. Soweit solche landeseinheitlichen Rahmenverordnungen vorliegen, besteht notwendigerweise eine spezielle Ermächtigung hierzu[500]. Im Rahmen dieser allgemeinen Hafenordnungen der Länder sind dann jeweils wiederum Ermächtigungen für den Erlaß von Satzungen vorgesehen, die den örtlichen Verhältnissen angepaßt werden können[501]. Teilweise fehlt es auch an landeseinheitlichen Regelungen, wie etwa in Bayern. Hier ist zu beachten, daß die Hafenordnungen jeweils individuell von den Kreisverwaltungsbehörden erlassen werden, die Ermächtigung er-

---

[496] *Ders.* kommt mit ähnlichen Erwägungen (S. 338) zu der Auffassung, daß es sich generell bei dem Anstaltsverhältnis nur um ein öffentlich-rechtliches Nutzungsverhältnis handeln könne.

[497] Die Allgemeine Hafenverordnung (GV. NW. 1963, S. 209).

[498] Die Landespolizeiverordnung für Häfen im Lande Rheinland-Pfalz (GVBl. 1964, S. 77 mit Änderungen, zuletzt die zweite Landespolizeiverordnung zur Änderung der Landespolizeiverordnung für Häfen im Lande Rheinland-Pfalz vom 31. 8. 1971).

[499] Allgemeine Hafenordnung (GVBl. 1967, S. 23).

[500] Etwa in Nordrhein-Westfalen auf Grund des § 35 Abs. IV des Landeswassergesetzes vom 22. Mai 1960 (GV. NW., S. 235), der §§ 66 Abs. II, 73 Abs. I des Gesetzes über Ordnungswidrigkeiten vom 25. März 1953 (BGBl. I, S. 177) und des § 29 des Ordnungsbehördengesetzes vom 16. Okt. 1956 (GS. NW., S. 155); oder in Niedersachsen auf Grund der §§ 1, 15 und 18 Abs. I des Gesetzes über die öffentliche Sicherheit und Ordnung vom 21. März 1951 (GVBl. Sb. I, S. 89) und des § 13 Abs. II des Gesetzes zur Verhütung und Bekämpfung übertragbarer Krankheiten bei Menschen — Bundesseuchengesetz vom 18. Juli 1961 (BGBl. I, S. 1012).

[501] Etwa die Verordnung über die öffentliche Sicherheit und Ordnung in den Häfen des Verwaltungsbezirks Braunschweig, die wiederum auf den §§ 1 Abs. IV, 12 Abs. II und 57 der Allgemeinen Hafenordnung des Landes Niedersachsen basiert (unter Hinzuziehung der §§ 1, 15 und 17 des Gesetzes über die öffentliche Sicherheit und Ordnung vom 21. 3. 1951 (Niedersächsisches GVBl. Sb. I, S. 89]); ähnlich in Nordrhein-Westfalen, wo § 53 der Allgemeinen Hafenverordnung ausführt: „Die Regierungspräsidenten erlassen, soweit es die örtlichen Verhältnisse erfordern, im Rahmen des § 35 Abs. III LWG weitere Vorschriften."

gibt sich dann aus dem Wassergesetz[502]. Insoweit entspricht dieser Rechtszustand jenem in den Bundesländern, die landeseinheitliche Verordnungen haben, da auch hier die örtlichen Satzungen im Zuständigkeitsbereich der Kreisverwaltungsbehörde liegen.

Wenn also etwa in Bayern eine Stadt die Hafenordnung als „Gemeindeverordnung" erläßt[503], so liegt hier dennoch keine Satzung im Rahmen des gemeindlichen Selbstverwaltungsrechts vor. Es handelt sich um die Wahrnehmung der Aufgaben der kreisfreien Gemeinden im übertragenen Wirkungsbereich, die sonst der Kreisverwaltungsbehörde obliegen[504]. Weiterhin besteht die Möglichkeit, daß ein Binnenhafen, wie er als Gegenstand dieser Untersuchung vorliegt, und ein Schutzhafen nach § 1 Abs. IV Nr. 1 Bundeswasserstraßengesetz eine räumliche, tatsächliche Einheit bilden. Der eine Hafen steht nicht in der Kompetenz der Bundeswasserstraßenverwaltung, der andere ist hingegen kraft Gesetzes der Bundeswasserstraße angehörig und teilt deren rechtliches Schicksal[505].

In solchen Fällen wird zweckmäßigerweise von den jeweils zuständigen Hoheitsträgern wegen der technischen Zusammengehörigkeit eine gemeinsame gleichlautende Hafenverordnung erlassen[506]. Rechtlich handelt es sich um unabhängig voneinander bestehende Verordnungen verschiedener Hoheitsträger, die aus Zweckmäßigkeitserwägungen koordiniert wurden.

Nachdem die Überzahl der modernen Wassergesetze der Länder auf einen Mustergesetzentwurf der wasserrechtlichen Arbeitsgemeinschaft der Länder zurückgeht, ähneln sich die Verhältnisse, wie sie für einige Bundesländer aufgezeigt wurden, in grundsätzlicher Weise.

---

[502] Vgl. Art. 60 und Art. 75 Abs. I des Bayerischen Wassergesetzes (GVBl. 1971, S. 41).

[503] Etwa die Gemeindeverordnung der Stadt Passau über die Benutzung der Hafenanlagen in der Stadt Passau (Racklauhafen) vom 19. Mai 1969, Amtsblatt der Stadt Passau und des Landkreises Passau vom 6. August 1969, Nr. 18, S. 49.

[504] Vgl. Art. 9 Abs. I der Gemeindeordnung für den Freistaat Bayern (GVBl. S. 349, Ber. S. 419) vom 22. Aug. 1972, wo die kreisfreien Gemeinden insofern als Kreisverwaltungsbehörden tätig sind.

[505] So steht in Regensburg der überwiegende Teil der Hafenanlagen unter der Verwaltung des Freistaates Bayern, ein kleinerer Teil aber (der Hafen Regensburg-Kreuzhof) ist als Schutzhafen in der Zuständigkeit der Bundesrepublik Deutschland.

[506] Im oben (Fußnote 505) angegebenen Fall: Die Regierung der Oberpfalz auf Grund der Art. 60 und 75 Abs. III S. 1 des Bayerischen Wassergesetzes vom 26. Juli 1962 (GVBl. S. 143) und die Wasser- und Schiffahrtsdirektion Regensburg auf Grund des § 3 Abs. I Nr. 1 des Gesetzes über die Aufgaben des Bundes auf dem Gebiet der Binnenschiffahrt vom 15. Febr. 1956 (BGBl. II, S. 317, zuletzt geändert am 6. Juli 1966, BGBl. II, S. 560). In der Verordnung wird das gemeinsame Geltungsgebiet genau umrissen (hier durch präzise Beschreibung der Grenzen in § 38).

B. Der Regelungsgegenstand der Hafenordnungen

Normadressat der Hafenordnung ist jeder, der sich im Hafenbereich aufhält. Soweit es sich um Wasserfahrzeuge handelt, ist das der verantwortliche Führer[507]. Der Geltungsbereich der Hafenordnung beschränkt sich nicht auf die Wasserfläche, sondern schließt auch jene Gebiete ein, die notwendigerweise als Ufergrundstücke zum wasserseitigen Umschlag gehören. Deswegen ist erforderlich, daß in der Hafenordnung eine Bezugnahme auf die für den öffentlichen Straßenverkehr erlassenen Vorschriften enthalten ist[508].

Würde in der Hafenverordnung keine Bezugnahme auf die allgemeinen Straßengesetze erfolgen, dann müßte man entweder eigene Regeln aufstellen oder einen ungeordneten Betrieb in Kauf nehmen. Denn das Hafengebiet, das nicht der Wasserfläche angehört, ist gegenüber dem allgemeinen Straßengrund „exterritorial“. Daß Verkehrsvorschriften, die für die allgemeinen Straßen erlassen worden sind, auch für das „trockene“ Hafengebiet Anwendung finden, ist weiterhin ein verwendbares Indiz für den öffentlichen Sachstatus der öffentlichen Binnenhäfen. In beiden Fällen handelt es sich um öffentliche Sachen zur Darreichung einer Verwaltungsleistung.

Darüber hinaus sind die Regelungsgegenstände in den Rahmenverordnungen wie auch in den örtlichen Hafenverordnungen so vielfältig, daß sie nicht generalisiert dargestellt werden können. Es sei nur hingewiesen auf die wichtigsten Gruppen, nämlich die Festlegung der Hafenbehörde[509], die Stellung der Dienstkräfte, die Zulassung zum Hafengebiet und letztlich die Aufrechterhaltung des Hafenverkehrs.

a) Die Hafenbehörde

Die Stellung und Zuständigkeit der Hafenbehörde richtet sich nach der Rechtsform des Hafens. Handelt es sich um einen gemeindlichen oder

---

[507] So zutreffend *Friesecke*, Häfen, ZfW 1962/63, S. 150 ff. (S. 151).

[508] Etwa in § 38 Abs. III der Allgemeinen Hafenverordnung des Landes Nordrhein-Westfalen. Unnötig ist es dabei, weil eine Präzisierungsmöglichkeit fehlt, den Geltungsbereich der öffentlichen Straßenverkehrsgesetze auf die „dem *öffentlichen* Verkehr dienenden Straßen im Hafen“ zu beschränken, wie das die vorgenannte Vorschrift macht. Deswegen haben die Häfen, die von dem Vorbehalt des § 53 der Allgemeinen Hafenverordnung ausgehen, zusätzliche örtliche Hafenordnungen erlassen, in welchen die Geltung der allgemeinen Straßengesetze nicht eingeschränkt wird auf Teile des „trockenen“ Hafengebietes. z. B. in § 7 der Hafenverordnung Köln (ABl. Köln 1966, S. 329), § 4 der Hafenverordnung Krefeld (Abl. Reg. Ddf. 1967, S. 100), § 5 der Hafenverordnung Orsoy (Abl. Reg. Ddf. 1967, S. 200), § 5 der Hafenverordnung im Rhein-Ruhr-Hafen Mühlheim/Ruhr (Abl. Reg. Ddf. 1969, S. 185), § 6 der Hafenverordnung Essen (Abl. Reg. Ddf. 1970, S. 187).

[509] Vgl. oben 1. die Ausführungen zur „Anstaltspolizei“.

staatlichen Eigen- oder Regiebetrieb, dann ist die Hafenverwaltung regelmäßig mit der Hafenbehörde identisch[510]. Soweit der Hafen als Betriebsgesellschaft des Zivilrechts (also Aktiengesellschaft oder Gesellschaft mit beschränkter Haftung) auftritt, besteht neben der Hafenverwaltung, also dem Direktorium der Gesellschaft, noch ein öffentlichrechtliches Hafenamt. Hier ist die Parallele zur „Anstaltspolizei" besonders deutlich[511]. Genauso liegen die Verhältnisse auch dann, wenn nach dem „Heilbronner System" keine Gesamtbetriebsgesellschaft existiert, sondern von einem öffentlich-rechtlichen Hafenamt aus die sachgerechte Abwicklung des Hafenverkehrs durch mehrere Anlieger garantiert wird. Aufgabe der Hafenbehörde ist es, die Einhaltung der Hafenverordnung zu gewährleisten und für eine sachgerechte Nutzung zu sorgen. Sie hat auch die Stellung der Strom- und Schiffahrtspolizeibehörde, soweit der Hafen *nicht* Teil einer Bundeswasserstraße ist[512]. In manchen Häfen ist ein „Hafenkommissar" bestellt, der dann als Hafenbehörde tätig ist[513]. Wenn dies nach geschriebenem Recht vorgesehen ist, kann eine personelle Identität zwischen dem Leiter der Hafenbetriebsverwaltung und dem Hafenkommissar bestehen, auch wenn es sich um eine Gesellschaft des Privatrechts handelt. Dasselbe gilt für die Verwendung von anderen Dienstkräften der Hafenbetriebsverwaltung als Hilfspolizeibeamte[514]. Gerade diese Personengleichheit, auch bei einer majorisierten Gesellschaft des Privatrechts[515], zeigt deutlich, daß die Sachherrschaft der öffentlichen Hand über die öffentlichen Binnenhäfen gewährleistet ist. Die

---

[510] z. B. bei den Außenstellen der Bayerischen Landeshafenverwaltung, die als Regiebetrieb gilt: Bamberg (§ 37 der Hafenordnung), Regensburg (§ 39 der Hafenordnung bestimmt für den einen Teil des Hafens die Hafenverwaltung Regensburg, für den Schutzhafen Regensburg-Kreuzhof das Wasser- und Schiffahrtsamt Regensburg). Bei den gemeindlichen Eigenbetrieben ist etwa der Hafen Neuß zu nennen (§ 6 der Neußer Hafenordnung).

[511] So die städtische Hafenbehörde für die Häfen der Duisburg-Ruhrorter Häfen AG.

[512] Vgl. § 3 Abs. I der Allgemeinen Hafenverordnung des Landes Nordrhein-Westfalen: „Die Überwachung der Durchführung dieser Verordnung obliegt der Hafenbehörde als Ordnungsbehörde. Sie nimmt dabei auch die Aufgaben und Befugnisse wahr, die nach den in der Anlage zu § 2 Abs. I genannten Vorschriften der Strom- und Schiffahrtspolizei obliegen; dies gilt jedoch nicht in Hafengebieten, die Teile einer Bundeswasserstraße sind ..."

[513] Vgl. § 3 Abs. II der Allgemeinen Hafenverordnung für das Land Nordrhein-Westfalen. Einen Hafenkommissar haben die Häfen Andernach, Bingen, Koblenz, Mainz, Maximiliansau, Speyer, Trier, Vallendar, Wörth und Worms.

[514] In § 3 Abs. II der Allgemeinen Hafenverordnung für das Land Nordrhein-Westfalen ist ausgeführt: „... sollen zur Wahrnehmung der Aufgaben nach dieser Verordnung tunlichst Dienstkräfte der Hafenbetriebsverwaltung bestellen." In § 9 Abs. I dieser Verordnung werden die Dienstkräfte der Hafenbehörde im Rahmen ihrer Tätigkeit mit polizeilichen Befugnissen ausgestattet.

[515] Bei der Stadtwerke Koblenz GmbH (— Hafen- und Bahnbetriebe —) ist der Prokurist gleichzeitig staatlicher Hafenkommissar.

Bediensteten dieser Hafenbetriebsverwaltungen unterliegen gleichzeitig sicherheitsrechtlichen Bindungen in der Wahrnehmung ihrer Aufgaben als Hafenkommissar bzw. Hilfspolizeibeamte. Die Träger der Hafenpolizeigewalt sind dann zugleich Teile der allgemeinen inneren Verwaltung[516].

Die wesentlichsten Aufgaben der Hafenbehörde bestehen in der Regelung der Zulassung bzw. der Anmeldung zum Einlaufen in das Hafengebiet sowie in der Aufrechterhaltung eines geordneten Hafenverkehrs und einer funktionstüchtigen Umschlagstätigkeit.

b) Anmeldung und Zulassung zum Hafengebiet

In den Hafenordnungen ist in der Regel genau festgelegt, nach welchen Grundsätzen die Anmeldung und Zulassung zum Einfahren in das Hafengebiet zu geschehen hat. Die *Anmeldung* ist lediglich der deklaratorische Akt eines ansonsten erlaubnisfreien Einlaufens in das Hafengebiet. Die *Erlaubnis* zum Einlaufen in das Hafengebiet bzw. zur Benutzung der Anlegestellen ist hingegen bei einer denkbaren und möglichen besonderen Gefährdung durch das betreffende Schiff oder Wasserfahrzeug erforderlich[517]. Die Anmeldung der Schiffe erfolgt regelmäßig bei sogenannten „Schiffsmeldestellen“[518]. Die Anmeldung bzw. Zulassung zum Einfahren in das Hafengebiet folgt genauen normierten Voraussetzungen. Hier ist also eine „freie“ Entscheidung, wie im privaten Dienstleistungsgewerbe, nicht möglich. Damit entspricht diese Nutzungsordnung genau den Anforderungen, die bei öffentlichen Einrichtungen zu stellen sind[519]. Ebenso verhält es sich mit der Sicherstellung des geordneten Hafenverkehrs,

---

516 Wenn in diesem Zusammenhang von „Hafenpolizei“ die Rede ist, wird der materielle Polizeibegriff klassischer Prägung verwendet, eine eigenständige Hafenpolizei (wie etwa die Kriminalpolizei) im institutionellen Sinne gibt es nicht.

517 Beispielsweise ist in § 15 der Allgemeinen Hafenverordnung für das Land Nordrhein-Westfalen eine Erlaubnisbedürftigkeit vorgesehen bei Fahrzeugen, die brennen bzw. unter einem akuten Brandverdacht stehen, die Sprengstoffe, andere gefährliche Ladungen oder brennbare Flüssigkeiten bestimmter, genau definierter Konsistenz befördern oder die besonders durch ihre Bauart oder Abmessung den Hafenbetrieb gefährden oder behindern könnten (beispielsweise Docks, Landebrücken, Bootshäuser, Wohnboote, Bagger, Schwimmkräne, Rammen und ähnliches) oder die zum Verschrotten vorgesehen sind. Alle übrigen Fahrzeuge hingegen bedürfen zum Einfahren keiner Erlaubnis, sie sind nur meldepflichtig (§ 16 der Verordnung), wobei es auch noch hiervon Befreiungsmöglichkeiten gibt, etwa für Fahrgastschiffe, die nach festem Fahrplan verkehren, oder Fahrzeuge des öffentlichen Dienstes.

518 Vgl. die „allgemeinen Benutzungsbedingungen für die Anlagen der städtischen Hafenbetriebe Neuß“, 4.1.0.

519 Zutreffend hierzu *Ossenbühl* (DVBl. 1973, S. 289 ff. [S. 295]), der den Zulassungsanspruch nicht einmal an die Betätigung von *Verwaltungsermessen* geknüpft sehen will. Erst recht kommt dann keine „willkürliche“ Entscheidung nach privatrechtlicher Willensbetätigung in Betracht.

auch dieser erfolgt nach objektiven, präzise festgelegten Regeln des öffentlichen Rechts.

c) Die Aufrechterhaltung des Hafenverkehrs und des Umschlags

Eine zweite wichtige Aufgabe der Behörde ist es, die ordnungsgemäße Durchführung des Hafenverkehrs und der Umschlagstätigkeit zu gewährleisten. So sichert sie den Verwaltungszweck des Hafens. Die Generalklausel, die sich hierzu in fast allen Hafenordnungen vorfindet, erinnert stark an den Wortlaut von § 1 Abs. II der Straßenverkehrsordnung[520]. In den Hafenordnungen steht meist mit ähnlicher Formulierung: „Jeder hat sich im Hafen so zu verhalten, daß niemand gefährdet, geschädigt oder mehr als nach den Umständen unvermeidbar behindert wird[521].“ Hierher gehört die regelmäßig vorgesehene Befugnis der Hafenbehörde, den Wasserfahrzeugen bestimmte Liegeplätze zuzuweisen[522]. Weiterhin ist regelmäßig eine Ermächtigung zu Einzelsanktionen vorgesehen, insbesondere die Anordnung, daß das Fahrzeug auslaufen muß[523].

d) Strafvorschriften

Daraus, daß Hafenordnungen fast immer „bewehrt“ sind[524], folgt zwingend, daß die Aufrechterhaltung der spezifischen Sachnutzungsbestimmungen durch eine öffentlich-rechtliche Sachherrschaft gewährleistet wird: Sie wird mit Strafandrohung durchgesetzt. In Hafenordnungen können Strafbestimmungen ebenso wie in Gemeindesatzungen enthalten sein[525], da sie auch auf speziellen Ermächtigungen des Landesgesetzgebers beruhen. Allerdings ist auch hier dem in Art. 103 Abs. II GG enthaltenen Bestimmtheitsgebot zu entsprechen[526].

---

[520] Dieser lautet: „Jeder Verkehrsteilnehmer hat sich so zu verhalten, daß kein anderer geschädigt, gefährdet oder mehr, als nach den Umständen unvermeidbar, behindert oder belästigt wird.“

[521] Beispielsweise § 6 der Verordnung für die Häfen im Lande Niedersachsen. Im Wortlaut fast identisch ist auch § 7 der Allgemeinen Hafenverordnung des Landes Nordrhein-Westfalen.

[522] Vgl. § 13 der Hafenordnung für das Hafengebiet in Passau oder § 12 der Verordnung über die Benutzung der Hafenanlagen Bamberg.

[523] Diese Regelung ist sowohl in § 15 der Allgemeinen Hafenverordnung von Nordrhein-Westfalen generell vorgesehen, wie auch in den Hafenordnungen, die in Ergänzung zu dieser Allgemeinen Hafenverordnung erlassen wurden: In § 4 der Hafenverordnung Köln (ABl. Köln 1966, S. 329), § 4 der Hafenverordnung Wesseling/Godorf (Abl. Köln 1966, S. 321), § 3 der Hafenverordnung Krefeld (Abl. Reg. Ddf. 1967, S. 100), § 2 der Hafenverordnung Duisburg I (Abl. Reg. Ddf. 1970, S. 167).

[524] In allen Häfen, die eine öffentlich-rechtliche Hafenordnung haben, werden Verstöße gegen die Hafenordnung als Ordnungswidrigkeiten geahndet. Hier sei auf die schon angeführten Hafenordnungen verwiesen.

[525] Vgl. hierzu BVerfG, NJW 1972, S. 1856.

2. Das Verhältnis des Sicherheitsrechtes im Hafen zu den Zuständigkeiten auf den Bundeswasserstraßen

A. Die Bundeszuständigkeit für die Bundeswasserstraßen

Nach Art. 89 Abs. II GG erfolgt bei den Bundeswasserstraßen eine bundesunmittelbare Verwaltung. Als das Bundesverfassungsgericht das Gesetz zur Reinhaltung der Bundeswasserstraßen vom 17. 8. 1960[527] für nichtig erklärte, weil es gegen Art. 70 GG verstoße[528], hat es zu dem Ausmaß der Gesetzgebungszuständigkeit nach Art. 74 Nr. 21 GG und der Verwaltungszuständigkeit nach Art. 89 Abs. II, III GG Stellung bezogen. Darnach sind beide Kompetenzen auf die Funktion als *Wasserstraße* beschränkt[529]. Nach der Systematik des Grundgesetzes stellt die Gesetzgebungskompetenz des Bundes die äußerste Grenze seiner Verwaltungsbefugnisse dar[530]. Dabei ist Art. 87 GG eine „andere Regelung" im Sinne von Art. 30 GG[531]. Das bedeutet, daß die Gesetzgebungskompetenz und die Verwaltungskompetenz des Bundes eine „Rumpfzuständigkeit" ist, die im wesentlichen auf den Ausbau und Neubau der Binnenwasserstraßen sowie auf das allgemeine Sicherheitsrecht beschränkt ist. Probleme der Wasserwirtschaft, als auch Gegenstände des institutionellen Polizeirechts, bleiben wegen Art. 30 GG den Ländern vorbehalten. Diese *Teilzuständigkeit* des Bundes hat wesentlich dazu beigetragen, daß man zumindest auf dem Gebiet der polizeilichen Aufgabenwahrnehmung an den Bundeswasserstraßen keine eigenen Vollzugsbeamten eingesetzt hat. So

---

526 Dies ist nach der Auffassung des Bundesverfassungsgerichts (a.a.O.) nur dann der Fall, „wenn schon aus der Ermächtigung die Grenzen der Strafbarkeit sowie Art und Höchstmaß der Strafe für den Bürger voraussehbar sind". Bei den Landeswassergesetzen als regelmäßiger Rechtsgrundlage ist das gegeben, etwa in Art. 95 Abs. I Ziff. 3 i des Bayerischen Wassergesetzes, wo auf die Ermächtigungsgrundlage in Art. 60 des Gesetzes Bezug genommen wird, der Hafenordnungen vorsieht. Zuwiderhandlungen gegen solche Verordnungen sind schon hier mit genauer Strafandrohung versehen.

527 BGBl. II, S. 2125.

528 BVerfGE 15, S. 1 ff. (S. 1).

529 BVerfG (a.a.O.): „Die Gesetzgebungszuständigkeit des Bundes für die Seewasserstraßen und die dem allgemeinen Verkehr dienenden Binnenwasserstraßen nach Art. 74 Nr. 21 GG rechtfertigt nur Regelungen, die sich auf die Wasserstraßen als Verkehrswege beziehen." Bei der Verwaltung sei zwar auf die Bedürfnisse der Wasserwirtschaft Rücksicht zu nehmen (S. 10), doch räumt das keine Kompetenz auch auf diesem Gebiet ein. „... mit Bezug auf die Wasserstraßen läßt sich entnehmen, daß das Grundgesetz zwischen der Verkehrsfunktion eines Gewässers und der wasserwirtschaftlichen Funktion einer Wasserstraße unterscheidet."

530 BVerfGE 12, S. 205 ff. (S. 205).

531 BVerfG (a.a.O. [S. 206]): „Art. 30 GG gilt sowohl für die gesetzesakzessorische wie für die ‚gesetzesfreie' Erfüllung öffentlicher Aufgaben. Der VIII. Abschnitt des Grundgesetzes trifft sowohl für die gesetzesakzessorische wie für die ‚gesetzesfreie' Verwaltung ‚andere Regelungen' im Sinne von Art. 30 GG."

sieht § 1 Abs. I Nr. 2 des Gesetzes über die Aufgaben des Bundes auf dem Gebiet der Binnenschiffahrt[532] vor, daß die schiffahrtspolizeilichen Vollzugsaufgaben den Ländern übertragen werden.

B. Die Vereinbarung zur Übertragung der polizeilichen Aufgaben des Bundes auf die Länder

Mit der „Vereinbarung über die Ausübung der schiffahrtspolizeilichen Vollzugsaufgaben“[533] sind alle jene sicherheitsrechtlichen Vollzugsaufgaben den Ländern übertragen worden, die ansonsten der Bundeswasserstraßenverwaltung nach den beschriebenen Grundsätzen zustehen würden. Neben diesem Bereich, also der Wahrnehmung allgemeiner, ordnungsbehördlicher Zuständigkeiten, haben die Länder ohnehin schon nach Art. 30 GG im Rahmen der jeweiligen Polizeigesetze die Aufgaben der Polizei im institutionellen Sinn. Als schiffahrtspolizeiliche Vollzugsaufgaben gelten nach § 1 der Vereinbarung grundsätzlich die Gefahrenabwehr für den Schiffsverkehr, die „Einhaltung der der Sicherheit und Leichtigkeit des Schiffsverkehrs dienenden Vorschriften“ und schließlich die Überprüfung der Schiffspapiere und Befähigungsnachweise der Schiffsführer und Mannschaften. Nach § 2 der Vereinbarung werden diese Aufgaben durch Polizeikräfte des Landes ausgeübt. Hierbei ist den Behörden der Wasser- und Schiffahrtsverwaltung nach § 5 den Polizeidienststellen des Landes gegenüber im Rahmen der schiffahrtspolizeilichen Vollzugsaufgaben die Befugnis eingeräumt, Ermittlungs- und Vollzugsaufträge zu erteilen. In diesem Rahmen übernimmt der Bund dann auch (§ 9) die auf ihn entfallenden Haftungsansprüche Dritter nach Art. 34 GG.

Soweit aus Gründen der Praktikabilität auch zwischen einzelnen Bundesländern in Grenzgebieten Verwaltungsabkommen zur Wahrnehmung der wasserschutzpolizeilichen Aufgaben getroffen wurden, ändert das an der Haftungsverteilung zwischen dem Bund und dem ausführenden Land nichts. Lediglich im „Innenverhältnis“ werden die beteiligten Länder für den Ausgleich sorgen[534].

---

[532] Vom 15. Febr. 1956 (BGBl. II, S. 317; BGBl. III 9500 - 1), geändert am 14. April 1971 (BGBl. I, S. 345). Die Vorschrift hat folgenden Wortlaut erhalten: „Dem Bund obliegen auf dem Gebiet der Binnenschiffahrt ... die Abwehr von Gefahren für die Sicherheit und Leichtigkeit des Verkehrs sowie die Verhütung von der Schiffahrt ausgehender Gefahren (Schiffahrtspolizei) auf den Bundeswasserstraßen; die schiffahrtspolizeilichen Vollzugsaufgaben nach Maßgabe einer mit den Ländern zu schließenden Vereinbarung, ...“

[533] Das Abkommen ist mit allen betroffenen Ländern gleichlautend geschlossen worden (z. B. Nordrhein-Westfalen: GV. NW. 1957, S. 225).

[534] In Art. VI des „Verwaltungsabkommens zwischen dem Land Baden-Württemberg und dem Freistaat Bayern über die Wahrnehmung der wasserschutzpolizeilichen Aufgaben auf dem Main vom 1. Jan. 1958“ (I C 1 — 2332/

C. Die Aufspaltung in den Weisungsbefugnissen und die Stellung der Wasser- und Schiffahrtsdirektionen

Die oben beschriebene Regelung bedeutet, daß die Wasser- und Schiffahrtsbehörden des Bundes, in dem Umfang der unmittelbaren Verwaltungskompetenz nach Art. 89 GG, auch ihre Weisungsbefugnisse ausüben können. Die Strom- und Schiffahrtspolizeigewalt, die ein „besonderes Sachgebiet der inneren Verwaltung“[535] darstellt, ist Verwaltungspolizei im herkömmlichen Sinne. Die Weisungsbefugnis der Wasser- und Schiffahrtsbehörden deckt sich mit dieser Polizeigewalt. Die allgemeine Polizeihoheit der Länder wird dadurch nicht berührt, denn die Länder haben selbst keine Schiffahrtspolizeihoheit[536]. Diese Aufspaltung in den Weisungsbefugnissen gegenüber der Wasserschutzpolizei hat zur Folge, daß Sicherheitspolizei einerseits und Ordnungspolizei andererseits für die Wasserschutzpolizei keine Gegensätze darstellen, sondern es handelt sich um „Komplementärbegriffe“[537]. Die Wasserschutzpolizei ist lediglich ein technisch ausgegliederter Teil der *institutionellen* Polizei des betreffenden Landes, ihr obliegen also im Rahmen der jeweiligen Polizeigesetze die üblichen kriminalpräventorischen und verbrechensverfolgenden Aufgaben. Hinzu kommen dann die *ordnungspolizeilichen* Weisungsbefugnisse der Wasser- und Schiffahrtsbehörden im Rahmen der Verwaltungskompetenz des Bundes.

D. Das Verhältnis der sicherheitspolizeilichen und verwaltungspolizeilichen Zuständigkeiten zu jenen im Binnenhafen

Da die Hafenpolizei Verwaltungspolizei im Sinne des materiellen Polizeibegriffes ist[538], können sich Kompetenzkonflikte ohnehin nur dort ergeben, wo die Wasserschutzpolizei unter der Weisung der Wasser- und Schiffahrtsverwaltung des Bundes als Verwaltungspolizei tätig ist. Soweit die Wahrnehmung der üblichen sicherheitspolizeilichen Befugnisse ansteht, unterliegt der Hafen der institutionellen Polizeigewalt als Teil des Territoriums des Landes. Ebenso verhält es sich mit den Belangen der allgemeinen Verwaltung, wenn es nicht um spezifische Tatbestände des *Hafenrechts* geht. Daher hat die „Hafenpolizei“ innerhalb des Hafen-

---

3-1 f. Bayern) stellt das Land Baden-Württemberg den Freistaat Bayern im Rahmen der übertragenen Befugnisse von allen öffentlich-rechtlichen Ersatzansprüchen Dritter frei, vorbehaltlich des Beamtenregresses.

[535] *Bergdolt,* S. 69.

[536] Zutreffend *Mintzel,* Anm. 1 zu § 24 (S. 126).

[537] So formuliert von *Bergdolt* (S. 13).

[538] *Bergdolt* (S. 79) meint hierzu, daß sich das „aus dem Begriff als polizeiliche Fürsorge für den Hafenbetrieb ergibt“.

gebietes keine Allzuständigkeit[539], sondern die Zuständigkeit ist auf den Bereich der typischen hafenpolizeilichen Aufgaben im materiellen Sinn beschränkt[540]. Wenn nach dem jeweiligen Landesrecht noch *kommunale* Sicherheitspolizeien möglich sind, besteht in den Häfen die sicherheitspolizeiliche Zuständigkeit der Gemeindepolizei, falls sich das Hafengebiet auf dem Gebiet der jeweiligen Selbstverwaltungskörperschaft befindet[541].

Zur weiteren Abgrenzung der Hafenpolizei als Verwaltungspolizei von der Strompolizeigewalt des Bundes im Rahmen von § 24 Abs. I Bundeswasserstraßengesetz ist die Regelung des § 24 Abs. III des Gesetzes nicht in jedem Falle geeignet, eindeutige Rechtslagen herbeizuführen. Soweit es sich um einen Hafen handelt, der als Stichhafen oder aus anderen Gründen nicht in die Bundeswasserstraße einbezogen ist, grenzen sich die jeweiligen verwaltungspolizeilichen Zuständigkeiten nach dem Territorium ab[542]. Schwierigkeiten bringt die Regelung des § 24 Abs. III, daß die Zuständigkeiten der Hafenpolizei unberührt bleiben, nur dort, wo es sich um einen Längs- oder Parallelhafen im Sinne von § 45 Abs. IV i. V. m. § 3 Abs. I Bundeswasserstraßengesetz handelt[543]. In diesen Fällen besteht eine verwaltungspolizeiliche Zuständigkeit sowohl von seiten der Hafenbehörde wie auch der Wasser- und Schiffahrtsverwaltung des Bundes. Diese übt ihre Strompolizeigewalt über die Weisungsbefugnis an die Wasserschutzpolizei im Sinne von § 24 Abs. I Bundeswasserstraßengesetz aus. Demnach überlagern sich die Zuständigkeiten zweier Polizeibehörden, welche die gleiche Materie betreffen. Die Hafenpolizei aber ist in ihren Aufgaben auf die Gewährleistung und Überwachung von

---

[539] *Dies.*, S. 78.

[540] Es können von der „Hafenpolizei" also weder Verbrechen verfolgt werden (dies gehört zur institutionellen Polizei), noch eine Abwasserverschmutzung reguliert werden (Zuständigkeit der Fachbehörde der allgemeinen Verwaltung).

[541] Die Entwicklung zeigt, daß in den Bundesländern die Gemeindepolizeien nach und nach aufgelöst werden und die Aufgaben den Landespolizeien übertragen werden. (Vgl. etwa in Bayern Art. 6 Abs. II des Polizeiorganisationsgesetzes [i. d. F. v. 7. 9. 1972, GVBl. S. 425], wo die Übertragung der polizeilichen Aufgaben vorgesehen ist.) Soweit noch Gemeindepolizeien bestehen, ist es der Regelfall, daß durch Vereinbarung mit der Wasserschutzpolizei die sicherheitspolizeilichen Aufgaben im Binnenhafen wegen der erforderlichen fachtypischen Ausrüstung und Ausbildung zweckmäßigerweise von der letzteren wahrgenommen werden. Beispielsweise besteht in Bayern die Möglichkeit, daß die örtliche Polizei nach Art. 6 Abs. IV b des Polizeiorganisationsgesetzes beim Staatsministerium des Innern den Antrag stellt, daß der örtliche Verkehr mit Wasserfahrzeugen auf den Binnengewässern einschließlich der Gewässer in den Häfen von der Wasserschutzpolizei überwacht wird. Dabei ist „dem Antrag stattzugeben, wenn nicht zwingende Gründe entgegenstehen".

[542] Vgl. hierzu oben in § 1, Abs. I, 1, was die Schwierigkeiten der abstrakten Festlegung des Hafengebietes betrifft.

[543] Oben § 1, Abs. I, 1 A.

hafentypischen Geschehnisabläufen ausgerichtet[544]. Es folgt hieraus, daß sich bei einem Kompetenzkonflikt die verwaltungspolizeilichen Aufgaben der Hafenbehörde nur auf jene Gegenstände beziehen, die unmittelbar mit der Umschlagstätigkeit im Hafen, insbesondere mit der Hafenordnung, zusammenhängen[545]. Wenn die Hafenbehörde ihrer Aufgabe nachkommt, den Hafen mit seinen Einrichtungen gegen schädigende Eingriffe und Einwirkungen Dritter zu schützen[546], besteht diese Zuständigkeit grundsätzlich. Dies gilt auch, wenn das Hafengebiet Teil einer Bundeswasserstraße ist und die strompolizeiliche Zuständigkeit des Bundes im Sinne von § 24 Abs. I Bundeswasserstraßengesetz begründet ist[547].

Zusammenfassend läßt sich also sagen, daß bei *Stichhäfen,* sofern sie nicht Schutz-, Sicherheits- und Bauhäfen im Sinne von § 1 Abs. IV Nr. 1 Bundeswasserstraßengesetz sind[548], eine alleinige verwaltungspolizeiliche Zuständigkeit der Hafenbehörde vorliegt. Die sonstigen sicherheitspolizeilichen Befugnisse werden daneben von der Wasserschutzpolizei im Rahmen der Landespolizeigewalt wahrgenommen, von dem Sonderfall der kommunalen Polizeizuständigkeit abgesehen. Soweit es sich hingegen um *Längs-, Parallel-, Dreiecks- oder Trapezhäfen* handelt, die als Teile einer Bundeswasserstraße gelten, besteht die verwaltungspolizeiliche Zuständigkeit des Bundes im Sinne von § 24 Abs. I Bundeswasserstraßengesetz, neben jener der Hafenbehörde nach § 45 Abs. IV i. V. m. § 24 Abs. III Bundeswasserstraßengesetz. Dabei werden ebenfalls die sicherheitspolizeilichen Befugnisse von der Wasserschutzpolizei wahrgenommen. Hinsichtlich der verwaltungspolizeilichen Zuständigkeit bleibt dann die Kompetenz der Hafenbehörde auf die Belange im Rahmen des typischen Hafenumschlags begrenzt, während ansonsten die Zuständigkeit der Strompolizei nach § 24 Abs. I Bundeswasserstraßengesetz gegeben ist. Vollzugsorgan ist wiederum die Wasserschutzpolizei, in dem Rahmen der Weisungsbefugnis durch die Wasserstraßenverwaltung des Bundes.

---

[544] In ihrer „anstaltspolizeilichen“ Ausprägung zur Sicherstellung des Verwaltungszweckes.

[545] *Bergdolt* (S. 77) meint hierzu treffend, „... daß sich der Umfang ihrer polizeilichen Aufgaben nach Sinn und Zweck derAnstalt richtet“.

[546] Vgl. § 4 der Rheinland-Pfälzischen Hafenpolizeiverordnung vom 20. Apr. 1964 (GVBl. S. 77).

[547] *Friesecke* (Bundeswasserstraßengesetz, Anm. 22 zu § 24) ist zuzustimmen, daß in einem solchen Fall „die hafenaufsichtlichen Befugnisse von Hafenbehörden der Länder oder anderer Körperschaften ... somit von der Strompolizei des Bundes nicht verdrängt ...“ werden.

[548] Sie wurden schon im 1. Kapitel (vor § 1) von der weiteren Untersuchung ausgeschieden. Diese Häfen sind unselbständige, rechtlich den Bundeswasserstraßen vollständig angehörige Teilflächen (§ 1 Abs. IVWaStrG), die allenfalls eine gewisse *technische* Eigenständigkeit besitzen.

Gerade diese lückenlose Unterstellung eines jeden öffentlichen Binnenhafens unter die verwaltungspolizeiliche Zuständigkeit der Hafenbehörde, und gegebenenfalls der Strompolizeigewalt des Bundes, zeigt den öffentlichen Sachstatus besonders deutlich. Aus der Parallele zur Anstaltspolizei klassischer Prägung ist ersichtlich, daß über die öffentlichen Binnenhäfen die Sachherrschaft der öffentlichen Hand hinsichtlich der spezifischen Sachnutzungsbestimmung (Verkehrszweck) gesichert ist. Neben anderen Einflußnahmemöglichkeiten, wie der Mehrheitsbeteiligung der öffentlichen Hand oder der Bestimmungsgewalt durch die Gebührenhoheit des jeweiligen Landes, ist damit die widmungsgemäße Nutzung garantiert. Hierdurch fügen sich die Binnenhäfen in die Systematik des modernen Rechts der öffentlichen Sachen ein.

Drittes Kapitel

Die Einordnung der Binnenhäfen in das öffentliche Sachenrecht

§ 1. Der Sachstatus des öffentlichen Binnenhafens

I. Die Hafentätigkeit als öffentliche Aufgabe

Zur weiteren Einordnung der öffentlichen Binnenhäfen in das öffentliche Sachenrecht ist zunächst der Nachweis erforderlich, daß sich die Tätigkeit der Häfen auf einen öffentlich-rechtlichen Gegenstand bezieht. Die Sachherrschaft der öffentlichen Hand kann durch die Sicherstellung der Sachnutzungsbestimmung nur dann zur einwandfreien Definition als öffentliche Sache führen, wenn dem Hafen die Ausführung einer *öffentlichen* Aufgabe obliegt. Dies wird weniger der Versuch sein, die ewig junge Streitfrage des deutschen Verwaltungsrechtes nach dem Begriff des „Öffentlichen" erneut aufzuwerfen. Vielmehr soll der Tatsache Rechnung getragen werden, daß dem „geltenden deutschen Recht die Unterscheidung von öffentlichem und privatem Recht unbestreitbar innewohnt und in vielfacher Hinsicht juristische Relevanz besitzt"[549].

Es geht darum, daß die Schwierigkeiten bei der Unterscheidung von öffentlichem und privatem Recht nicht dazu führen dürfen, eine Trennung überhaupt als verfehlt darzustellen[550]. Die Rechtsfolgen der Zuordnung zum öffentlichen oder zum privaten Recht sind viel zu gravierend, als daß eine Nivellierung erfolgen dürfte[551]. Die Unterscheidung von öffentlichem und privatem Recht ist vom Grundsatz her schwierig und letztlich nie in jedem Einzelfalle mit hinreichender Sicherheit durchführbar, weil sie notwendig dialektisch ist. Das ist nicht nur von der

---

549 *Martens*, Wolfgang, Rechtsbegriff, S. 92. — Diese Zwangsläufigkeit der Unterscheidung ergibt sich aus dem öffentlichen Recht „als zwingendes Sonderrecht für den Staat", wie das *Pestalozza* (S. 172/173) richtig erkennt.

550 So zutreffend *Bullinger*, S. 9.

551 Ebd., S. 9. — Wenn *Bullinger* dann allerdings, von dieser richtigen Erkenntnis ausgehend, zu seinem System eines „differenzierten Gemeinrechts" (S. 81) gelangt, beseitigt er die Schwierigkeiten in den Grenzgebieten zwischen beiden Rechten nicht. Er ersetzt dieses Problem durch ein eher kasuistisch anmutendes System von individuellen Rechtsverhältnissen.

Wesensverschiedenheit beider Gebiete bestimmt, sondern es besteht zwangsläufig ein stetiger Antagonismus[552].

Es kann hier nicht das Wesen des „Öffentlichen“ generell und grundsätzlich definiert werden, sondern es ist der Begriff zu geben, der bei der Definition der Hafentätigkeit zugrundegelegt werden soll.

1. Der Begriff des „Öffentlichen“

Die in der Verwaltungsrechtswissenschaft zutage tretende Schwierigkeit, den Gegenstand des „Öffentlichen“ oder der „öffentlichen Aufgabe“ bzw. des „Staatlichen“ oder der „staatlichen Aufgabe“ festzulegen, ist besonders seit dem letzten Kriege evident. Da die allgemeine Verwaltung nach modernem Verständnis des demokratischen Rechtsstaates ihre Tätigkeit nicht überwiegend im hoheitlichen Eingriff, sondern in der Leistungsgewährung erblickt, kann die Verwendung von obrigkeitlichen Zwangsmitteln kein Kriterium mehr sein. Aus diesem Grunde besteht allenfalls Einigkeit darin, daß die wohl von Otto Mayer[553] entwickelte Lehre vom Subordinationsverhältnis als Maßstab des „Öffentlichen“, das hier noch mit dem „Staatlichen“ identisch war, nicht mehr in Betracht kommt[554].

---

[552] Die Erkenntnis dieses Sachverhalts trifft *Henke* (VVDStRL 28, 1970, S. 149 ff. [S. 149/150]) mit folgenden Worten: „Die Unterscheidung von öffentlichem und privatem Recht ist problematisch, und zwar seit so langer Zeit und in so tiefgreifender und widerstandsfähiger Weise, daß die Annahme naheliegt, es gehe nicht um Definition und Abgrenzung, sondern um eine innere Spannung zwischen zwei gegensätzlichen, tragenden Elementen unserer Rechtsordnung, die das immer neue Finden des Gleichgewichts und nicht die Festigung einer Grenze zur Aufgabe macht.“

[553] In der berühmt gewordenen Abhandlung von *Otto Mayer* zum öffentlichrechtlichen Vertrag (AöR 3, 1888, S. 1 ff. [S. 4]) findet sich der Satz: „In dem Verhältnis der Verwaltung zu den Unterthanen gibt es nur eine einzige eigenthümlich öffentlich-rechtliche Form staatlicher Einwirkungen; das ist der Befehl.“ Auf dem Boden des preußischen Obrigkeitsstaates war es konsequent, als alleiniges Moment staatlichen Handelns das Subordinationsverhältnis zu sehen.

[554] *Martens*, Wolfgang (Rechtsbegriff, S. 92/93) meint hierzu treffend, daß diese Auffassung nicht nur dem modernen Staatsverständnis widerspreche, sondern daß dieses System dogmatisch nicht mehr verwendbar ist: „Wo von Über- und Unterordnung stricto sensu keine Rede sein kann, muß man entweder den Begriff des Subjektionsverhältnisses denaturieren oder den Staat privatisieren. Zwischen diesen beiden Polen bewegen sich denn auch die Resultate der Anhänger der Subordinationstheorie.“

Krüger (S. 322) führt aus, daß „gerade der Staat der Gegenwart, der immer mehr nicht nur ordnet, sondern auch fördert, ... der Natur der Sache nach gar nicht umhin kann, sich einer reichen Skala von Mitteln zu bedienen, unter denen der Befehl zwar gewiß nicht fehlt, aber nicht mehr die beherrschende Rolle spielt ... Nicht daß befohlen, sondern was befohlen, hat man sowohl vom Standpunkt des Befehlenden wie des Gehorchenden immer als das Wesentliche anzusehen. Hiernach hat sich auch die Bestimmung des Unterschiedes zwi-

So begrüßenswert die Entwicklung ist, den obrigkeitlichen Befehl im Rahmen der Subordinations- oder der Subjektionstheorie nicht mehr als den ausschließlichen Parameter des staatlichen Handelns anzusehen, ging mit diesem Umstand zwangsläufig eine Aufweichung der Grenzen zwischen öffentlichem und staatlichem Handeln einher. Ist der Befehl nicht mehr ausschließlicher Aspekt juristischer Verbindlichkeit, bestehen große Schwierigkeiten, ein Handeln als „öffentlich" einzustufen, das sich außerhalb des Bereiches der hoheitlichen Betätigung bewegt. Dabei soll nicht verkannt werden, daß der Forsthoffsche Begriff der „Daseinsvorsorge" wesentlich dazu beigetragen hat, den positiven Wandel des Staatsverständnisses zu begünstigen. Zwar ist ohne Schwierigkeiten einsehbar, daß es bei der Daseinsvorsorge nicht mehr auf die öffentliche Fürsorge oder auf die Behebung akuter individueller Notlagen ankommt, sondern auf die standardisierte Gewährung von Leistungen im modernen Staat. Bei der jeweiligen konkreten Festlegung gelangt man jedoch wieder zu dem Problem, Daseinsvorsorge und lediglich gesteigerte Sozialadäquanz — also durchaus nicht zwangsläufig *staatliches* Handeln — abzugrenzen[555]. Mit dem Begriff der Daseinsvorsorge wird insbesondere unterstellt, daß man Leistungsverwaltung (also die Daseinsvorsorge) und „fiskalische" Erwerbswirtschaft des Staates (das wäre „privatrechtliche" Tätigkeit) scharf trennen könne. Es gibt keine Betätigung, „die gewissermaßen von Natur aus öffentliche Verwaltung ist"[556]. Hierin liegt die Schwäche der Lehre von den „originären Staatsaufgaben", denn eine klare Abgrenzung ist materiell nicht möglich. Letztlich führt sie zur Einbeziehung aller Tätigkeiten und Verhältnisse, die in irgendeinem Zusammenhang einer größeren Allgemeinheit zu dienen in der Lage sind[557]. Damit wird deutlich, daß „öffentliche Aufgaben" generell und materiell nicht abstrakt definiert werden können[558].

---

schen öffentlichem und privatem Recht zu richten. Es folgt hieraus, daß er nicht nach den Mitteln, sondern nach dem Sinn des in Frage stehenden Handelns zu bestimmen ist."

[555] *Scholz,* Rupert (S. 235 - 237) erkennt, daß das Erscheinungsbild solcher Tätigkeiten soziologlisch viel zu vielfältig ist, als daß mit dem Oberbegriff der Daseinsvorsorge etwas gewonnen werden könnte.

[556] *Rüfner,* S. 140.

[557] *Martens,* Wolfgang (Rechtsbegriff, S. 135): „Zu warnen ist insbesondere vor einem Mißbrauch des unerschöpflichen Füllhorns öffentlicher Aufgaben zwecks unberechtigter Publizierung der Privatrechtsordnung einerseits und verfassungswidriger Manipulierung der Grundrechtsordnung andererseits." Das wird nicht nur deutlich an den „öffentlichen Aufgaben" der Presse, sondern *Martens* prägt (S. 130) auch das Beispiel der geordneten Versorgung der Bevölkerung mit Arzneimitteln. Zwar sei das Apothekenwesen durch öffentlich-rechtliche Regelungen gesichert, doch dürfe deswegen das Grundrecht der Berufsfreiheit nicht eingeschränkt werden, da es sich nicht um staatliche Aufgaben handelt.

[558] *Mennacher,* S. 22.

Ein großer Teil der Schwierigkeiten resultiert daraus, daß „Öffentliches" und „Staatliches" bedenkenlos als Synonyma verwendet werden[559]. Aus dem viel zitierten Beispiel der „öffentlichen Aufgaben der Presse" und anderer wichtiger Funktionen der Gesellschaft[560], kann geschlossen werden, daß eine Reihe von öffentlichen Aufgaben — man denke auch an die Wohlfahrtsverbände — durch nicht-staatliche Stellen ausgeführt werden. Die Unsicherheit wird besonders deutlich, wo Rechtspersönlichkeiten des privaten Rechtes „öffentliche" Aufgaben wahrnehmen, die dann „staatliche" sein *können*, aber *nicht* sein *müssen*. Es kommt hier auf die tatsächlichen Gegebenheiten des jeweiligen Einzelfalles an[561]. Es kann daher die Frage, wieweit förmlich privatrechtlich auftretende Subjekte einen *öffentlich-rechtlichen* Status haben können, nicht aus der wenig ergiebigen Definition der Erfüllung „öffentlicher Aufgaben" heraus definiert werden. Das gilt auch, wenn beides im konkreten Falle zusammentreffen mag. Hingegen kommt es darauf an, daß diese „Privaten" an der staatlichen Sonderrechtsordnung partizipieren[562]. Die Teilnahme an der staatlichen Sonderrechtsordnung[563] kann man nicht schon allein dahingehend eingrenzen, daß sich der Staat einer Aufgabe annimmt[564]. Es ist entscheidend, daß das betreffende Handlungssubjekt (das privatrechtlich organisiert sein kann, wie es die Binnenhäfen teilweise sind) *zulässigerweise* in das Staatsganze inkorporiert ist. Man darf es also nicht dem Belieben der öffentlichen Hand anheimstellen, öffentliche Aufgaben im Sinne öffentlich-rechtlicher Aufgaben zu schaffen, „vielmehr bedarf es dazu einer rechtsverbindlichen und rechtserheblichen, staatlichen Entscheidung"[565]. Diese Inkorporation kann ein-

[559] *Klein* (öffentliche Aufgabe, DÖV 1965, S. 755 ff. [S. 756]): „Vor allem fällt auf, daß zwischen ‚öffentlichen' und ‚staatlichen' Aufgaben nicht unterschieden zu werden pflegt, obgleich im Hinblick auf Art. 30 GG, der die ‚staatlichen Aufgaben' zum terminus technicus erhebt, an sich aller Anlaß dazu bestünde. Auch das könnte als bloße terminologische Nachlässigkeit hingenommen werden, wenn alle als ‚öffentliche' Aufgaben bezeichneten Erscheinungen immer zugleich auch ‚staatliche' Aufgaben wären."

[560] *Klein* (a.a.O.) hat den Begriff von den öffentlichen Aufgaben der Presse geprägt. Vgl. hierzu oben *Martens* (Fußnote 557).

[561] Was noch unten (Punkt 2) zu untersuchen sein wird.

[562] *Krautzberger* (S. 116) meint zutreffend, daß es hier um einen öffentlich-rechtlichen Status geht, der den Bereich „privater Partizipation an der staatlichen Sonderrechtsordnung" betrifft.

[563] *Wolff* (Unterschied, AöR, 76, 1950/51, S. 205 ff. [S. 210]): „Öffentliches Recht ist mithin der Inbegriff derjenigen Rechtssätze, welche nur solche Subjekte berechtigen oder verpflichten, die ausschließlich durch Rechtssätze und Staatsakte bestimmt sind, oder die auf Grund eines Tatbestandes berechtigen oder verpflichten, der nur einem solchen Subjekt zurechenbar ist."

[564] *Martens,* Wolfgang (Rechtsbegriff [S. 119]) zu Recht: „Lediglich durch die Tatsache, daß sich der Staat ihrer annimmt, wird übrigens eine öffentliche Aufgabe noch nicht zur legitimen Staatsaufgabe, die im Rechts- oder Verfassungsstaat eine Alleinrechtserheblichkeit beanspruchen kann."

[565] Ebd., S. 119.

mal darin bestehen, daß ohnehin ein Teil der allgemeinen Verwaltung vorliegt (Sondervermögen), andererseits auch dadurch, daß die öffentliche Hand privatrechtlich organisierte Personen (Kapitalgesellschaften) beherrscht. Man hat sich aus pragmatischen Erwägungen zwar privatrechtlicher Formen bedient, diese Subjekte aber der öffentlich-rechtlichen Sachherrschaft unterstellt und durch Widmung und Indienststellung gemäß der jeweiligen Sachnutzungsbestimmung zu einer Verwaltungsleistung herangezogen. Deswegen handelt es sich um *staatliche* Aufgabenerfüllung[566]. Die Vorstellung, daß juristische Personen des Privatrechtes „dem Staat oder einer juristischen Person des öffentlichen Rechts eingegliedert" sind, mute „auf den ersten Blick paradox" an[567]. Und doch findet sich dieser Sachverhalt im gegenwärtigen Recht mehrfach bestätigt[568]. Für das Beispiel, das die Binnenhäfen als Gegenstand dieser Untersuchung abgeben, kann nachgewiesen werden, daß sie an der staatlichen Sonderrechtsordnung teilhaben.

2. Die Hafentätigkeit als öffentliche und staatliche Aufgabe — ein integrierter Teil der allgemeinen Verwaltung

Die Binnenhäfen sind über bereits im vorhergehenden Kapitel beschriebene unterschiedliche Bindungen und Beherrschungsmöglichkeiten in das Staatsganze, als nur technisch ausgegliederte Teile der allgemeinen Verwaltung, einverleibt. Die Binnenhäfen partizipieren damit an der staatlichen Sonderrechtsordnung[569]. Treten sie dennoch überwiegend als Private auf, so ist das für die öffentlich-rechtliche Bindung unerheblich. Es kommt hier letztlich gar nicht so sehr auf den „Formenmißbrauch" an, als diese „konsequente Sonderrechtsthese" schon im vorhinein die „Verfügung des Staates über seine Privatrechtssubjektivität ... beschneidet"[569a]. Wenn man also den Binnenhäfen eine besondere öffent-

---

[566] Der Bayerische Verwaltungsgerichtshof (Beschluß vom 1. 8. 1973, Nr. 109 IV 71, noch unveröffentlicht) hat bestätigt, daß es für die öffentliche Sachwaltung wesentlich auf die öffentliche Sachherrschaft ankommt. Das selbst dann, wenn die ausgeführte Betätigung, dem ersten Anschein nach, eher „typisch" privatrechtlich zu sein scheint (hier: Geld- und Kreditgeschäfte der Sparkassen in ihrer Ähnlichkeit zum privaten Bankgewerbe). „Die durch den Status der Sparkassen als öffentlich-rechtliche Anstalten ihrer kommunalen Gewährträger vermittelte kommunale Bindung verstärkt und sichert entscheidend den öffentlichen Auftrag." (S. 16 der Gründe.)

[567] *Martens*, Wolfgang, Rechtsbegriff, S. 123.

[568] Ebd., S. 123.

[569] *Martens*, Wolfgang (Rechtsbegriff, S. 93/94) meint, daß der besondere Vorzug dieser Formel in ihrer Elastizität bestünde, „die Erfüllung neuartiger Staatsaufgaben auch dann als öffentlich-rechtlich (hoheitlich) zu qualifizieren, wenn es an einem Verhältnis der Subordination fehlt".

[569a] *Pestalozza* (S. 186) bietet bei dieser Problematik für die „konkreten kollisionsrechtlichen Lösungen" eine „Fiktion der adäquaten Rechtsform" an.

lich-rechtliche Stellung beimißt, dann kommt es hierbei nicht auf die Ausübung staatlicher Zwangsgewalt oder die Ausführung typischer Hoheitsaufgaben an, sondern es ist nur der öffentlich-rechtliche Status maßgebend[570]. Es wäre eine allzu oberflächliche und formalistische Betrachtungsweise, diesen Umstand an der äußerlich als privatrechtlich erscheinenden Form der Binnenhäfen scheitern zu lassen. Die Verwaltungsrechtslehre würde sich in weiten Bereichen der Leistungsverwaltung aus der Rechtsentwicklung aussperren, wenn sie nicht Leistungsbeziehungen als öffentlich-rechtliche anerkennen will, sofern dies nach deren tatsächlichem Wesen erforderlich ist[571].

Da Leistungseinrichtungen häufig privatrechtlich organisiert sind, andererseits aber fest in das Verwaltungsgefüge eingebunden sind, besteht eine Vermutungsregel, daß die der Allgemeinheit dienenden, kommunalen und staatlichen Einrichtungen öffentlich-rechtliche Einrichtungen sind[572].

Auf diese Weise lassen sich „private" Leistungseinrichtungen, die leztlich Teil der allgemeinen Verwaltung sind, von privatwirtschaftlichen Unternehmungen, die allenfalls einen sozialadäquaten Geschäftszweck verfolgen, ohne Schwierigkeiten abgrenzen[573]. Die Binnenhäfen sind aber grundsätzlich (von wenigen untypischen Ausnahmen abgesehen) ohnehin als Eigenbetriebe organisiert, also Teile der allgemeinen Verwaltung, oder stehen zumindest in der Verwaltungsträgerschaft[574] und Mehrheitsbeteiligung der öffentlichen Hand als Kapitalgesellschaften. Zudem unterliegen sie der verwaltungspolizeilichen Befugnis, als weiterer Garantie der Sachnutzungsbestimmung durch den öffentlichen Sachherrn. Die Tatsache, daß man aus der „privaten" äußeren Form der Binnenhäfen kurzgeschlossene Folgerungen auf deren tatsächlichen Status zieht, stammt wohl nicht nur von jener längst überwundenen Konstruktion

---

570 So zutreffend *Henke*, VVDStRL 28, 1970, S. 149 ff. (S. 151).

571 *Ossenbühl*, DVBl. 1973, S. 289 ff. (S. 293). Er meint dazu: „Wo dies möglich und sachgerecht erscheint, sind Leistungsbeziehungen zwischen Bürger und Hoheitsträger auch öffentlich-rechtlich zu konstruieren und auszudeuten."

572 *Ders.* (ebd., S. 290) für die gemeindliche Einrichtung: „Diese Vermutung muß durch die Gemeinde widerlegt werden. Sie hat dabei den Nachweis zu führen, daß sich aus der eindeutigen Beschränkung der Bereitstellung ergebe, die Einrichtung soll als private Einrichtung betrieben werden." Dieser Grundsatz ist naturgemäß nicht auf gemeindliche Einrichtungen zu beschränken, sondern generell auf jegliche Einrichtungen eines öffentlich-rechtlichen Hoheitsträgers anzuwenden.

573 *Köttgen*, S. 58: „Eine öffentliche Gemeindeeinrichtung muß vielmehr im öffentlich-rechtlichen Organismus der Gemeinde fest verankert sein."

574 *Püttner* (S. 19/20) weist darauf hin, daß zwar Träger eines öffentlichen Unternehmens durchaus *jeder* sein könne, die Privatunternehmer aber regelmäßig nicht bereit noch in der Lage sein werden, auf das Erwerbsmotiv zu verzichten. Deswegen kämen hier nur Unternehmungen in Betracht, die auch tatsächlich von der öffentlichen Hand betrieben werden.

der Doppelbödigkeit von Staat und Fiskus[575]. Dazu kommt ein traditionelles Fehlverständnis der Begriffsgeschichte und der aktuellen Auslegung des „Hoheitlichen"[576]. Es wird völlig übersehen, daß sich der Begriff der „öffentlichen Gewalt", der bislang ausschließlich für die staatliche Befehlsgewalt Anwendung zu finden schien, einer Umbildung unterzogen hat[577]. Insbesondere ist hier das rechtshistorische Phänomen zu beachten, daß ursprünglich mit einer weitestgehenden Privatisierung staatlichen Handelns ein gesteigerter Rechtsschutz herbeigeführt werden sollte. Wenn man im Staat vornehmlich den Garanten von Sicherheit und Ordnung betrachtete, wie das im bürgerlichen Liberalismus des letzten Jahrhunderts geschehen ist, so maß man ihm dabei eine privilegierte Stellung zu, soweit es die gerichtliche Kontrolle seiner Handlungen betraf. Dabei dürften noch die letzten Ausläufer der Souveränitätslehre mitgewirkt haben, die eine gerichtliche Überprüfung der Obrigkeit außerhalb jeglicher Erreichbarkeit gestellt hatte.

War man dann bestrebt, weite Bereiche des staatlichen Handelns zu privatisieren, führte das „also in jener Zeit zu gesteigerter Bindung, nicht Privilegierung des Staates"[578]. Durch die aktuelle verfassungsgeschichtliche Entwicklung haben sich die Verhältnisse in diesem Zusammenhang erheblich verändert. Die öffentliche Hand ist an den Katalog einer rechtsstaatlichen Verfassung gebunden, die dem Bürger nicht nur Abwehr-, sondern auch Teilhaberechte garantiert[579]. Das hat bei den staatlichen Leistungseinrichtungen zu einem größeren formellen und materiellen Rechtsschutz geführt, als er hier von unserer liberalen Privatrechtsordnung noch gewährleistet werden könnte.

Nachdem somit der öffentlich-rechtliche Rechtsschutz der Bürger im Laufe der Entwicklung die Kontrollierbarkeit eines „privatrechtlichen Staates" übertroffen hat, besteht aus Gründen der Billigkeit kein Anlaß mehr für die Flucht ins Privatrecht.

Der Begriffswandel des Hoheitlichen liquidiert zugleich die Lehre der Doppelpersönlichkeit von Staat und Fiskus, denn der moderne Verfas-

[575] *Martens*, Wolfgang, Rechtsbegriff, S. 98.

[576] *Martens*, Wolfgang (Rechtsbegriff, S. 85) erkennt, daß die Wort- und Begriffsgeschichte des Hoheitlichen bisher kaum erforscht ist.

[577] *Ders.* (ebd., S. 84) findet es großer Aufmerksamkeit wert, daß die staatlichen Leistungsgewährungen, auch in privatrechtlichen Formen, Äußerungen der „öffentlichen Gewalt" sein können, also auch insoweit staatliche Macht entfaltet werde. Damit sei der verfassungsrechtliche Rechtsschutz der Art. 19 Abs. IV und 34 GG auch dort zur Anwendung zu bringen, wo die Verwaltung Hoheitsaufgaben in privatrechtlichen Formen und mit privatrechtlichen Mitteln durchführt. (Hierzu noch ausführlicher unten in § 2, Abs. II, 3).

[578] Zu Recht meint *Martens*, Wolfgang (Rechtsbegriff, S. 89) dies sei der tiefere Grund dafür gewesen, daß man traditionell den Staat bevorzugt der privatrechtlichen Sphäre unterwarf als der öffentlich-rechtlichen.

[579] Vgl. oben im 1. Kapitel (§ 2, Abs. II, bes. Fußnote 64 [*Martens*]).

sungs- und Rechtsstaat kann sich nicht nach Belieben den grundgesetzlichen Bindungen entziehen. Seine „Staatsgewalt“ ist durch die „Verfassung konstituierte und zugleich limitierte Kompetenz, d. h. rechtlich geordnete Zuständigkeit ... “[580]. Es geht also nicht darum, die Dichotomie zwischen öffentlichem und privatem Recht zu beseitigen. Vielmehr sind in den Fällen, in welchen die Anknüpfung an die Rechtsform problematisch ist — etwa bei den Binnenhäfen — erforderlichenfalls Grundsätze zu entwickeln, die für das *gesamte* Verwaltungshandeln der öffentlichen Hand verbindlich sind[581]. Es kommt so auf die umstrittene Frage der Wahlmöglichkeit des Staates zwischen öffentlich-rechtlichen und privatrechtlichen Gestaltungsformen letztlich nicht an[582]. Sondern es ist entscheidend, daß beim Betrieb einer öffentlichen Einrichtung unter jeglicher Rechtsform die öffentliche Hand bei Wahrung der damit übernommenen Verantwortung „Herr im Hause“[583] bleibt. Soweit die öffentliche Verwaltung unter Wahrung ihrer vielfältigen Einflußnahme- und Beherrschungsmöglichkeiten Häfen zur Verkehrsbedienung der Bürger bereitstellt[584], kann für sie niemals eine bloße Bindung an das Privatrecht in Betracht kommen[585]. Wenn also die öffentliche Hand eine Einrichtung, wie diese auch immer organisiert sein mag, dem allgemeinen Gebrauch konkludent oder ausdrücklich gewidmet hat[586], wurde für diese Einrichtung „Öffentlichkeit“ erlangt. Die Rechtsform ist dabei ohne Belang[587]. Durch Widmung und Indienststellung[588] wird so der öffentliche Binnenhafen, als Bestandteil der allgemeinen Verwaltung, zur *öffentlichen Sache*[589].

---

[580] *Martens*, Wolfgang, Rechtsbegriff, S. 98.

[581] Ebd., S. 100.

[582] Vgl. oben Fußnote 569a *(Pestalozza)*.

[583] *Köttgen*, S. 60.

[584] *Woydt* (S. 129) kennzeichnet als ausschlaggebendes Kriterium der Leistungsverwaltung die Bereitstellung „sächlicher Mittel“.

[585] *Klebe* (S. 23): „Die Ungebundenheit der Privatautonomie und Willkür kann deshalb für die Verwaltung niemals in Betracht gezogen werden. Immer bleibt sie öffentliche Verwaltung und Hoheitsträger, als solcher aber an den innersten Zweck ihres Daseins, an ihren Aufgabenbereich und damit, wie gezeigt wurde, an alle rechtsstaatlichen Sicherungen sowie alle Verbote und Schranken des öffentlichen Rechts gebunden ...“

[586] *Badura* (JuS 1966, S. 17 ff. [S. 18], Entscheidungsrezension zu dem Urteil des OVG Lüneburg, DVBl. 1964, S. 365) ist zuzustimmen, daß für die „Vornahme der Widmung eine besondere Form nicht vorausgesetzt“ werden kann, „es bedarf also nicht etwa einer entsprechenden Satzung. Ein konkludentes Handeln genügt, so daß alle Umstände, unter denen die Einrichtung errichtet wurde und betrieben wird, zur Ermittlung des Vorhandenseins der Widmung herangezogen werden können“.

[587] Ebd., S. 19. Ebenso *Ossenbühl*, DVBl. 1973, S. 289 ff. (S. 289).

[588] *Bartlsperger* (zu Art. 90 GG, Rn 44) meint zutreffend, „daß eine Straße den Rechtsstatus einer Bundesfernstraße und einer öffentlichen Sache nur durch Widmung und Indienststellung erlangt ...“ Dies gilt analog für alle öffentlichen Sachen.

Es muß allerdings die jeweilige öffentliche Sache zur Benutzung geeignet sein[590]. Dies ist bei den öffentlichen Binnenhäfen, die gerade auf die Verkehrsbedienung der Schiffahrtstreibenden wie auf die Erledigung der Belange von Speditionen und Anliegerfirmen zugeschnitten sind, ausdrücklich der Fall. Damit kann man sie von den Gegenständen des bloßen Verwaltungsvermögens problemlos trennen, die zwar den öffentlichen Sachen angehören, aber nicht dem Begriff der „öffentlichen Einrichtung“ unterliegen[591].

Die öffentlichen Binnenhäfen sind also zur allgemeinen Nutzung geeignet und bestimmt, denn mit ihnen wird im Rahmen des sozialstaatlichen Auftrages[592] eine Sachgemeinschaft zu einer präzise festgelegten Nutzung bereitgestellt. So liegt nicht nur die *Eignung* als öffentliche Einrichtung vor, sondern die Häfen sind überhaupt nur darauf abgestellt, eine Verwaltungsleistung darzubringen. Diese Sachnutzungsbestimmung ist gewährleistet durch die öffentlich-rechtliche Sachherrschaft über den Hafen. Deren Innehabung setzt voraus, daß die Binnenhäfen unter der Verwaltungsträgerschaft der öffentlichen Hand betrieben werden.

II. Die öffentlich-rechtliche Sachnutzungsbestimmung als Qualifikationskriterium

1. Die öffentlich-rechtliche Verwaltungsträgerschaft

Die Verwaltungsträgerschaft besteht regelmäßig darin, daß die öffentliche Hand alleiniger (bei den Eigen- und Regiebetrieben) oder zumindest überwiegender (bei den majorisierten Privatgesellschaften des Zivilrechts) Vermögensträger und Privatrechtseigentümer der Sachgemeinschaft Hafen ist. Es liegt ebenso eine Verwaltungspolizeigewalt vor, schließlich ist die öffentliche Hand auch für die Reglementierung der öffentlich-rechtlichen Hafenabgaben zuständig. Daneben sind noch die

---

[589] *Badura* (JuS 1966, S. 17 ff. [S. 19], Entscheidungsrezension des OVG Lüneburg, DVBl. 1964, S. 365): „Durch sie (gemeint ist die Widmung) wird ein Bestandteil des Gemeindevermögens zur öffentlichen Sache, die kommunalrechtliche öffentliche Einrichtung ist zugleich ein Institut des Rechts der öffentlichen Sachen.“

[590] Ebd., S. 17 ff.

[591] Ebd., S. 17 ff.

[592] *E. R. Huber* (in *Forsthoff,* Rechtsstaatlichkeit und Sozialstaatlichkeit, S. 589 ff. [S. 598]): „Der Sozialstaat ist aber keineswegs nur ein Sozialfürsorgestaat, also ein Staat mit möglichst umfangreicher und möglichst vorbildlicher Sozialpolitik. Wir verstehen unter Sozialstaat vielmehr den Staat, der aus dem Gegensatz zwischen der überlieferten Staatlichkeit und dem gesellschaftlichen Dasein des Industriezeitalters erwachsen ist.“ Er folgert daraus, daß hierzu auch ein Verwaltungsapparat gehört, „der als Instrument zur Lenkung wie zur Befriedigung der industriellen Massen benutzt wird ...“

Bindungen durch Miet-, Pacht- oder Konzessionsverträge zu beachten[593]. Wenn auf das zivilrechtliche Eigentum bzw. auf die Majorität von Kapitalgesellschaften bei der Innehabung der Verwaltungsträgerschaft abgestellt wird, so ist das nicht als das privatrechtliche Problem der „Unternehmensbeherrschung" zu verstehen[594]. Vielmehr sind das privatrechtlich eingekleidete, besonders gesteigerte Bindungen der öffentlichen Einrichtung an die öffentliche Hand.

Letztlich geht es darum, durch die sächliche Zurverfügungstellung von Sachgemeinschaften eine Verwaltungsleistung zu erbringen und im Rahmen der *Verwaltungsträgerschaft* die sachadäquate Nutzung zu erhalten[595]. Die Vorhaltung öffentlicher Leistungseinrichtungen ist demnach nicht im Nachgefolge derer Organisation zu beurteilen. Die jeweiligen, wenn auch zivilrechtlichen Organisationsstrukturen dienen dem Verwaltungsträger, seinen aus der Verfassung gebotenen unumstößlichen Bindungen gerecht zu werden. Deswegen war die sachadäquate Nutzung sicherzustellen[596]. Dem folgt, daß sich die öffentlichen Unternehmen und die öffentliche Hand, wie ein Teil der Binnenhäfen, durchaus als organisatorisch getrennte Einheiten gegenüberstehen können. Dennoch räumt die Inhaberstellung des Staates diesem als „Träger" des Unternehmens[597] die Möglichkeit ein, seine Herrschaftsgewalt über die Unternehmung im Rahmen des widmungsgemäßen Zweckes auszuüben. Diese öffentlich-rechtliche Verwaltungsträgerschaft ist die Voraussetzung für die Innehabung und die Ausübung der öffentlich-rechtlichen Sachherrschaft an der öffentlichen Sache Binnenhafen.

---

[593] Diese zivilrechtlichen Verträge erscheinen als Phänomene des bürgerlichen Rechts, sind aber letztlich Ausdruck einer gesteigerten öffentlich-rechtlichen Bindung. Zu den aufgeführten Herrschaftsverhältnissen und Vermögensträgerschaften wird auf die bereits erfolgten Darlegungen (oben im 2. Kapitel) verwiesen.

[594] *Emmerich* (S. 55) sieht in der Mehrheitsbeteiligung eines Hoheitsträgers zwar auch ein Wesensmerkmal der öffentlichen Unternehmung in privater Form, doch will er diesen Umstand ausschließlich über zivilrechtliche Bindungen (etwa Monopolmißbrauch) berücksichtigt sehen. Er meint daher, daß es keine „Fiskalgeltung" der Grundrechte (S. 132) geben dürfe. Offensichtlich setzt er dabei noch die überkommene dualistische Konstruktion von Staat und Fiskus voraus.

[595] Auch wenn unter Berücksichtigung des Zeitgeschehens *Otto Mayer* die Leistungsverwaltung fremd sein müßte, so hat er dennoch in seinem Verwaltungsrechtssystem, das von der Subordination bestimmt ist, für die öffentlichen Sachen folgenden Satz geprägt (Verwaltungsrecht II, S. 40): „Das Gemeinwesen übt öffentliche Verwaltung dadurch allein schon, daß es sie besitzt und ihrem Zwecke erhält."

[596] Treffend bemerkt hierzu *Scholz*, Rupert (S. 218): „Zusammenfassend ist demnach festzustellen, daß die öffentliche Einrichtung sich nicht nur als Kategorie des statischen Organisationsrechts, sondern auch als Kategorie spezifischen Handlungsrechts darstellt."

[597] *Püttner*, S. 18.

2. Die öffentlich-rechtliche Sachherrschaft

Die Verwaltungsträgerschaft der öffentlichen Hand dient dazu, die Sachherrschaft über die Unternehmung im Rahmen der spezifischen Sachnutzungsbestimmung ausüben zu können[598]. Die öffentlich-rechtliche Sachherrschaft ist streng von der privaten Sachherrschaft zu unterscheiden, die gegebenenfalls über eine öffentliche Sache aus dem privaten Eigentum heraus durchaus weiter bestehen kann[599]. Somit kann an der gleichen öffentlichen Sache eine öffentlich-rechtliche Sachherrschaft und eine privatrechtlich geordnete Herrschaft des Eigentümers vorhanden sein. Beide Rechtsverhältnisse sind ihrem Wesen nach grundsätzlich verschieden[600]. Die Annahme einer öffentlich-rechtlichen Sachherrschaft bedeutet gerade nicht, daß man dem öffentlichen Sachherren eine dingliche und individuelle Zuordnung zu der Sache beimißt, die der privatrechtlichen Sachherrschaft analog wäre. Zur Vermeidung terminologischer Schwierigkeiten soll klargestellt sein, daß es bei der Definition einer öffentlich-rechtlichen Sachherrschaft nicht um die Sachherrschaftstheorie klassischer Prägung geht, die eine dingliche Sachherrschaft des öffentlichen Rechts parallel zu der des bürgerlichen Rechts annahm. Gerade ein solches zweites Zuordnungsverhältnis neben dem privaten Sachherrschaftsverhältnis führte zu der dualistischen Auffassung von der öffentlichen Sache herkömmlicher Prägung, welche die öffentlich-rechtliche Sachherrschaft als zweite Stufe des bürgerlichrechtlichen Eigentumsverhältnisses empfand[601]. Vielmehr schließt der öffentlich-rechtliche Leistungsstatus der öffentlichen Sachen die Anwendung des bürgerlich-rechtlichen Sachbegriffs aus[602]. Bei der Sachherrschaft eines Gemeinwesens über den jeweiligen öffentlichen Binnenhafen geht es nicht um die individuelle Zuordnung von Personen und Sachen wie im bürgerlichen Recht. Entscheidend ist die Innehabung einer öffentlich-rechtlichen Garantenstellung zur Sicherstellung einer sächlichen Verwaltungsleistung. Das bürgerlich-rechtliche Eigentum gibt dem Eigentümer als Inhaber der Sachherrschaft nach § 903 BGB das Recht, „mit der Sache nach Belieben" zu verfahren. Die Ausübung der

---

598 *Hardinghaus* (S. 19): „Dafür, daß die öffentliche Sache ihrem besonderen öffentlichen Zweck gerecht wird, hat der zu sorgen, der die Sache mit der öffentlichen Zweckbindung behaftet, der sie gewidmet hat."

599 *Hardinghaus*, S. 19.

600 Ebd., S. 19.

601 *Bartlsperger* (Verkehrssicherungspflicht, S. 208) kennzeichnet diese Fehlentwicklung treffend: „Allein von der Sachherrschaftstheorie her ist deshalb das Bestreben verständlich, die öffentlichen Sachen in privatrechtliches Eigentum zu stellen. Aus dieser Sicht erweist sich die Frage des Rechtsstatus der öffentlichen Sachen als Teil eines alten Schulproblems der allgemeinen Rechtstheorie."

602 Ebd., S. 213.

öffentlich-rechtlichen Sachherrschaft durch den Sachherrn bedeutet im Gegensatz hierzu, daß im Rahmen der jeweiligen Zweckbestimmung die Sachnutzung gewährleistet wird[603]. Die öffentlich-rechtliche Sachherrschaft wird somit von einer funktionalen und einer finalen Komponente geprägt. Funktional besteht die Stellung des Sachherrn insoweit, als er die öffentliche Sache zur Nutzung bereitstellt, diese Nutzung reguliert und unterhält[604]. Die finale Bestimmung des öffentlichen Sachherrn besteht darin, daß dieser über die öffentliche Sache nur in dem Rahmen verfügen darf, welcher dem öffentlichen Sachzweck entspricht[605]. Wenn also die öffentlichen Binnenhäfen der Sachherrschaft des Staates über verschiedene, zunächst privatrechtlich anmutende Regelungsmechanismen unterstehen, ist deren formale Struktur nicht das maßgebliche Kriterium für die Definition der Binnenhäfen als öffentliche Sachen. Diese Sachherrschaft in „privater" Form ist die Voraussetzung für die Gewährleistung der Darbringung einer Verwaltungsleistung durch die öffentliche Sache Hafen[606]. Damit ist die spezifische Sachnutzungsbestimmung des Hafens, die in der Darbringung einer Verwaltungsleistung — nämlich der Verkehrsbedienung — besteht, der Kernpunkt des öffentlichen Sachstatus.

3. Die öffentlich-rechtliche Sachnutzungsbestimmung

Die Sachnutzungsbestimmung des öffentlichen Binnenhafens, die zunächst als „Verwaltungszweck" bezeichnet wurde[607], besteht in der optimalen Verkehrsbedienung der Schiffahrtstreibenden und aller auf sonstige Weise am Hafenumschlag beteiligten Bürger. Das bedeutet, daß alleiniger Geschäftszweck und Parameter für das Hafengeschehen die Sicherstellung dieser sächlichen Verwaltungsleistung ist. Diese allgemeine Feststellung bedarf einer Konkretisierung: Wie dargelegt wurde[608], handelt es sich bei der Tätigkeit der öffentlichen Binnenhäfen um eine öffentlich-rechtliche Aufgabenwahrnehmung. Die öffentliche Hand

---

[603] *Bartlsperger* (Bundesfernstraßen, S. 12): „Die Funktion einer öffentlichen Sache besteht ausschließlich in der Darbietung einer öffentlichen Sachnutzung. Dabei ist das bestimmende Moment an der öffentlichen Sache nicht einmal deren Gegenständlichkeit, sondern die Verwaltungstätigkeit, durch die sie unterhalten und zur öffentlichen Benutzung dauernd zur Verfügung gestellt wird."

[604] So *Hardinghaus*, S. 21.

[605] Ebd., S. 21.

[606] *Bartlsperger* (Verkehrssicherungspflicht, S. 213): „Der Rechtsbegriff der öffentlichen Sache ist auch insoweit konkret durch den spezifischen öffentlichen Zweck und Leistungsstatus bestimmt."

[607] Vgl. oben 1. Kapitel, § 3, Abs. II. Die beiden Beispiele aus der Hafenpraxis erwiesen bereits, daß nur der „Verwaltungszweck" fungibler Maßstab der Geschäftsführung im Hafen sein kann.

[608] Vgl. oben Abs. I, 2.

hat eine Sachgemeinschaft, die mit dem Sachbegriff des § 90 BGB ohne Konnex ist, zulässigerweise ihrer Sachherrschaft unterstellt und mit einer öffentlich-rechtlichen Bestimmung versehen. Insoweit hat sie die Hafentätigkeit als öffentliche Verwaltungsleistung *konkretisiert*. Wenn sich die Sachgemeinschaft Binnenhafen als inkorporierter Bestandteil der allgemeinen Verwaltung darstellt, nämlich der absoluten Herrschaftsgewalt der öffentlichen Hand untersteht, weiterhin eine spezielle Bestimmung der Leistung mit dem Einrichtungsakt beabsichtigt war[609], so handelt es sich zwangsläufig um eine öffentliche Sache. Sie steht zur Nutzung durch das Publikum bereit.

Diese Hafenleistung kann auch nicht in das von Forsthoff sinnvoll entwickelte, doch überkommene System von Eingriffsverwaltung und Daseinsvorsorge gezwängt werden[610]. Es gibt keine verschiedenen Stufen der Verbindlichkeit staatlichen Handelns, wie sie die Lehre der Doppelbödigkeit von Staat und Fiskus vorausgesetzt hat. Vielmehr unterliegt jegliches Staatshandeln grundsätzlich und in vollem Umfange der verfassungsrechtlichen Bindung, soweit die spezielle Sachnutzungsbestimmung dies vorschreibt. Die Sachnutzungsbestimmung ergibt sich aus dem Verwaltungszweck, der mit der betreffenden öffentlichen Sache erreicht werden soll. Dieser Verwaltungszweck wird als öffentlicher Sachzweck von dem jeweiligen Hoheitsträger allein durch die Widmung konstituiert[611]. Die öffentliche Sachwaltung am Hafen wird daher ausschließlich durch den widmungsgemäßen Sachzweck abgegrenzt[612]. Es bedarf deswegen immer eines unternehmensbegründenden Aktes der öffentlichen Hand, der die Sachnutzungsbestimmung durch Widmung festgelegt hat[613].

---

[609] Vgl. oben im 2. Kapitel § 1, Abs. I, 2 A und B.

[610] So zutreffend *Rüfner*, S. 140.

[611] *Hardinghaus*, S. 23.

[612] *Ders.* (a.a.O.): „Wenn nun der öffentliche Sachherr nur insoweit an der öffentlichen Sache berechtigt ist, als er den öffentlichen Sachzweck fördert, so bedeutet das, daß er lediglich zur Regulierung des dem Widmungszweck entsprechenden, des widmungsgemäßen Gebrauchs bevollmächtigt und befugt ist, . . .“

[613] *Püttner* (S. 137) meint zu Recht, daß dies unumgänglich sei, „weil eine fertige Unternehmensform im staatlichen Bereich ganz fehlt und im kommunalen Bereich (Eigenbetriebsrecht, Sparkassenrecht) zahlreiche ergänzende Bestimmungen erforderlich sind, so daß auf rechtssetzende Organisationsakte praktisch nicht verzichtet werden kann.“ Warum er allerdings dann dieses Erfordernis auf Unternehmungen in öffentlich-rechtlicher Form beschränkt sehen will, ist nicht einsehbar. Gerade weil bei privatrechtlichen Gesellschaften als öffentliche Unternehmungen fast jegliche Normierung fehlt, ist hier ein Einrichtungsakt erst recht nicht entbehrlich. Wenn die Exekutive privatrechtliche Gesellschaften ohne legislative Sanktionierung errichten kann, so fehlt doch deswegen noch nicht der einrichtungsbegründende Akt. Vielmehr mag dieser womöglich nur nicht die Gestalt haben, die man üblicherweise von einem solchen Vorgang erwartet.

III. Der Binnenhafen als öffentliche Sache

1. Die Widmung zur öffentlichen Sache

Mit der Widmung wird die öffentliche Zwecksetzung des Binnenhafens bestimmt, wodurch er die Eigenschaft einer öffentlichen Sache erhält[614]. Das heißt, daß die Widmung nicht ungerichtet, sondern „an einen bestimmten öffentlichen Zweck"[615] erfolgt. Dabei ist zwischen Widmung und Indienststellung zu unterscheiden[616]. Eine *förmliche* Widmung ist entbehrlich. Die Auffassung von einem solchen Erfordernis mag wohl dadurch verbreitet sein, daß in den Straßen- und Wegegesetzen der Länder ein förmliches Verfahren vorgesehen ist[617]. Dagegen gibt es vielerlei Möglichkeiten, die Widmung zur öffentlichen Sache, etwa eines Binnenhafens, zu begründen. Bei den hier üblichen Einteilungen[618] hat sich die Widmung kraft Gewohnheitsrechtes[619] oder durch konkludentes Verhalten[620] schon weitgehend durchgesetzt. Währenddessen wird der einrichtungsbegründende Organisationsakt als Widmungsakt teilweise noch kritisch beurteilt[621]. Daß es bei einer funktionalen

---

[614] *Wittern*, S. 187.

[615] *Forsthoff*, 1. Bd., AT, S. 350.

[616] *Ders.* (ebd., S. 358) ist der Auffassung, daß die Indienststellung als Realakt eine wirksame Widmung an einen bestimmten öffentlichen Zweck voraussetzt.

[617] Vgl. etwa Art. 6 des Bayerischen Straßen- und Wegegesetzes (GVBl. 1968, S. 64, geändert GVBl. 1970, S. 345), der die Widmung als förmliche Verfügung festlegt, die öffentlich bekanntzumachen ist.

[618] *Wittern* (S. 187) nennt als Möglichkeiten Widmung durch Gesetz, durch Verordnung oder Satzung, durch Gewohnheitsrecht und durch Verwaltungsakt.

[619] Ebd., S. 187.

[620] *Vogel*, S. 192.

[621] Sehr widersprüchlich hierzu *Scholz*, Rupert (S. 218). Einerseits erkennt er zutreffend: „Das Wesen der öffentlichen Einrichtung läßt sich begriffstheoretisch deshalb nur relativ, d. h. an Hand des konkret-leistungsverwaltenden Rechtsverhältnisses zwischen Gemeinde und Bürger, und nicht absolut, d. h. an Hand der abstrakten Gegebenheiten des innergemeindlichen Organisationsrechts, erklären." Er sieht demnach die dynamische Komponente der Gewährung einer sächlichen Verwaltungsleistung, kommt demgegenüber aber bei der Widmung dieser Einrichtung zu einer sehr formalistischen Auffassung, welche nur die überkommene Meinung umformuliert: „Das Problem des einrichtungsbegründeten Organisationsakts ... läßt ... noch viel an Klarheit vermissen. Als brauchbares Kriterium bietet sich nur die formell-deklarierende (besonders satzungsrechtliche) Nutzungseröffnung durch die zuständigen Gemeindeorgane an, ...".

Die Vorbehalte, mit denen man dem Organisationsakt zum Teil noch begegnet, sind nur ein Ausschnitt aus einem weitergreifenden Problem. *Martens*, Uwe (S. 19) meint zutreffend, „... daß in der Lehre bisher eine Systematik des gesamten Verwaltungshandelns, die auch atypische Formen umfaßt, wenig Beachtung gefunden hat, weil sich die Lehre stets in erster Linie um die Systematik der Verwaltungsakte bemüht hat". Das führte vor allem zu der Vernachlässigung der sog. „Verwaltungsinterna", etwa im Bauplanungsrecht, in der Behördenorganisation oder im gemeindlichen Wirtschaftsrecht der öffentlichen Bedarfsdeckung.

Bestimmung — der Darbringung einer Verwaltungsleistung — nicht auf einen förmlichen Widmungsakt ankommen kann, beweist die nicht wegzuleugnende Widmung „kraft natürlicher Verhältnisse“[622]. Das zeigen besonders deutlich jene Gewässer[623], die eine Verkehrsfunktion innehaben.

An den öffentlichen Sachen „kraft natürlicher Verhältnisse“ läßt sich unschwer nachweisen, daß eine förmliche Widmung im Rahmen eines funktionalen Bezugssystems keinen Platz haben kann. Deswegen erscheint es folgerichtig, auch für die Binnenhäfen keinen förmlichen *Widmungsakt* zu fordern, was die Begründung des öffentlichen Sachstatus anbelangt. Es kann daher auf jenen Organisationsakt zurückgegriffen werden, in dem sich der Entschluß zur Einrichtung eines öffentlichen Hafens manifestierte.

Die öffentliche Hand unterliegt einem Begründungszwang[624], wenn sie eine öffentliche Unternehmung errichtet. In Anbetracht der vielfältigen Kontrollmechanismen in den Parlamenten der Selbstverwaltungskörperschaften bedarf es für die Projektierung und Errichtung eines investitionsintensiven Großprojekts einer vorgängigen förmlichen Beschlußfassung. Diese verbindliche Willensbetätigung des jeweiligen Gremiums mit den nachfolgenden Vollzugshandlungen der Exekutive ist der einrichtungsbegründende Organisationsakt. Er begründet die öffentlich-rechtliche Sachherrschaft der öffentlichen Hand[625].

---

[622] *Zippelius* (DÖV 1958, S. 838 ff. [S. 841]) wendet sich gegen diese anerkannte Auffassung damit, daß rechtliche Konsequenzen sich niemals kraft natürlicher Eigenart ergeben können, sondern nur die Rechtsordnung an die Natur der Sache anknüpfen kann. Dem ist vom rechtstheoretischen Standpunkt her zwar zuzustimmen, das ändert aber nichts an dem Ergebnis, daß bei diesen Sachen nie eine ausdrückliche Widmung stattgefunden hat und doch ihre sächliche Nutzung unbestritten ist (natürliche Flüsse und Seen).

[623] *Külz* (Verwaltungskompetenzen, RdW 9, 1961, S. 27 ff. [S. 39]): „Wasserstraßen gehören ... sicherlich zu den ihrer Natur nach öffentlichen Sachen, die schon durch ihr bloßes Dasein und ihre Beschaffenheit öffentliche Sachen sind. Einer besonderen Widmung — durch förmlichen Verwaltungsakt oder auch nur durch einen bestimmten tatsächlichen öffentlichen Gebrauch, neben den auch vielleicht ein anderer, nicht öffentlicher Gebrauch in Frage käme — sind auch Wasserstraßen weder fähig noch bedürftig. Es gehört zum Begriff der Wasserstraße — im Unterschied zu anderen Wasserläufen und Gewässern —, daß sie dem öffentlichen Verkehr dient, und zwar selbst dann, wenn der Verkehr nur schwach in Anspruch genommen wird, also z. B. etwa unterhalb jener Grenze bleibt, die beim Staatsvertrag von 1921 maßgeblich für die Erklärung zu Reichswasserstraßen gewesen ist.“

[624] Vgl. oben 2. Kapitel, § 1, Abs. I, 2 B.

[625] *Stern* (Sache, VVDStRL 21, 1964, S. 183 ff. [S. 202]) meint zu Recht, der einrichtungsbegründende Organisationsakt erschöpfe „sich in seinen Rechtsfolgen nicht im internen Verwaltungsbereich, und zwar selbst dann nicht, wenn Eigentümer und öffentlich-rechtlicher Sachherr identisch sind; denn die Begründung des institutionell öffentlichen Status richtet sich stets an die Allgemeinheit, weil gegenüber Jedermann eine ‚allgemein wirkende Rechtslage‘ hergestellt wird.“

Das derart konkretisierte Vorhaben, die Einrichtung eines *öffentlichen* Binnenhafens, ist die Widmung des Hafens zur öffentlichen Sache. Der Widmungszweck ergibt sich aus der Intention der ausführenden Behörde bzw. des bewilligenden Parlaments, die schon mit der jeweiligen Eigenart des Projekts festgelegt ist. Wenn also durch Organisationsakt ein *öffentlicher* Binnenhafen errichtet werden soll, dann indiziert dies die Widmung an den *typischen* Verwaltungszweck eines öffentlichen Hafens. Der Inhalt der Widmung, aus der sich die jeweilige spezifische Sachnutzungsbestimmung ableitet[626], besteht demnach in der Darreichung einer sächlichen Verkehrsleistung. Dies geschieht durch die Vorhaltung einer geeigneten Sachgemeinschaft, die in ihrer Gesamtheit als öffentliche Sache uneingeschränkt nutzbar ist.

2. Der Sachstatus des Binnenhafens als öffentliche Einrichtung

Somit sind alle Merkmale für den öffentlich-rechtlichen Sachstatus gesichert:

Durch den einrichtungsbegründenden Organisationsakt des Hoheitsträgers ergibt sich ein konkreter Widmungszweck (Verkehrsbedienung). Dieser legt die Sachnutzungsbestimmung des Hafens fest (Darbringung einer Verwaltungsleistung). Die bestimmungsgemäße Nutzung wird durch die öffentlich-rechtliche Sachherrschaft des Verwaltungsträgers garantiert. Der Sachherr hat daher durch die zulässige Indienstnahme des Hafens eine bürgergerichtete öffentlich-rechtliche Leistungssubjektivität eröffnet.

Auf diese Weise bekommt der aktuelle Einrichtungsbegriff eine neue Dimension. Der öffentliche Sachstatus durchbricht das überkommene Denkschema der Zweiteilung in „hoheitliche" und „schlichte" Verwaltung[627]. Die öffentlichen Einrichtungen sind, den vorbeschriebenen Begriff des „Öffentlichen" zugrunde gelegt[628], grundsätzlich und immer dann öffentliche Sachen, wenn sie unter der Sachherrschaft des Staates einer spezifischen Sachnutzungsbestimmung dienen. Sie müssen deswegen allgemein zugänglich sein[629]. Die Einstufung öffentlicher Ein-

[626] Siehe oben II, 3.

[627] Dazu meint treffend *Ossenbühl* (DVBl. 1973, S. 289 ff. [S. 289]): „Neueren Monographien zu den Einrichtungen verdanken wir bereits die Einsicht, daß die überkommenen Denkschemata für die Nutzung öffentlicher Einrichtungen zu eng geworden sind, und auch in ihrer Konstruktion überholt ... zu sein scheinen."

[628] Siehe oben Abs. I, 1 und 2.

[629] Die „unbeschränkte Öffentlichkeit", welche *Hardinghaus* (S. 18/19) zu Recht durch die öffentlich-rechtliche Sachherrschaft des Staates garantiert sieht, kann naturgemäß nur im Rahmen der jeweiligen Kapazität der öffentlichen Einrichtung gewährt werden. Die beschränkte Aufnahmefähigkeit eines Binnenhafens steht damit nicht im Widerspruch zu seiner Öffentlichkeit.

richtungen, wie die Binnenhäfen es sind, war in dem herkömmlichen System des Sachenrechts nicht möglich. Man beschränkte sich in der Analyse auf die statische *Bereitstellung* von Liegenschaften, unter Vernachlässigung der funktionalen Komponente, der *Nutzung*. Der „ewig junge" Streit um die Rechtsnatur der öffentlichen Sachen[630] könnte einen wesentlichen Fortschritt erfahren, wenn der dynamische Faktor der sächlichen *Leistung* mehr Berücksichtigung findet. Für das Wesen der öffentlichen Einrichtung ist alleinig ausschlaggebend, daß es sich um „eine Sachnutzung gewährende Verwaltungsleistung" handelt[631]. Damit entfallen gleichzeitig die vielfältigen und nicht erforderlichen Einteilungen, denen man bislang die öffentlichen Sachen unterworfen hat. Die herkömmliche Unterscheidung in Sachen des Finanzvermögens, des Verwaltungsvermögens und des Gemeingebrauchs ist nicht mehr fungibel[632]. Selbst diese starre Kategorisierung zeigt jedoch, daß auch bei dem überkommenen dualistischen Begriff der öffentlichen Sache schon Ansätze einer funktionalen Einteilung vorhanden waren. Wenn die sogenannten „Sachen im Gemeingebrauch" von den Sachen des „Verwaltungsvermögens" und des „Finanzvermögens" getrennt wurden[633], so sollte damit nichts anderes zum Ausdruck gebracht werden, als daß öffentliche Sachen im eigentlichen Sinne nur jene sind, die der Darreichung einer Verwaltungsleistung dienen. Das bedeutet, daß mit dieser Trichotomie der öffentlichen Sachen jene ausgeschieden werden sollten, die keine Verwaltungsleistung im eigentlichen Sinne darstellen und damit auch nach funktionaler Bestimmung ausscheiden[634]. Hieraus ergibt sich, daß für das „statusrechtliche Verständnis des Einrichtungsbegriffs"[635] diese herkömmliche Dreiteilung der öffentlichen Sachen ohne

---

[630] *Zippelius*, DÖV 1958, S. 838 ff. (S. 838).

[631] *Bartlsperger*, Verkehrssicherungspflicht, S. 188.

[632] *Külz* (Verwaltungskompetenzen, RdW 9, 1961, S. 27 ff. [S. 37]) schlägt eine Neueinteilung vor, indem er eine „Verfeinerung nach der Beschaffenheit der Sache" zur weiteren Konkretisierung herbeiführen will. Er kommt dann zu einer Unterscheidung von „ambivalenten" öffentlichen Sachen (damit sind die Sachen im „Verwaltungsgebrauch" und des „Finanzvermögens" gemeint) und „notwendig" öffentliche Sachen (also jene, die als öffentliche Sachen im eigentlichen Sinne zu gelten haben).

[633] Etwa bei *Forsthoff*, 1. Bd., AT, S. 346 - 348.

[634] Darunter fällt das „Finanzvermögen". Bedenke man Staatsbrauereien oder Wertpapiere und kapitalmäßige Beteiligungen der öffentlichen Hand an tatsächlich erwerbswirtschaftlichen Unternehmungen (vgl. hierzu Forsthoff, a.a.O.). Das „Verwaltungsvermögen" im herkömmlichen Sinne hingegen kann am einrichtungsrechtlichen Sachstatus partizipieren, soweit es zur Darreichung einer Leistung ansteht. *Forsthoff* (a.a.O.) will in den engeren Bereich der öffentlichen Sachen nur jene einbeziehen, „welche den Zwecken der Verwaltung unmittelbar, d. h. durch ihren Gebrauch als solchen zu dienen bestimmt sind", was sowohl das Verwaltungsvermögen wie auch die „Sachen im Gemeingebrauch" betreffen kann.

[635] *Scholz*, Rupert, S. 219.

Belang ist, da es nur auf die funktionale Bestimmung zur Nutzung ankommt. Es kann dahingestellt bleiben, welche Teile der öffentlichen Binnenhäfen nun nach der überkommenen Auffassung wohl dem „Fiskalvermögen“, dem „Verwaltungsvermögen“ oder den „öffentlichen Sachen im Gemeingebrauch“ zuzuordnen sind. Soweit sie einer öffentlich-rechtlichen Sachnutzungsbestimmung unterliegen, sind diese Sachgemeinschaften als öffentliche Sachen anzusehen[636]. Es erweist sich damit gleichzeitig die Irrelevanz des bürgerlich-rechtlichen Eigentums, das zwar im Regelfalle die öffentliche Hand innehat, das jedoch im Rahmen einer funktionalen Bestimmung durchaus auch Privaten zustehen kann[637]. Folglich muß sich die öffentliche Sache Binnenhafen auch nicht auf dinglich konkretisierte Liegenschaften oder auf bestimmte bewegliche Sachen beziehen[638], sondern es kann eine Sachgemeinschaft aus Liegenschaften und Fahrnis vorliegen, die lediglich durch die gemeinsame Bestimmung statusrechtlich fixiert ist. Der „Mantelbegriff“[639] der öffentlichen Sache wird sodann präzisiert durch die spezifische Sachnutzungsbestimmung, die sich aus dem einrichtungsbegründenden Organisationsakt ergibt[640]. Da hierdurch, im Gegensatz zum herkömmlichen Sachenrecht, die jeweils in Frage stehende Sachgemeinschaft *insgesamt* erfaßt wird, kann die dualistische Sachenrechtstheorie keine Anwendung mehr finden[641].

A. Die Ablehnung des öffentlichen Sachbegriffs der dualistischen Auffassung

Die Sachenrechtstheorie der dualistischen Auffassung war dadurch geprägt, daß sich durch die statusrechtliche Einordnung der Sache deren prinzipielle Rechtsnatur nicht änderte. Zum bürgerlich-rechtlichen Eigentum und zu der bürgerlich-rechtlichen Sachherrschaft[642] kam kumulativ

---

[636] *Ders.* (S. 244) kennzeichnet zu Recht die öffentliche Einrichtung als „organisationsrechtlich nicht typfixierte Verwaltungseinheit“, die nur durch ein Leistungsverhältnis charakterisiert ist.

[637] So zutreffend *Scholz*, Manfred (S. 33): „Öffentliche Sachen können nicht nur im Eigentum des Staates oder eines anderen Hoheitsträgers stehen, sondern auch im Eigentum einer Privatperson. Dieser Fall ist jedoch nach dem geltenden Recht eine Ausnahmeerscheinung.“

[638] *Ders.* (a.a.O.) wendet sich gegen die zu enge Auffassung Otto Mayers, daß öffentliche Sachen im zivilrechtlichen Sinne definiert sein müssen, soweit es die Partizipation am öffentlichen Sachstatus betrifft.

[639] *Stern*, Sache, VVDStRL 21, 1964, S. 183 ff. (S. 183).

[640] Ebd., S. 198.

[641] *Ders.* (a.a.O.) erkennt, daß nach der überkommenen Auffassung die „Sache zwar ihrem Telos nach gebunden“ war, ihr Status aber gleich blieb: „Privatrechtlich mit aufgepfropften öffentlich-rechtlichen Schranken.“

[642] Vgl. § 903 BGB.

ein öffentlicher Zweck hinzu, der durch eine förmliche Widmung manifestiert wurde. Dieser öffentliche Zweck war damit nur ein *zusätzliches* Element zu den schon bestehenden privatrechtlichen Eigentumsverhältnissen[643]. Diese besonders für das öffentliche Straßenrecht vorzufindende Auffassung war von der Formel getragen, daß die „öffentliche Zweckbestimmung der Straße mit dem Gemeingebrauch daran kongruent ist“[644]. Wenn aber nun die öffentliche Sache einer funktionalen Bestimmung unterliegt, so kann sich die Nutzung daran nicht auf den „Gemeingebrauch“ im herkömmlichen Sinne beschränken. Im Rahmen der spezifischen Sachnutzungsbestimmung steht die Sache *insgesamt* zur allgemeinen Disposition. Dagegen rückt die öffentliche Sache der dualistischen Auffassung in bedenkliche Nähe zu der „gemeinwirtschaftlichen“ Einrichtung[645]. Bei beiden Rechtsfiguren liegt ein vollständig dem Privatrecht unterworfenes Subjekt vor, das lediglich eine *zusätzliche* öffentliche Zweckbindung erhalten hat. Diese Konstruktion gestattet kaum konkrete Folgerungen für das Nutzungsverhältnis gegenüber dem berechtigten Bürger. Insbesondere kann hieraus keine Beurteilung entnommen werden, wieweit die privatrechtliche Verfügungsbefugnis durch die öffentliche Zweckbindung im einzelnen Fall verdrängt werden kann[646]. Einerseits wird das Wesensmerkmal der öffentlichen Sache im „Gemeingebrauch“ gesehen, wie das die überkommene Meinung macht[647], um dann andererseits die gleiche Sachgemeinschaft unter die statusfremde weitere Verfügungsbefugnis des Privateigentümers zu stellen. Auf dem Boden dieser Auffassung ist eine Abgrenzung der subsidiären Rechtsstellung des Eigentümers nicht vornehmbar. Es kann als Ergebnis nicht überzeugen, daß jede über den „Gemeingebrauch“ hinausgehende Nutzung dann nur noch als „Benutzung des Straßeneigentums“ zu gelten hat[648].

---

[643] *Maunz* (S. 313) hält hierbei die öffentliche Bestimmung der Sache *in Verbindung* mit dem privaten Eigentum für das ausschlaggebende Element, ohne zu erkennen, daß beides auf verschiedenen Ebenen angesiedelt ist: „In dem Rechtsinstitut der öffentlichen Sache ringen die Ideen der öffentlichen Verwaltung und des Eigentums. Die öffentliche Verwaltung verkörpert das Kollektivinteresse, das Eigentum das Individualinteresse.“

[644] *Bartlsperger* (Bundesfernstraßen, S. 8) kennzeichnet diese Fehleinschätzung zu Recht als eine der Hauptursachen für den problematischen dualistischen Status der öffentlichen Sache im herkömmlichen Sinne.

[645] Siehe oben im 1. Kapitel § 3, Abs. I.

[646] *Woydt* (S. 133): „Die herrschende Lehre verzichtet auch heute noch auf ein Vollrecht des öffentlichen Sachenrechts. Sie bedient sich der Konstruktion einer öffentlich-rechtlichen Zweckbindung des Privateigentums ...“

[647] Siehe oben Fußnote 644 *(Bartlsperger)*.

[648] *Bartlsperger* (zu Art. 90 GG, Rn 36) bezeichnet es als unbefriedigend, daß damit bei Bundesfernstraßen alle weiteren Straßenbenutzungen dem Privatrecht unterliegen, auch wenn diese in einem ursächlichen und unmittelbaren Zusammenhang zum Gebrauch an der öffentlichen Sache stehen.

Die öffentlich-rechtliche Zweckbindung hebt das private Eigentum nicht auf[649], sondern es wird die bürgerlich-rechtliche Verfügungsbefugnis insoweit eingeschränkt, als die öffentlich-rechtliche Zweckbestimmung dies verlangt[650]. Das bedeutet, daß öffentliche Zweckbestimmung und privates Eigentum sich nicht kumulativ vereinen. Auch ist die öffentliche Bestimmung keine beim privaten Eigentum zusätzlich zu beachtende Schranke, denn die öffentlich-rechtliche Sachnutzungsbestimmung und das private Eigentum sind auf völlig verschiedenen Ebenen angesiedelt. Privates Eigentum und öffentlicher Sachzweck stehen sich nicht als major oder minor gegenüber, sondern als aliud. Schon gar nicht handelt es sich um komplementäre Regelungsmechanismen, vielmehr ist der öffentliche Sachstatus alleiniger und verbindlicher Maßstab der Nutzungsverhältnisse.

B. Die Divergenz vom zivilrechtlichen Sachbegriff

Die fehlende Gemeinsamkeit der öffentlich-rechtlichen Sachnutzungsbestimmung mit der Verfügungsbefugnis aus dem privatrechtlichen Eigentum zeigt gleichzeitig, daß der Rechtsbegriff der öffentlichen Sache mit dem Sachbegriff des Privatrechts keinerlei Ähnlichkeit hat[651]. Dabei geht es nicht um den Gegensatz von bürgerlich-rechtlichem Eigentum und öffentlich-rechtlichem Eigentum, was die jeweilige Funktionalität betrifft[652]. Vielmehr ist der Begriff der öffentlichen Sache eine selbständige Prägung des Verwaltungsrechts[653] und daher scharf vom „öffentlichen Eigentum" zu trennen. Beim öffentlichen Sachenrecht handelt es sich nicht um „ein Gegenstück noch eine Ergänzung des bürgerlichen Sachenrechts, wie es im dritten Buch des Bürgerlichen Gesetzbuchs geregelt ist"[654]. Als augenfälligster Unterschied ist für die Sache des bür-

---

[649] So zutreffend *Zippelius*, DÖV 1958, S. 838 ff. (S. 839).

[650] Ebd., S. 838 ff.

[651] *Obermayer*, Verwaltungsrecht, S. 90; *Scholz*, Manfred, S. 34.

[652] Insoweit kann *Woydt* (S. 126) nicht vollständig beigepflichtet werden: „Bürgerlich-rechtliches Eigentum wird bestimmt durch Eigennützigkeit und eigenbestimmte Finalität, es ist Substanzeigentum und der Bereich des Privateigentums ist rechtsgeschäftlicher Gestaltung zugänglich. Es wird sich ... zeigen, daß beim öffentlichen Eigentum in jedem einzelnen Fall genau das Gegenteil zutrifft. Es ist fremdnützig und wird durch fremdbestimmte Finalität charakterisiert. Es ist Funktionseigentum, und der Bereich des öffentlichen Eigentums wird durch objektives Gesetzesrecht bestimmt." Diese Überlegungen können nur insoweit Zustimmung finden, als die spezifische, öffentlich-rechtliche Finalität nicht ein typisches Wesensmerkmal des öffentlichen Eigentums ist, sondern vielmehr allgemein ein Tatbestandsmerkmal der öffentlichen Sache.

[653] *Forsthoff*, 1. Bd., AT, S. 348.

[654] Ebd., S. 348.

gerlichen Rechts Körperlichkeit im Sinne von § 90 BGB erforderlich, was für die öffentlichen Sachen ohne Belang ist[655].

Eine konkrete Gegenständlichkeit ist in Anbetracht der Verwendung im Rechtsverkehr für zivilrechtliche Sachen unabdingbar. Für öffentliche Sachen hingegen ist es weder möglich noch erforderlich, eine Körperlichkeit zu definieren. Sie zeichnen sich als Gemeinschaften verschiedener Subjekte (Liegenschaften, bewegliche Güter, Vermögenswerte) aus, die in ihrem rechtlichen Schicksal in der Darreichung einer sächlichen Verwaltungsleistung verbunden sind. Maßstab ist ausschließlich der widmungsgemäße kollektive Zweck, im Rahmen des einrichtungsbegründenden Organisationsaktes. Soweit in einem öffentlichen Binnenhafen die konkrete Liegenschaft, das Gebäude oder eine technische Einrichtung (z. B. Kräne), dazu bestimmt ist, dessen Verkehrsfunktion auszuführen, gilt die Gesamtheit dieser Vorhaltungen als öffentliche Sache. Die individuelle körperliche Beschaffenheit ist ohne Bedeutung. Die Sache im bürgerlich-rechtlichen Sinne kennzeichnet sich durch Spezialität, die öffentliche Sache durch Funktionalität.

Die völlige Verschiedenheit der öffentlichen Sache von der Sache im Sinne des § 90 BGB eröffnet die Beurteilung des Verhältnisses zwischen dem öffentlichen Sachstatus der Binnenhäfen und dem privaten Eigentum. Die private Betriebsform der öffentlichen Binnenhäfen unterliegt in *diesem* Zusammenhang der gleichen Einschätzung wie die Eigentumsverhältnisse.

IV. Die Vereinbarkeit des öffentlichen Sachstatus mit dem privatrechtlichen Eigentum und der zivilistischen Betriebsform der Häfen

Das Eigentum an den Häfen einerseits und die statusrechtliche Zuordnung andererseits können grundsätzlich keinerlei Kollisionen erleben. Zumeist sind Konflikte schon aus tatsächlichen Gründen nicht möglich, denn das privatrechtliche Eigentum steht regelmäßig, wenn auch nicht notwendigerweise, dem öffentlichen Sachherrn des Hafens zu. Für diesen muß die öffentliche Sachwaltung ohnehin dominieren, denn dies entspricht der alleinigen Zweckbestimmung der Unternehmung. Problematisch kann das unabhängige Nebeneinander von Statusqualität und der privaten Eigentumsverhältnisse allenfalls dort erscheinen, wo der Binnenhafen mit Vermögen und Gütern nicht ausschließlich der öffentlichen Hand gehört. Das betrifft auch die Hafenbetriebsgesellschaften, die keiner Majorität der öffentlichen Hand unterliegen[656]. Hier

[655] Ebd., S. 348.

[656] Das sind wenige, überwiegend kleinere Häfen. Vgl. dazu oben im 2. Kapitel § 2, Abs. I, 3 B a.

könnte sich der Fall ergeben, daß eine privatnützige Verfügung aus der bürgerlich-rechtlichen Sachherrschaft mit der öffentlich-rechtlichen Sachnutzungsbestimmung nicht vereinbart werden kann. Zwar unterstehen auch diese öffentlichen Binnenhäfen generell der Sachherrschaft der öffentlichen Hand[657], doch könnten sich in der Praxis Zweifel bei den Maßstäben zur Nutzung der Verkehrsleistung einstellen, soweit das Privatrecht im konkreten Fall einen anderen Maßstab als das öffentliche Recht liefern würde[658]. Grundsätzlich läßt der öffentlich-rechtliche Status die bürgerlich-rechtliche Verfügungsgewalt unberührt, insoweit ist der rein öffentlich-rechtliche Status verfassungsrechtlich unbedenklich[659]. Der öffentlich-rechtliche Status kann ohnehin nur bestehen, wenn der Sachherr Eigentümer der Sache ist oder ein anderer Eigentümer dem einrichtungsbegründenden Organisationsakt zugestimmt hat[660]. Da die öffentliche Sache „in voller Breite ihrer Zweckbestimmung in den Dienst des Publikums" gestellt ist[661], ist es jeweils am Verwaltungszweck der Einrichtung zu messen, wieweit der privatrechtliche Anspruch „präkludiert" wird[662]. Da die Rechtsmacht des Eigentümers des öffentlichen Binnenhafens nicht grundsätzlich verleugnet, sondern gegebenenfalls nur mit der öffentlichen Zweckbindung abgegrenzt wird[663], kann sie für die statusrechtliche Betrachtung keine Bedeutung haben[664]. Damit ist das private Eigentum an der Sache grundsätzlich in keiner Weise eingeschränkt[665]. Eine Vorherrschaft des öffentlichen Sachherrn besteht nur insoweit, als die Verfügung dem öffentlichen Sachzweck entspricht. Der Sachherr darf also die Nutzung regulieren, schützen und durch Unterhaltung erleichtern[666]. Nur soweit sich im Ausnahmefall eine Konkurrenz der verschiedenen Sachzuordnungen ergeben sollte, wird diese

---

[657] Vgl. oben 3. Kapitel, § 1, Abs. II, 2.

[658] Wie bereits (1. Kapitel, § 4, Abs. II und III) aufgezeigt wurde, kann diese Wesensverschiedenheit beider Rechtsgebiete auch nicht durch die inadäquaten Mechanismen des Monopolmißbrauchs reguliert werden. *Scholz*, Rupert (S. 226/227) meint in diesem Zusammenhang treffend: „Sie mögen zwar mitunter befähigt sein, gewisse Rechtsfolgen öffentlich-rechtlicher Monopole inhaltlich zu mildern oder zu modifizieren; zu konstitutiven Lösungen übergreifender Art sind sie jedoch nicht imstande. Denn die innere Verschiedenheit öffentlichrechtlicher und privatrechtlicher Eingriffsmechanismen läßt sich auf keinen einheitlichen Nenner bringen."

[659] *Bartlsperger*, Bundesfernstraßen, S. 14.

[660] *Stern*, Sache, VVDStRL 21, 1964, S. 183 ff. (S. 204).

[661] *Köttgen*, S. 32.

[662] Ebd., S. 32.

[663] Ebd., S. 33.

[664] *Hardinghaus* (S. 19/20): „Die Personengleichheit von öffentlichem Sachherrn und privatem Eigentümer ist nach deutschem Recht nicht essentiell, sondern nur akzidentiell." Deswegen sind „öffentlicher Sachherr und privater Eigentümer häufig, aber nicht immer und nicht notwendig personengleich".

[665] Ebd., S. 21.

[666] Ebd., S. 21.

„zugunsten der Zuordnung in den Aufgabenbereich des öffentlichen Sachherrn" zu entscheiden sein[667]. Deswegen trifft den öffentlichen Sachherrn des Binnenhafens die Verantwortlichkeit für die Erhaltung des besonderen öffentlichen Zwecks im Rahmen der Zweckbindung (Verkehrsbedienung), mit der er die Sache behaftet hat[668]. Auch hier ist dem öffentlichen Recht Vorrang vor der Privatrechtsordnung einzuräumen[669].

Ein weiteres rechtslogisches Erfordernis macht es dogmatisch zwangsläufig, den Vorrang der öffentlichen Sachwaltung an den Binnenhäfen anzuerkennen: In der Funktion, der Erbringung einer Verwaltungsleistung, sind die Binnenhäfen untrennbar mit der Bundeswasserstraße verbunden. Sie teilen daher deren rechtliches Schicksal. Wollte man im Einzelfall abwägen, ob man die öffentliche Zweckbindung oder die private Eigentumsbindung privilegieren will[670], so wäre die tatsächliche und rechtliche Verbundenheit zur Wasserstraße auseinandergerissen.

V. Das Verhältnis der öffentlichen Binnenhäfen zum Sachstatus der Wasserstraßen

Ebenso wie die Bundesfernstraßen[671] stellen die öffentlichen Binnenwasserstraßen, also im Regelfalle die Bundeswasserstraßen, eine umfassende Verwaltungsleistung dar. Das einzige Gegenargument gegen einen ausschließlich öffentlich-rechtlichen Sachstatus der Bundeswasserstraßen kann aus dem Wortlaut von Art. 89 Abs. I des Grundgesetzes entnommen werden. Wenn hier von „Eigentum" die Rede ist, so war schon bei dem Vorläufer der Verfassungsnorm, Art. 97 der Weimarer Reichsverfassung, geklärt worden, daß es sich nicht um privatrechtliches Eigentum handeln müsse. Es sollte lediglich klargestellt werden, daß das Reich neben der öffentlich-rechtlichen Sachherrschaft *auch* das Privatrechtseigentum haben sollte, gleichsam als zusätzliche, aber nicht zwangsläufige Sicherung[672]. Schon bei dem Begriff „Eigentum" der Wei-

---

[667] Ebd., S. 21.

[668] Ebd., S. 19.

[669] *Emmerich* (S. 161) meint hingegen, hiervon könne „keine Rede sein". Zwar ist er der Auffassung, daß bei dem Zusammentreffen mehrerer Ordnungsprinzipien „allein das Rangverhältnis" entscheide, die Abwägung könne aber durchaus zu einer gleichzeitigen Anwendbarkeit beider Regelungen führen, so daß eine gegenseitige Modifikation herbeizuführen sei: Bei der grundsätzlichen Wesensverschiedenheit der öffentlich-rechtlichen Sachnutzungsbestimmung und der privatrechtlichen Herrschaftsgewalt aber erscheint eine Modifikation nur schwer vorstellbar, es sei denn, man würde sie auf der Ebene der dualistischen Sachherrschaftstheorie ansiedeln wollen.

[670] Wie das *Emmerich* (S. 161) offensichtlich vorschlägt.

[671] *Bartlsperger*, Bundesfernstraßen, S. 11.

[672] *Kaczmarzyk* (S. 131) führt zu Recht aus, daß hier nicht das privatrechtliche Eigentum als beherrschendes Moment festgelegt werden sollte, sondern

marer Reichsverfassung war man sich darin einig, daß der unterschiedliche Gebrauch des Wortes durch den Gesetzgeber nicht ausschließlich das privatrechtliche Eigentum bezeichnen sollte[673]. Mit dem Terminus „Eigentum“ bzw. „Eigentümer“ in Art. 97 der Weimarer Reichsverfassung und in Art. 89 des Grundgesetzes wollte man lediglich die Vermögensträgerschaft des Reiches bzw. des Bundes festschreiben[674]. Beim Reichswasserstraßenvertrag[675] und bei den (der Weimarer Verfassung nachfolgenden) Artikeln 89 und 90 des Grundgesetzes hatten die beteiligten Personen „jedenfalls keine dezidierten Vorstellungen über den Rechtsstatus der Bundeswasserstraßen und der Bundesfernstraßen“ erkennen lassen[676]. Daraus folgt, daß auch eine historische Auslegung der genannten Verfassungsnormen nicht hindert, das „Eigentum“ als einen Begriff der allgemeinen Rechtslehre anzuerkennen[677]. Die bürgerlich-rechtliche Einengung des Begriffs in den §§ 903 ff. BGB ist nur *eine* mögliche Ausgestaltung[678]. Hätte Art. 89 Abs. I GG tatsächlich lediglich die Festschreibung des Privatrechtseigentums an den Bundeswasserstraßen beabsichtigt, so wäre die Norm neben der Vorschrift des Art. 134 GG überflüssig und bedeutungslos[679]. Art. 89 Abs. I GG hat vornehmlich die Verwaltungsträgerschaft festgelegt. Deswegen kann der Bund nach Art. 89 Abs. II GG die Bundeswasserstraßen durch eigene Behörden verwalten (Wasser- und Schiffahrtsdirektionen)[680]. Die Bundeswasserstraßen sind dadurch in ihrem rein öffentlich-rechtlichen Status gesichert: Der Bund hat neben der Verwaltungsträgerschaft auch die öffentlich-rechtliche Sachherrschaft — die Sachnutzungsbestimmung der

---

daß es um die Klarstellung einer alten Rechtsauffassung gehe: „Daß zu dieser Klarstellung kein Anlaß bestanden habe, wird man schwerlich behaupten können. Noch um die Jahrhundertwende und anscheinend sogar noch bei Schaffung der Weimarer Reichsverfassung war ja noch in den Gebieten des gemeinrechtlichen Wasserrechts die auch vom Reichsgericht gebilligte Meinung herrschend, daß die öffentlichen Flüsse in niemandes Eigentum seien; auch nicht im Eigentum des Staates, wohl aber unter seiner hoheitlichen Herrschaft stünden.“

[673] *Ders.* mit weiteren Nachweisen.

[674] So zutreffend *Bartlsperger*, Bundesfernstraßen, S. 15.

[675] Vgl. hierzu die ausführlichen Darlegungen von *Kaczmarzyk* (S. 133).

[676] *Bartlsperger*, Bundesfernstraßen, S. 15.

[677] *Woydt* (S. 116) meint in diesem Zusammenhang, daß es sich um „eine Art Oberbegriff“ der allgemeinen Rechtslehre und -theorie handelt.

[678] *Ders.* zu Recht: „Seine Ausgestaltung richtet sich nach der jeweiligen Rechtsordnung; erst durch diese Ausgestaltung wird der reine Begriff zum identifizierbaren Rechtsbegriff.“

[679] *Külz* (Verwaltungskompetenzen, RdW 9, 1961, S. 27 ff. [S. 29]): „Insoweit hätte Art. 89 unbedenklich unter Fortlassung des Abs. I sogleich mit Abs. II beginnen können.“ Dies sei ein weiteres Indiz dafür, daß es nicht um die bloße Sicherung der privatrechtlichen Position gegangen sein kann.

[680] Vgl. zu dieser Problematik die Darlegungen im 2. Kapitel (§ 2, Abs. III, 2 A).

Bundeswasserstraße ergibt sich aus deren Beschaffenheit. Widmungszweck ist die Darbringung einer Verkehrsleistung[681]. Wenn die Binnenwasserstraßen einen rein öffentlich-rechtlichen Sachstatus innehaben[682], so lassen sich hieraus unmittelbare Schlußfolgerungen auf den Sachstatus der öffentlichen Binnenhäfen ableiten. Die öffentlichen Binnenhäfen sind untrennbar mit der allumfassenden Verkehrsfunktion der Bundeswasserstraße verknüpft, gleichgültig, ob sie nach förmlichen Kriterien[683] „Bestandteile" der Wasserstraßen sind oder nicht[684]. Die Verkehrsleistung der Wasserstraßen ist nicht denkbar ohne die öffentlichen Binnenhäfen, andererseits kann die Wasserstraße ihren vollen Wert nur durch die Verbindung zum Landweg über den Binnenhafen erhalten[685]. Ebenso wie bei der förmlichen Zuordnung des Hafengebietes zu der Wasserstraße das privatrechtliche Eigentum am Hafenbecken keine Rolle spielt[686], ist es für das gemeinsame Rechtsschicksal von Bundeswasserstraße und Binnenhafen gleichgültig, wie sich die Verwaltungskompetenzen und Zuständigkeiten jeweils gegenüberstehen. Entscheidend ist vielmehr, daß im Rahmen des sozialstaatlichen Auftrags die Sachherrschaft des Staates über alle öffentlichen Gewässer besteht, daß er also ihre Benutzung disponieren und überwachen kann[687].

Nachdem nun die öffentlichen Binnenhäfen im Verbund mit den öffentlichen Wasserstraßen ein öffentlich-rechtliches Sachnutzungsverhältnis eröffnen, erhebt sich die Frage nach den Schlußfolgerungen, die sich hieraus für die Schiffahrtstreibenden und die Anlieger im Hafengebiet als Leistungsberechtigte ergeben.

---

[681] Die Widmung ergibt sich aus § 5 Bundeswasserstraßengesetz. Diese beschränkt sich im Nachgefolge der aktuellen Rechtsmeinung zu den öffentlichen Sachen nicht auf die „Widmung zum Gemeingebrauch", wie das noch der dualistischen Auffassung entsprochen hätte. — Vgl. im übrigen *Friesecke*, Bundeswasserstraßengesetz, Rn 1 und 2 zu § 5.

[682] Vgl. *Bartlsperger*, zu Art. 90 GG, Rn 39 (S. 38), ebenso *Külz*, Verwaltungskompetenzen, RdW 9, 1961, S. 27 ff. (S. 35/36).

[683] Hierzu im 2. Kapitel § 1, Abs. I, 1.

[684] So zu Recht *Bergdolt*, S. 96/97.

[685] *Dies.* (S. 97) erkennt, daß die Verbundenheit des Handels- oder Verkehrshafens mit der Wasserstraße viel intensiver ist als jene zum trockenen Hinterland: „... denn der Landverkehr ist auf den Hafen als Umschlagsplatz nicht angewiesen; die Bedeutung eines Handelshafens liegt in seiner Vermittlerrolle zwischen Land- und Wasserweg."

[686] Vgl. *Friesecke*, Häfen, ZfW 1962/63, S. 150 ff. (S. 155).

[687] *Hundertmark* (S. 35) schränkt die richtige Erkenntnis, daß eine öffentlich-rechtliche Disposition über die Gewässer als „essentiellen und knappen Produktionsfaktor" unumgänglich sei, unnötigerweise auf die wasserwirtschaftliche Nutzung ein. Was aber für die wasserwirtschaftliche Nutzung ohnehin gilt, muß genauso für die verkehrswirtschaftliche Nutzung gelten.

§ 2. Die bestimmungsgemäße Benutzung der öffentlichen Binnenhäfen als Verwaltungsleistung

Die Erbringung einer Verwaltungsleistung durch Binnenhäfen und Bundeswasserstraßen ist der logische Endpunkt einer Entwicklung, die ihren verfassungsrechtlichen Niederschlag in dem Wandel vom liberalen zum sozialen Rechtsstaat gefunden hat[688]. Die institutionelle Veränderung, die sich bei den öffentlichen Sachen im Zuge der sozialstaatlichen Leistungsverwaltung vollzogen hat[689], erlaubt bei der Betrachtung lediglich einen wesentlichen Gesichtspunkt:

Nur die Funktion als sächliche Verwaltungsleistung kann zum Gegenstand von Rechtsverhältnissen gemacht werden[690]. Wenn das statusgebundene Verhältnis zwischen Binnenhäfen und Nutzungsberechtigten einer „aktualisierenden Rechtsanwendung"[691] eröffnet wird, kommt als alleiniger Maßstab nur die Teilhabe an der staatlichen Sonderrechtsordnung in Betracht. Die konsequente Anwendung der Sonderrechtsthese ergibt nicht nur eine *Zuordnung* der öffentlichen Binnenhäfen zum öffentlichen Recht, sondern auch den *Zwang zur Anwendung* der angehörigen Rechtssätze auf das Nutzungsverhältnis[692]. Die Sonderrechtsordnung des Staates — das öffentliche Recht — wird ausschließlich von der Verfassung begrenzt. Dazu ist allerdings zeitgenössisches Verfassungsverständnis heranzuziehen: Das Grundgesetz weist einerseits eine individualrechtliche Seite vor, andererseits eine institutionelle Seite[693]. Es war bisher schon „klassische" Funktion, den Bürgern ein subjektives öffentliches Recht, also ein Personenrecht, zu gewährleisten. Hier tritt nun die *objektive Ordnungsfunktion* hinzu, also die verfassungsrechtliche Garantie adäquat gestalteter Lebensverhältnisse[694]. Diese institutionelle Ordnungsfunktion unterliegt ebenso dem Anwendungszwang, der durch die Teilhabe an der staatlichen Sonderrechtsordnung bedingt ist. Hier handelt es sich nicht um einen Widerstreit zwischen der subjektiven individuellen Funktion und der koordinativen institutionellen Ausprägung, sondern beide Wesensmerkmale „verstär-

---

[688] *Martens,* Wolfgang, Grundrechte, VVDStRL 30, 1972, S. 8 ff. (S. 10).

[689] *Bartlsperger,* Verkehrssicherungspflicht, S. 206.

[690] Ebd., S. 205.

[691] *Scholz,* Rupert, S. 221.

[692] *Pestalozza* (S. 174) beseitigt mit dieser rechtslogischen Konsequenz einen „Mangel der Wolffschen These" (Note 116), der „erstaunlicherweise nie Anlaß zu einer Fortführung der Sonderrechtstheorie" gegeben hat. Er faßt das mit folgendem Satz zusammen (S. 176): „Der Begriff Sonderrecht meint also ein Zweifaches, nämlich Zuordnung der Rechtssätze zum Subjekt Staat und zwingende Geltung dieser Sätze bei staatlicher Beteiligung am Sachverhalt."

[693] *Häberle,* Wesensgehaltgarantie, S. 70.

[694] *Ders.,* Grundrechte, VVDStRL 30, 1972, S. 44 ff. (S. 135).

ken sich gegenseitig"[695]. Die individuelle Verfassungsgarantie würde in einem rechtsleeren Raum isoliert sein, wenn nicht institutionell gewährleistete Lebensverhältnisse vorliegen, in denen sich die jeweiligen subjektiven Rechte entfalten können[696]. Für die öffentlichen Binnenhäfen in ihrem Leistungsverbund zu der öffentlichen Sache Bundeswasserstraße bedeutet das in der konkreten Anwendung: Es ist nicht ausreichend, unabhängig von der privaten Rechtsform des Hafens die subjektiven verfassungsrechtlich garantierten Rechtspositionen zu gewährleisten (das ist die individuelle Freiheitssicherung der Grundrechte). Vielmehr muß die gesamte Ordnung der öffentlichen Sachenrechtsverhältnisse und der Beziehungen bei der Darbringung der Verwaltungsleistung der verfassungsrechtlichen Systematik entsprechen (das ist die institutionelle, allgemein ordnende Seite). Die Binnenhäfen haben als inkorporierte Teile des Staatsganzen Anteil an dessen Sonderrechtsstellung. Nachdem aber der Staat in Ämtern, Behörden und Gesetzen als „Repräsentation der Staatlichkeit der Gruppe" zu verstehen ist[697], „ist die Folgerung unabweislich, daß er ausschließlich in den Formen des öffentlichen Rechts zu handeln vermag"[698]. Damit entzieht der rein öffentlich-rechtliche Sachstatus die öffentlichen Binnenhäfen insgesamt dem Privatrecht, was die Regelung der Rechtsverhältnisse betrifft[699]. Hieraus folgt nicht, daß privatrechtliche Eigentumsverhältnisse durch den öffentlichen Sachstatus vollständig ausgeschlossen oder gar eliminiert werden sollen. Dieses Ergebnis kann nicht eintreten, denn die öffentliche Sachwaltung ist auf einer anderen Ebene angesiedelt als die private Herrschaftsbefugnis des Eigentümers[700]. Soweit aber die Sachwaltung, im Rahmen der Verwaltungsträgerschaft, vom zivilrechtlichen Eigentum differiert, hat der Eigentümer der öffentlichen Sache im Rahmen der öffentlichen Zweckbestimmung eine diesbezügliche Duldungspflicht. Wenn also bei der bestimmungsgemäßen Nutzung der öffentlichen Binnenhäfen als Verwaltungsleistung rechtliche Dispositionen aus dem Eigentum nicht in die öffentliche Sachwaltung eingreifen und in keinem Zusammenhang zu dieser stehen, bleiben sie unbenommen. Ansonsten aber ist der öffentliche Sachstatus alleiniger und endgültiger Maßstab für die Regelung der Rechtsbeziehungen.

---

[695] *Ders.*, Wesensgehaltgarantie, S. 70.

[696] Ebd., S. 98.

[697] *Krüger*, S. 325.

[698] Ebd., S. 325.

[699] So zutreffend *Bartlsperger* (Verkehrssicherungspflicht, S. 186) für die zwangsläufige Folgerung aus dem öffentlichen Sachstatus.

[700] Der Privatrechtseigentümer und der öffentliche Sachherr sind bei den Binnenhäfen ohnehin in der Regel identisch. Es bestehen demnach kaum praktische Schwierigkeiten, den Vorrang der öffentlichen Sachwaltung zu gewährleisten. Vgl. hierzu im übrigen oben § 1, Abs. IV.

I. Die Rechtsstellung der Hafenbenutzer

1. Die grundsätzliche Identität des Benutzungsverhältnisses bei Anliegern und Schiffahrtstreibenden

Wenn als alleinig bestimmendes Kriterium die Nutzung einer von der öffentlichen Hand dargebotenen sächlichen Verwaltungsleistung vorliegt, ist ein grundsätzlicher Unterschied zwischen den Rechtsbeziehungen der Anlieger und der Schiffahrtstreibenden zum Hafen nicht mehr ersichtlich. Nachdem auch in der überkommenen Auffassung die Schiffahrtstreibenden teilweise einem öffentlich-rechtlichen Hafenbenutzungsverhältnis unterlagen (in der Verwirklichung öffentlich-rechtlicher Gebührentatbestände manifest)[701], andererseits die Anlieger förmlich nur in einem privatrechtlichen Kontraktverhältnis standen, schien hier eine Unterscheidung gerechtfertigt. Man gestand dem Staat zu, ipso jure Privatrechtssubjekt sein zu können. So war es auf der Grundlage der Doppelbödigkeit von Staat und Fiskus nur folgerichtig, über die ganze Privatrechtsordnung mit allen Normen und Institutionen zu verfügen[702]. Darum ist es unumgänglich, den Eintritt in die Privatrechtsordnung zu verschließen, denn der Staat hat gezeigt, wie „eifrig er in sie hinübergewechselt ist, nachdem man die trennenden Mauern niedergelegt hatte"[703]. Dieser „Formenmißbrauch"[704] resultiert im wesentlichen aus „einer organizistisch naturalistischen Mißdeutung des Seins des Staates"[705]. Nur vor dem Hintergrund, kein geistig repräsentatives Gebilde zu sein, sondern angeblich „eine Art von Lebewesen"[706], konnte es überhaupt dazu kommen, über die Fiskustheorie dem Staat die Möglichkeit des privaten Rechts einzuräumen[707].

Die stürmische Entwicklung des Leistungsstaates nach dem zweiten Weltkrieg hatte eine praktische Zwangslage geschaffen. Den Gestal-

---

[701] Vgl. oben im 2. Kapitel § 2, Abs. II, 2 C a.

[702] *Krüger* (S. 326) wendet sich zutreffend gegen diese bedenkliche Schlußfolgerung.

[703] *Krüger*, S. 326.

[704] *Pestalozza* hat in seinem Werk über den „Formenmißbrauch des Staates" darauf hingewiesen, daß es nicht dem Belieben des Staates anheimstehe, einen Sachverhalt dem öffentlichen oder dem privaten Recht zu unterstellen (S. 177). „Diese Strenge des öffentlichen Rechts ist nur für den ungewöhnlich, der glaubt, obrigkeitliches, schlicht hoheitliches, verwaltungsprivatrechtliches und fiskalisches Handeln des Staates in irgendeinem relevanten Sinne unterscheiden zu können."

[705] *Krüger*, S. 326.

[706] Ebd., S. 326.

[707] Ebd. (S. 328) meint hierzu treffend: „Mag somit auch in der Praxis der Fiskus von einem gewöhnlichen Privatmann wesentlich verschieden sein, so kann diese Beobachtung doch daran nichts ändern, daß man das Institut ‚Fiskus' als grundsätzlich verfehlt anzusehen hat."

tungsformen des Obrigkeitsstaates klassischer Prägung waren noch keine flexiblen Leistungsstrukturen an die Seite gestellt worden. Deswegen glaubte man, den Ausweg für die staatliche Aufgabenerfüllung mit privatrechtlichen Organisationseinheiten gefunden zu haben[708]. Es wurde zu gerne übersehen, daß der Staat in jeglicher Form Staat bleibt und damit an das öffentliche Recht, also seine Sonderrechtsordnung, gebunden ist. Oben wurde bereits dargelegt[709], daß die verfassungskonforme Handlungssystematik der Verwaltung in dem Zusammenwirken der persönlichen, individuellen *Grundrechtssicherung* des Bürgers und einer allgemeinen, institutionellen *Grundrechtsordnung* den alleinverbindlichen Maßstab findet. Dies stattet den Bürger zugleich mit Abwehr- *und* Teilhaberechten aus.

Die Teilhabe an den staatlichen Einrichtungen erfordert eine verfassungskonform geordnete Verwaltungsstruktur. Die Verwendung *öffentlich-rechtlich* organisierter Leistungseinrichtungen ist damit unumgänglich. Das bedeutet für die Binnenhäfen als öffentliche Sachen, daß eine Aufspaltung in teils öffentlich-rechtliche, teils privatrechtliche Leistungsverhältnisse nicht zulässig ist. Sind Gestaltungsformen des Privatrechts gewählt worden, so ist das in diesem Zusammenhang ohne jegliche Relevanz: *Jeder*, der sich im Rahmen der technischen Möglichkeiten und in verwaltungsrechtlich zulässiger Weise der Leistungen des Hafens bedient, ist Nutzungsberechtigter einer sächlichen Verwaltungsleistung. Er ist deswegen allen anderen Nutzern gegenüber rechtlich völlig gleichgestellt. Eine Gleichheit der Rechte läßt durchaus eine Differenzierung in technischer Hinsicht nach der jeweils speziellen Eigenart des besonderen Nutzungstatbestandes zu[710]. Somit sind die Schifffahrtstreibenden und die Anlieger im Hafengebiet gleichermaßen Begünstigte der Verwaltungsleistung Hafen und unterstehen insgesamt den Regeln des öffentlichen Rechts.

2. Das Benutzungsverhältnis

A. Gemeingebrauch und Sondernutzung

Da mit dem Hafen eine öffentliche Sache zur allgemeinen Nutzung ansteht, erhebt sich die Frage nach „Gemeingebrauch" und „Sondernutzung". Auf dem Boden der an den öffentlichen Straßen und Wegen

[708] Ebd., S. 329. Vgl. hierzu im übrigen oben im 2. Kapitel § 2, Abs. I, 2.

[709] Vgl. die Überlegungen oben unter § 2 (vor Abs. I), besonders auch Fußnote 692 *(Pestalozza)*.

[710] Ein Kranumschlagsberechtigter verwirklicht naturgemäß einen anderen Tatbestand als eine im Hafengebiet ansässige Spedition. Es besteht aber nur eine *technische* Unterschiedlichkeit, die der *rechtlichen* Gleichheit nicht entgegensteht.

herangebildeten dualistischen Sachenrechtstheorie besteht an den öffentlichen Straßen privatrechtliches Eigentum des Hoheitsträgers. Dieser sei als Eigentümer nur durch die Benutzung der Straße im Rahmen ihrer Zweckbestimmung, also des Gemeingebrauches, eingeschränkt[711]. Jede *andere* Verfügung an der öffentlichen Sache, insbesondere die Einräumung von Sondernutzungsrechten, sollte sich darnach aus diesem Privatrechtseigentum am Straßengrund ergeben. Schon bei den öffentlichen Straßen und Wegen ist man mittlerweile zu der Auffassung gelangt, daß diese überkommene Gebrauchsregelung nicht mehr mit den tatsächlichen Verhältnissen und dem aktuellen Verfassungsverständnis vereinbar ist. Die öffentlichen Straßen und Wege haben, wie andere öffentliche Sachen, die Funktion, eine umfassende Verwaltungsleistung darzubringen. Die Aufteilung in öffentlich-rechtlichen Gemeingebrauch und privatrechtliche Sondernutzung kann den Umständen nicht mehr gerecht werden. Die Anerkennung der öffentlichen Straßen als Verwaltungsleistung ist nicht nur vom Gemeingebrauch geprägt, sondern vielmehr können „Gemeingebrauch" und „Sondernutzung" im herkömmlichen Sinne erst *zusammen* der öffentlichen Zweckbestimmung der Straße gerecht werden[712]. Die veraltete inhaltliche Deckung von öffentlicher Zweckbindung und Gemeingebrauch würde dazu führen, sich „zu Gunsten einer schrittweisen Privatisierung der öffentlichen Sache" zu entscheiden[713]. Deswegen ist es nicht folgerichtig, die Nutzung an öffentlichen Sachen auf jene im „Gemeingebrauch" einzuschränken[714].

Soweit man überhaupt noch mit dem Schema Gemeingebrauch/Sondernutzung arbeitet, ist der rein publizistischen Auffassung zu folgen: Die Sondernutzung ist vom Privateigentum unabhängig und unterliegt nur dem öffentlichen Recht im Rahmen der Zweckbestimmung[715]. Das Wasserrecht und das Wasserverkehrsrecht zeigen denn auch, daß das am Straßenrecht entwickelte Schema kein zwangsläufiges Ergebnis aus dem öffentlichen Sachstatus darstellt. Diese Benutzungsregelung ist historisch gewachsen und typisch auf *Straßen und Wege* zugeschnitten. Im Wasserrecht ist die zulassungsgebundene Nutzung vom Gesetzgeber sogar in den Mittelpunkt der öffentlichen Zweckbestimmung gerückt worden[716].

Unter Berücksichtigung der konkreten Belange der Häfen ist zunächst daran zu erinnern, daß nach deren natürlicher Form oder kraft

---

[711] So für die überkommene Auffassung *Ganschezian-Finck*, NJW 1957, S. 285 ff. (S. 285).

[712] *Bartlsperger*, Bundesfernstraßen, S. 16.

[713] Zu Recht *Köttgen*, S. 32.

[714] *Scholz*, Manfred, S. 34.

[715] Zutreffend *Hundertmark*, S. 40/41.

[716] *Bartlsperger*, Bundesfernstraßen, S. 16.

koordinationsrechtlicher Abmachung sich die Zugehörigkeit zur Bundeswasserstraße entscheidet[717]. Darnach richtet sich die Geltung des Wasserhaushaltsgesetzes oder des Bundeswasserstraßengesetzes. Soweit es sich um Stichhäfen handelt, wäre § 23 Wasserhaushaltsgesetz einschlägig, der den „Gemeingebrauch" regelt; hier ist insofern dann der Eigentümer- und Anliegergebrauch nach § 24 des Gesetzes zulässig. Wie aber schon an § 24 Abs. II Wasserhaushaltsgesetz zu sehen ist, kommt ein Eigentümer- oder Anliegergebrauch im Geltungsbereich des Bundeswassenstraßengesetzes nicht in Betracht. § 5 Bundeswasserstraßengesetz berechtigt zwar zum Befahren der Wasserstraßen im Rahmen der gesetzlichen Vorschriften, doch handelt es sich nach der Systematik des Gesetzes hierbei nicht um Gemeingebrauch[718]. § 6 Bundeswasserstraßengesetz setzt zwar den Gemeingebrauch voraus, womit allerdings nicht die Regelung des § 5 gemeint ist. Die Vorschrift unterstellt eine bereits nach anderen Rechtsgrundlagen bestehende Widmung der Bundeswasserstraßen[719]. Wenn sich somit je nach der Zugehörigkeit des betreffenden Binnenhafens zur Wasserstraße die Regelung des „Gemeingebrauchs" nach § 23 Wasserhaushaltsgesetz bzw. § 6 Bundeswasserstraßengesetz richtet, gehört hierzu *nicht* das Befahren mit Wasserfahrzeugen[720]. Dabei ist es die hauptsächliche Aufgabe der Bundeswasserstraßen im Verbund mit den Häfen, das Befahren und die Bedienung von Wasserfahrzeugen zu ermöglichen und zu gewährleisten. Wenn also ein „Gemeingebrauch" möglich und zulässig ist, dann ist dies eine Nutzung, die mit dem *verkehrsrechtlichen* Gebrauch der Wasserstraße und des Hafens keinerlei Zusammenhang hat[721]. Überdies kann *dieser* Gemeingebrauch nach § 6 i. V. m. § 46 Nr. 3 Bundeswasserstraßengesetz insoweit eingeschränkt werden, als dies für die Verkehrsfunktion der Wasserstraße erforderlich ist[722].

Aber auch bei jenen Häfen, für welche diese Regelungen des Bundeswasserstraßengesetzes nicht gelten (die also nach §§ 45 Abs. IV, 3 Abs. I keine Teile der Wasserstraße sind), ist regelmäßig eine Beschränkung dieser Art des Gemeingebrauchs vorgesehen[723]. Sofern also vom „Ge-

[717] Vgl. oben im 2. Kapitel § 1, Abs. I, 1.

[718] BVerwG, ZfW 1970, S. 148.

[719] *Friesecke* (Bundeswasserstraßengesetz, Anm. 1 zu § 6) mit Ausführungen zu dem hier ursprünglich vorliegenden Regierungsentwurf, der diese Intention noch deutlicher erkennen ließ.

[720] *Ders.*, Bundeswasserstraßengesetz, Anm. 2 zu § 6.

[721] *Ders.* (ebd.) nennt hier den Gebrauch zum Baden, Waschen, Schöpfen mit Handgefäßen, Vieh tränken, Schwemmen und Nutzung zur Eisbahn.

[722] *Friesecke* (Bundeswasserstraßengesetz, Anm. 2 zu § 46) führt dazu aus, daß diese Regelungsbefugnis sich nach der wasserwegerechtlichen Natur des Gesetzes auf die Verkehrsfunktion der Wasserstraße beschränkt.

[723] z. B. ist nach § 31 der Hafenordnung für das Hafengebiet in Passau (Amtsblatt der Stadt Passau und des Landkreises Passau v. 6. 8. 1969, Nr. 18,

meingebrauch" im Hafengebiet die Rede ist, dann bezieht sich das nur auf Nutzungsmöglichkeiten, die den Zweck eines öffentlichen Binnenhafens nicht ausmachen. Dieser „Gemeingebrauch" resultiert lediglich aus der „ungerichteten" Vorhaltung einer öffentlichen Wasserfläche und ist im übrigen weitestgehend eingeschränkt. Der *eigentliche* Tätigkeitsbereich der öffentlichen Binnenhäfen, nämlich die Verkehrsbedienung der Schiffahrtstreibenden und die Förderung der Infrastruktur[724] umliegender Gebiete wird somit von diesem Schema des „Gemeingebrauchs" ohnehin nicht erfaßt. Das bedeutet, daß die Gleichsetzung von Gemeingebrauch und von widmungsgemäßem Gebrauch für die Häfen nicht in Betracht kommt, und weiterhin, daß eine andere Benutzungsregelung zu finden ist. Deswegen kann das am Recht der öffentlichen Straßen und Wege entwickelte Schema von Gemeingebrauch und Sondernutzung auf die technisch und rechtlich anders gelagerten Verhältnisse bei der Verkehrsbedienung im Hafen nicht übertragen werden. Für den *eigentlichen* Gebrauch des Hafens findet sich eine Benutzungsordnung vor, die der besonderen Zweckbestimmung entspricht.

B. Die Benutzungsordnung der öffentlichen Binnenhäfen als Resultat des Sachstatus

Da das Gebrauchsschema der öffentlichen Straßen und Wege auf die Binnenhäfen nicht übertragen werden kann, liegt hier eine Nutzungsordnung sui generis vor, deren Gestaltung dem öffentlichen Sachstatus entspricht. Eine Parallele zur Benutzungsregelung der öffentlichen Straßen und Wege könnte nur dann angenommen werden, wenn man entgegen der überkommenen Auffassung den Gemeingebrauch als zulassungsfreie, den Sondergebrauch als zulassungspflichtige Nutzung ansehen würde[725]. Die Zusammenfassung des zulassungsfreien und des zulassungsgebundenen Gebrauchs zum „Gemeinschaftsgebrauch"[726] auch für das öffentliche Straßen- und Wegerecht würde eine einheitliche Benutzungsordnung für *alle* öffentlichen Sachen eröffnen. Der Gebrauch am Binnenhafen, ob zulassungsfrei oder zulassungspflichtig, ist letztlich ebenso Gemeinschaftsgebrauch an einer öffentlichen Sache wie jener an öffentlichen Straßen und Wegen. Das Schema Gemeingebrauch und

---

S. 49) das Baden verboten oder das Treiben von Eissport im Hafen. Ähnliche Regelungen finden sich in fast allen Hafenordnungen, die nach den jeweils unterschiedlichen Gegebenheiten variieren.

[724] Vgl. oben im 2. Kapitel § 1, Abs. I, 2 B. Bei der hier angeschnittenen Frage der „Bauwürdigkeit" sind nur diese beiden Aspekte der Hafentätigkeit überhaupt von Belang.

[725] *Hardinghaus* (S. 23, Fußnote 22) schlägt diese Einteilung vor, als konsequente Schlußfolgerung aus der rein publizistischen Sachenrechtstheorie.

[726] *Bartlsperger*, Bundesfernstraßen, S. 16.

Sondernutzung läßt sich nicht beliebig übertragen, sondern es ist für die jeweiligen Sachenrechtsverhältnisse die Nutzungsordnung den rechtlichen Erfordernissen und tatsächlichen Gegebenheiten anzupassen. Nachdem die Aufnahme- und Umschlagskapazität eines jeden Hafens naturgemäß beschränkt ist, sind spezifische Zulassungsregelungen unerläßlich. Es kann dann insoweit zwischen einem zulassungsfreien und einem zulassungspflichtigen Gebrauch unterschieden werden, also einer „untitulierten" und einer „titulierten" Nutzung des Hafens[727].

Der zulassungsfreie Gebrauch ist in der Regel bei der sogenannten „Schiffsmeldestelle"[728] anzuzeigen. Diese An- und Abmeldung bei den Schiffsmeldestellen ist kein Zulassungsakt, sondern hat lediglich deklaratorische Bedeutung. Es handelt sich also um eine nicht „titulierte" Nutzung des Hafens. Hingegen ist die weitere Inanspruchnahme der Umschlags- und Verladeanlagen von einem Zulassungsakt abhängig, der sich schon zwangsläufig aus der beschränkten Kapazität ergibt[729]. Diese zulassungsgebundene Nutzung ist „titulierte" Nutzung, wobei es auf eine *förmliche* Erlaubniserteilung im Hinblick auf die praktischen Erfordernisse nicht ankommen kann. Gleichgültig, in welcher Art und Weise die Zulassung des jeweils Berechtigten erfolgt; die Verfügung hat für den Nutzungsberechtigten die verbindliche Regelung eines Einzelfalles zum Gegenstand. Deswegen ist sie im materiellen Sinne als Verwaltungsakt anzusehen[730]. Durch die Zulassung zu der jeweiligen Umschlagseinrichtung wird die bestimmungsgemäße Nutzung einer Verwaltungsleistung geregelt. Folglich handelt es sich um eine Anordnung auf dem Gebiet des öffentlichen Rechts. Eine bloße privatrechtsgestaltende Willenserklärung der öffentlichen Hand bleibt außer Betracht[731]. Wie bereits ausgeführt wurde[732], gilt in den öffentlichen

[727] Diese Unterscheidung wird von *Stern* (Sache, VVDStRL 21, 1964, S. 183 ff. [S. 214]) für die Nutzungsordnung an öffentlichen Sachen generell getroffen.

[728] Vgl. den Text von § 16 der Allgemeinen Hafenverordnung für das Land Nordrhein-Westfalen: „Fahrzeuge, Flöße oder schwimmende Anlagen sind von den Schiffsführern oder denjenigen Personen, unter deren Obhut sie stehen, unverzüglich nach der Einfahrt unter Vorlage der Schiffs- und Ladepapiere in der von der Hafenbehörde vorgeschriebenen Form bei dieser anzumelden und rechtzeitig vor Verlassen des Hafens abzumelden." In Ausfüllung dieser Vorschrift ist etwa in Ziffer 4.1.0. der allgemeinen Benutzungsbedingungen für die Anlagen der städtischen Hafenbetriebe Neuß die An- und Abmeldung bei der örtlichen Schiffsmeldestelle des Hafens Neuß vorgesehen.

[729] So in den allgemeinen Benutzungsbedingungen für die Anlagen der städtischen Hafenbetriebe Neuß: In Ziffer 3.4. ist für die Inanspruchnahme der städtischen Umschlagstellen die vorherige Zustimmung des Hafens erforderlich. In Ziffer 5.2. ist festgelegt, daß die hafeneigenen Umschlagseinrichtungen in der Reihenfolge der Anmeldung eingesetzt werden.

[730] Vgl. *Obermayer*, Verwaltungsrecht, S. 59/60.

[731] *Ossenbühl* (DVBl. 1973, S. 289 ff. [S. 291]) wendet sich treffend gegen die Zweistufentheorie bei der Zulassung zu öffentlichen Einrichtungen, daß durch einen privatrechtsgestaltenden Verwaltungsakt ein nachfolgender Kontra-

Binnenhäfen das sogenannte „Jedermann-Prinzip". Dieses „Jedermann-Prinzip" wird trotz der privatrechtlichen Betrachtungsweise in der überkommenen Auffassung aus der „Öffentlichkeit" des Binnenhafens abgeleitet. Das Prinzip ist zutreffend, es ergibt sich jedoch aus der Definition der Binnenhäfen als Verwaltungsleistung. Dieses „Jedermann-Prinzip" ist das subjektive öffentliche Recht auf Zulassung zur Sachnutzung.

C. Das subjektive öffentliche Recht auf Zulassung zur Hafenbenutzung

Die Tatsache, daß viele Binnenhäfen als Kapitalgesellschaften des Privatrechts auftreten und auch die unselbständigen Sondervermögen zum Teil privatrechtlich erscheinen, ist kein Hindernis für die Anerkennung eines subjektiven *öffentlichen* Rechtes auf Zulassung zur Hafenbedienung. Mit Blick auf den schon mehrfach angeführten Aspekt des Formenmißbrauchs[733] besteht kein ersichtlicher Grund, auch bei selbständigen Leistungseinrichtungen „von dieser Binsenweisheit des öffentlichen Sachenrechts abzurücken"[734]. Daß naturgemäß nur eine bestimmte Kapazität zur Verfügung steht, ist kein Argument gegen das subjektive Recht[735]. Es gilt hier der alte Grundsatz: ultra posse nemo obligatur[736]. Vielmehr ist eine Zugangsregelung für den Gebrauch der öffentlichen Sache Binnenhafen unumgänglich, um die Aufrechterhaltung der Funktion im Rahmen der Sachnutzungsbestimmung zu gewährleisten[737].

Das subjektive öffentliche Recht auf Zulassung ergibt sich seinem Grunde nach nicht aus den mehr oder minder zufällig vorhandenen, einfachgesetzlichen Regelungen, sondern es leitet sich von Art. 19 Abs. IV GG ab[738]. Wie bereits angedeutet, ist die Anwendung verfassungskonformer Strukturen nicht lediglich auf die persönliche, *abwehrende* Sicherung des Bürgers abgestellt[739]. Mit dem aktiven *Teilhaberecht*

---

hierungszwang gegenüber der verselbständigten öffentlichen Einrichtung entstehen würde. Die zweistufige Zulassung durch die Bürokratie wäre regelmäßig nicht festzustellen und auch nicht erforderlich. Deswegen sei die Zulassung als solche schon Verwaltungsakt.

[732] Vgl. oben im 1. Kapitel § 1, Abs. II.

[733] Vgl. oben 1, bes. Fußnote 704 *(Pestalozza).*

[734] *Ossenbühl,* DVBl. 1973, S. 289 ff. (S. 293).

[735] Ebd., S. 289 ff.

[736] Zutreffend *Martens,* Wolfgang, Grundrechte, VVDStRL 30, 1972, S. 8 ff. (S. 25).

[737] *Köttgen* (S. 31): „... die Funktion der öffentlichen Sache ist ohne die Möglichkeit einer Selektierung des sie in Anspruch nehmenden Publikums mehr und mehr unvollziehbar geworden."

[738] *Bartlsperger,* Nachbarrecht, VerwArch 60, 1969, S. 35 ff. (S. 48).

des Bürgers an der grundgesetzlichen Ordnung[740] hat sich eine Umbildung des Begriffes der „öffentlichen Gewalt" vollzogen. Es stellt sich das Verhältnis zu den „Gewaltunterworfenen" nach aktuellem Staatsverständnis nicht mehr als bloßes Über- und Unterordnungsverhältnis dar[741]. Nachdem der einzelne „nicht mehr lediglich als Objekt der Verwaltung"[742] anzusehen ist, räumt ihm Art. 19 Abs. IV GG mehr als nur einen Abwehranspruch gegen Übergriffe der öffentlichen Gewalt im herkömmlichen Sinne ein. Er kann diese Garantie der Rechtsstaatlichkeit, in Verbindung mit Art. 3 Abs. I GG, aktiv als gleichmäßiges, subjektives Zulassungsrecht beanspruchen. Diesem Umstand als Folge eines historischen Fortschritts ist durch die Entscheidung der Verfassung für die Sozialstaatlichkeit Rechnung getragen. Ein besonders augenfälliges Beispiel hierfür findet sich im Sozialhilferecht. Während sich früher aus dem Gesichtspunkt der öffentlichen Fürsorge die allgemeine innere Verwaltung darauf beschränkte, gleichsam als „Almosen" individuelle Bedürftigkeit unter dem Gesichtspunkt der Sicherheit und Ordnung zu beseitigen, räumt § 4 Abs. I des Bundessozialhilfegesetzes einen *Rechtsanspruch* auf Sozialhilfe ein. Solche normativen Entscheidungen für das subjektive Recht können nicht zu dem Umkehrschluß führen, daß dieses dort nicht zuzugestehen sei, wo eine ausdrückliche Festlegung fehlt. Solche einzelgesetzlichen Festlegungen signalisieren vielmehr den Charakter der gesamten staatlichen Weiterentwicklung. Die moderne Leistungsverwaltung handelt sehr häufig ohne spezielle Ermächtigung kraft ihres sozialstaatlichen Auftrags. Es ist davon auszugehen, daß das Grundgesetz als Wertordnung im Sozialstaat eine Vermutungsregel impliziert, dem Kreis der tatsächlich Begünstigten auch eine subjektive Berechtigung einzuräumen[743]. Im Bereich der öffentlichen Binnenhäfen ist diese Regel schon lange zur tatsächlichen Handhabe gediehen. Hier kann das ohnehin schon allgemein anerkannte „Jedermann-Prinzip" als subjektives öffentliches Recht konkretisiert werden. Eine anderweitige Begründung für dieses Prinzip ist nicht ersichtlich. Die Gedanken des Monopolmißbrauchs oder der sittenwidrigen Ausnutzung

---

[739] BVerwG (DÖV 1966, S. 198 ff. [S. 199]): „Durch das Grundgesetz wurde dem staatlichen Leben eine neue Ordnung gegeben. Diese ist keine wertneutrale Ordnung, sondern eine objektive Wertordnung. Das Grundgesetz betrachtet den Menschen nicht als isoliertes Einzelwesen."

[740] Siehe oben 1.

[741] *Bartlsperger* (Nachbarrecht, VerwArch 60, 1969, S. 35 ff. [S. 48]): „Dem liegt des näheren die Überlegung zugrunde, daß sich im Hinblick auf das vornehmlich in den Art. 20 und 28 GG zum Ausdruck gebrachte freiheitlich-soziale Staatsverständnis sowie zufolge des Bekenntnisses der Art. 1 und 2 GG zum Schutz von Würde und Freiheit des Menschen das Verhältnis von öffentlicher Gewalt und Gewaltunterworfenen grundlegend neu darstellt, ..."

[742] Ebd., S. 35 ff.

[743] *Bartlsperger*, Verkehrssicherungspflicht, S. 165.

einer wirtschaftlichen Machtstellung sind *nicht* adäquate Regelungsmechanismen für die Nutzungsordnung an einer öffentlichen Sache[744]. Deswegen handelt es sich bei dem „Jedermann-Prinzip" um ein klagbares, subjektives öffentliches Recht auf Zulassung auch dann, wenn der Binnenhafen in privatrechtlicher Form organisiert ist[745].

Nachdem das Nutzungsverhältnis der Schiffahrtstreibenden und der Anlieger rechtlich identisch ist (wenn auch technisch verschieden gestaltet), gilt das subjektive Recht grundsätzlich für beide Gruppen. Hieraus ergeben sich Konsequenzen für den Rechtsweg bei Konflikten.

D. Der Rechtsweg im Rahmen des Hafennutzungsverhältnisses

Da es sich bei dem subjektiven Recht auf Zulassung zur Hafennutzung um einen öffentlich-rechtlichen Anspruch handelt, ist bei Rechtskonflikten die Beschreitung des Verwaltungsrechtswegs nach § 40 Abs. I VwGO zwangsläufig. Weil dieses Recht sich grundsätzlich aus Art. 19 Abs. IV GG ableitet, ist dieses Ergebnis auch durch die Verfassung gedeckt. Die Zuständigkeit des *ordentlichen* Rechtswegs ist nach Art. 19 GG nur insoweit gegeben, als eine „andere Zuständigkeit nicht begründet ist ...". Für die Durchsetzung von Zulassungsansprüchen ergibt sich eine solche anderweitige Zuständigkeit unmittelbar aus dem Wortlaut von § 40 Abs. I VwGO, denn es handelt sich nicht um einen unmittelbar vermögensrechtlichen Anspruch im Sinne von § 40 Abs. II VwGO. Durch den Begriffswandel der „öffentlichen Gewalt" ist es belanglos, wie die öffentliche Hand im Einzelfall dabei aufgetreten ist[746]. Deswegen gehören Zulassungsklagen grundsätzlich und immer vor die Verwaltungsgerichte. Das gilt auch, wenn es sich bei dem Hafen um eine selbständige öffentliche Einrichtung in privatrechtlicher Form handelt[747].

Die Regelungen mit den Anliegern im Hafengebiet (häufig als privatrechtliche Verträge eingekleidet) sind letztlich differenzierte Zulassungs-

---

[744] Vgl. hierzu die Ausführungen oben im 1. Kapitel, § 4, Abs. II.

[745] So zutreffend *Badura* (JuS 1966, S. 17 ff. [S. 19] mit zahlreichen Nachweisen [Entscheidungsrezension von OVG Lüneburg, DVBl. 1964, S. 365]), der die privatrechtliche Organisationsform von öffentlichen Leistungseinrichtungen beim Zulassungsanspruch als irrelevant darstellt.

[746] Vgl. hierzu *Schwabe*, NJW 1973, S. 229 ff. (S. 230).

[747] *Ossenbühl*, DVBl. 1973, S. 289 ff. (S. 294); *ders.* (Verwaltungsaufgaben, VVDStRL 29, 1971, S. 137 ff. [S. 208]) räumt in diesem Zusammenhang ein, daß das geltende Verfahrens- und Prozeßrecht mit dem „Phänomen privater Verwaltungshilfe" nicht rechnet. Dennoch gestattet die elastische und pragmatische Begriffsbildung des Prozeßrechts eine Einpassung in das geltende Recht. „Der private Verwaltungshelfer ist unter Umständen zugleich als ‚Behörde' im Sinne des § 73 VwGO und als ‚Körperschaft' im Sinne des § 78 VwGO anzusehen." Dieser Vorschlag *Ossenbühls* hat den Vorzug, daß de lege lata eine prozeßrechtlich richtige Behandlung „privater" Verwaltungsträger möglich ist.

regelungen zu einer öffentlichen Einrichtung[748]. Deswegen handelt es sich bei Streitigkeiten aus diesen Verträgen ebenso um die öffentlich-rechtliche Zulassung zu einer Verwaltungseinheit. Es kann aus diesem Grunde keine Begründung mehr für die Zuweisung an die Zivilgerichte aus § 13 GVG hergeleitet werden[749], zumal es sich hier allenfalls um eine „gewohnheitsrechtliche Zuweisung“[750] handelt. Solche traditionellen Wertausfüllungen von Normen hindern nicht, daß sich die Maßstäbe an die aktuelle Rechtsentwicklung angleichen. Daher sind diese Zulassungsansprüche nicht mehr als „bürgerliche Rechtsstreitigkeiten“ im Sinne von § 13 GVG zu betrachten. Die Zuweisung in § 13 GVG ist ausdrücklich unter dem Vorbehalt der anderweitigen Zuständigkeit der Verwaltungsgerichte erfolgt. Eine „historische Interpretation“ von § 13 GVG ist das offensichtliche Relikt der Fiskustheorie, das sich bis heute erhalten zu haben scheint[751]. Nach aktuellem Rechtsverständnis sind Streitigkeiten um die Regelung von öffentlichen Zulassungsrechten grundsätzlich vor den Verwaltungsgerichten auszutragen, gleichgültig, ob es sich um die Einzelzulassung eines Schiffahrtstreibenden handelt oder um die Streitigkeit eines Anliegers aus seinem Vertrage[752].

Diesem Ergebnis steht auch nicht die gesetzliche Rechtswegverweisung entgegen. In Art. 34 Abs. II a der revidierten Rheinschiffahrtsakte[753] ist zwar für Streitigkeiten über Grund und Höhe von Lotsen-, Kran-, Waage-, Hafen- und Bohlwerksgebühren die Zuständigkeit der Rhein-

[748] Hierzu noch genauer unten in Abs. II, 1 A.

[749] Etwa OLG Köln, VersR 1960, S. 43 ff.; zuletzt BGH, DÖV 1973, S. 213.

[750] OLG Köln, VersR 1960, S. 43 ff.

[751] Zutreffend *Klebe*, S. 18.

[752] *Wolff*, Verwaltungsrecht I, S. 312; *Simons*, S. 200; *Löwenberg*, S. 26; *Badura*, JuS 1966, S. 17 ff. (S. 18) (Entscheidungsrezension von OVG Lüneburg, DVBl. 1964, S. 365); *Stern* (Vertrag, VerwArch 49, 1958, S. 106 ff. [S. 153]) will hingegen bei öffentlich-rechtlichen Verträgen differenzieren, daß aus einem öffentlich-rechtlichen Vertrag auch privatrechtliche Ansprüche und Forderungen resultieren können. Eine Begründung hierfür gibt er allerdings nicht. Jedenfalls (S. 155) sei eine rein öffentlich-rechtliche Betrachtung dann gegeben, wenn das geregelte Rechtsverhältnis nicht Gegenstand der Privatrechtsordnung sei, sondern zur Erfüllung von Verwaltungsaufgaben geschlossen wird. *Püttner* (S. 344) will den Verwaltungsgerichtsweg zwar auch beschritten sehen, weist aber auf die Schwierigkeit hin, daß Forderungen hier nicht durch Zahlungsbefehl tituliert werden können. Dieser Nachteil dürfe aber nicht überschätzt werden. Immerhin seien sowohl aus der Fernsprechordnung (§ 20) wie aus den allgemeinen Versorgungsbedingungen der Energieversorgung noch andere wirksame Mittel (Sperrung der Leistung) vorhanden — was allerdings nicht unangefochten sein kann. So halten *Eiser/Riederer/Hlawaty* (IV A, S. 42 a) eine Sperre der Energiezufuhr als Druckmittel für unzulässig. Letztlich wird es hier auf die Verhältnismäßigkeit ankommen, also daß etwa die Aussperrung von einer Hafenleistung nur dann erfolgen darf, wenn dies von der Aufrechterhaltung des Verwaltungszwecks im Rahmen der Verhältnismäßigkeit geboten erscheint.

[753] V. 17. Oktober 1868, i. d. F. v. 11. März 1969 (BGBl. II 1969, S. 567).

schiffahrtsgerichte gegeben. Ebenso ist nach § 2 Abs. I f des Gesetzes über das gerichtliche Verfahren in Binnenschiffahrtssachen[754] für diese Sachen die Zuständigkeit der Binnenschiffahrtsgerichte festgelegt. Derartige Gebühren (die angeführten Normen unterscheiden nicht zwischen „Gebühren“ und „Entgelten“) unterlägen unabhängig vom Gestehungsgrund nach dem Wortlaut der Verweisungen der Zuständigkeit der Rheinschiffahrtsgerichte bzw. Binnenschiffahrtsgerichte.

Bei diesen Gerichten handelt es sich um Fachabteilungen der ordentlichen Gerichte, die in dem betreffenden geographischen Raum bei Straf- und Zivilsachen aus der Binnenschiffahrt entscheiden. Zuständig sind grundsätzlich die Binnenschiffahrtsgerichte, für Rheinschiffahrtssachen die Rheinschiffahrtsgerichte (Art. 1 Abs. III der Rheinschiffahrtsakte schließt den Lek und die Waal in den Geltungsbereich ein). In den zuvor angeführten Verweisungsvorschriften an die Fachgerichte ist ausdrücklich gefordert, daß es sich um bürgerliche Rechtsstreitigkeiten handeln muß, wobei dann die einzelnen Gebührentatbestände *im Rahmen* der bürgerlichen Streitigkeiten präzisiert werden. Es wird also kein Unterschied zwischen öffentlichen und privaten Binnenhäfen gemacht. Da aber bürgerliche Rechtsstreitigkeiten nur dort vorliegen, wo sich der Gebührentatbestand innerhalb eines privatrechtlichen Leistungsverhältnisses hält (etwa bei einem privaten Hafen) liegt hier nur eine Präzisierung der allgemeinen zivilrechtlichen Zuständigkeit der Binnenschiffahrtsgerichtsbarkeit vor. Mit der enumerativen Anführung von Konfliktsgruppen in den Verweisungsnormen waren dann auch die Abgeltungen von einzelnen Diensten einzubeziehen. Wenn die Gebühr sich aber nicht als das Ergebnis eines privatrechtlichen Vertragsverhältnisses, sondern eines öffentlich-rechtlichen Leistungsverhältnisses darstellt, dann untersteht die Streitigkeit nicht der allgemeinen Zuständigkeit der Binnenschiffahrtsgerichte oder der Rheinschiffahrtsgerichte[755]. Daß es der ratio legis der Rheinschiffahrtsakte entspricht, nur *bürger-*

---

[754] Vom 27. September 1952, in der Fassung vom 14. Mai 1965 (BGBl. I, S. 389).

[755] a. A. BGH (DÖV 1973, S. 213): In der Entscheidung wird einerseits ausdrücklich die Rechtsnatur des Hafengeldes als öffentlich-rechtliche Gebühr anerkannt, andererseits die Zuständigkeit der Rheinschiffahrtsgerichte angenommen. Diese offensichtlich zu sehr am Wortlaut orientierte Auslegung des Gesetzes über das gerichtliche Verfahren in Binnenschiffahrtssachen und der Rheinschiffahrtsakte übersieht, daß nach § 2 Abs. I des Gesetzes über das gerichtliche Verfahren ausdrücklich als Binnenschiffahrtssachen „*bürgerliche* Rechtsstreitigkeiten, die mit der Benutzung von Binnengewässern durch Schiffahrt oder Flößerei zusammenhängen“, genannt sind. Ebenso ist es mit Art. 34 Abs. II der Rheinschiffahrtsakte: „In Zivilsachen zur Entscheidung im summarischen Prozeßverfahren über Klagen: ...“ Beide Verweisungen setzen also voraus, daß es sich ohnehin schon um eine Zivilsache handele. Deswegen kann aus dem bloßen Wort „Hafengebühren“ nicht gefolgert werden, daß eine Zuständigkeit grundsätzlich und immer gegeben ist, gleichgültig, ob die „Gebühr“ dem öffentlichen oder dem privaten Recht angehört.

liche Rechtsstreitigkeiten den Rheinschiffahrtsgerichten zuzuweisen, ergibt sich aus der Entstehungszeit der Akte. Bei deren Inkrafttreten im Jahre 1868 war ein ausgeprägtes deutsches Verwaltungsrecht noch kaum vorhanden. Überdies hätte man wegen des Zeitverständnisses die Gebührentatbestände auch dann dem Zivilrecht belassen, wenn man deren öffentlich-rechtlichen Charakter erkannt hätte. Hier muß nur an die historischen Hintergründe der Fiskustheorie erinnert werden.

Allerdings ist einzuräumen, daß der Wortlaut der Rheinschiffahrtsakte bei einer nur sprachlichen Interpretation zu Mißverständnissen Anlaß gibt, die zu beseitigen wären. Wenn bei der Entstehung der Rheinschiffahrtsakte öffentlich-rechtliche Belange überhaupt noch nicht berücksichtigt werden konnten, so kann nach aktuellem Rechtsverständnis die nur für bürgerliche Rechtsstreitigkeiten konzipierte Zuständigkeitsverteilung nicht auf alle, auch öffentlich-rechtliche Streitigkeiten, ausgedehnt werden. Vielmehr treten die öffentlich-rechtlichen Streitigkeiten bei öffentlichen Häfen *neben* die bürgerlich-rechtlichen Streitigkeiten privater Häfen. Die öffentlich-rechtlichen Streitigkeiten gehören vor die Verwaltungsgerichtsbarkeit, die privatrechtlichen Streitigkeiten unterliegen der Zuständigkeit der Rheinschiffahrtsgerichte bzw. der Amts- oder Landgerichte. Daran hat auch das Gesetz über das gerichtliche Verfahren in Binnenschiffahrtssachen aus dem Jahre 1952 nichts geändert. Hier wird (fast wörtlich) lediglich an die traditionelle Zuständigkeitsverteilung der Rheinschiffahrtsakte für jene Schiffahrtssachen angeschlossen, die nicht im Geltungsbereich der Akte liegen. Diese werden in analoger Systematik nach § 1 den Amts-und Landgerichten, als Binnenschiffahrtsgerichten des jeweiligen Bezirks, zugewiesen.

II. Einzelne Folgerungen aus dem öffentlich-rechtlichen Einrichtungsstatus

1. Die Anliegerverträge

A. Die Verträge als öffentlich-rechtliche Verträge

Wie bei den Überlegungen zum Verwaltungsrechtsweg bereits deutlich wurde, haben die Verträge der Anlieger, als Zugangsregelungen zur Hafenleistung, öffentlich-rechtliche Qualität. Allerdings ist mit dem Nachweis der verwaltungsgerichtlichen Zuständigkeit noch nicht geklärt, wie Rechtskonflikte im einzelnen dogmatisch behandelt werden sollen. Dabei ist die Frage von Bedeutung, ob und in welchem Umfange bürgerlich-rechtliche Analogien heranzuziehen sind.

Mit den Anliegern im Hafengebiet, als Dauernutzungsberechtigten, werden in der Regel zur Gestaltung des Nutzungsverhältnisses Verträge geschlossen, die als Miet-, Pacht- oder Erbbaurechtverträge ausgestaltet sind[756]. Sinn und Zweck dieser Verträge ist, die Dauernutzung der Verwaltungsleistung Hafen in einer Weise zu regeln, die sowohl für die Hafenverwaltung als auch für den betroffenen Nutzungsberechtigten eine rechtliche Absicherung darstellt. Es soll weiterhin die technische Disposition (Bedarfsrechnung) hinsichtlich der vorhandenen Kapazitäten ermöglicht werden. Da die Verträge also in ihrem Regelungsgegenstand die Nutzung öffentlicher Leistungseinrichtungen betreffen, kann es sich nur um öffentlich-rechtliche Verträge handeln[757]. Daß auf beiden Seiten des Vertragsverhältnisses die Kontrahenten förmlich als Private erscheinen, ist dabei ohne Belang. Dagegen ist entscheidend, daß der Vertrag „zur Erfüllung von Verwaltungsaufgaben" geschlossen wird[758]. Auch der Hafenpachtvertrag, mit dem der Betrieb an *einen* privaten Unternehmer übertragen wird, ist ein öffentlich-rechtlicher Vertrag. Das hat schon das Reichsgericht im Jahre 1913 ausdrücklich anerkannt[759], doch konnte sich dieser richtige Ansatz in der weiteren Rechtsprechung, speziell für die Hafenverträge, nicht durchsetzen. Der Hauptgrund hierfür ist wohl weniger in der besonderen Materie öffentlicher Binnenhäfen zu suchen. Es handelt sich vielmehr um das allgemeine Ergebnis des Mißtrauens, das man dem Rechtsinstitut des öffentlich-rechtlichen Vertrages, seit seiner Ablehnung durch Otto Mayer[760], entgegenbrachte. Die Entwicklung ist seither noch zu keinem einhelligen Ergebnis gelangt[761]. Man ist sich allenfalls darin einig, daß die Existenz von öffentlich-rechtlichen Verträgen eine nicht zu verleugnende Realität darstellt[762]. Insbesondere

---

[756] Vgl. hierzu oben im 2. Kapitel § 2, Abs. II, 2 A bis B, b.

[757] Zu Recht *Ossenbühl* (DVBl. 1973, S. 289 ff. [S. 292]): „In der Tat wird man sich der Argumentation nicht entziehen können, daß die zwischen Bürger und Gemeinde geltenden Benutzungsregelungen ihrem Inhalt und Gegenstand nach das öffentliche Recht betreffen."

[758] *Stern* (Vertrag, VerwArch 49, 1958, S. 106 ff. [S. 155]) weist zutreffend darauf hin, daß es nicht auf die förmliche Rechtsstellung der Beteiligten ankommen darf, sondern nur auf den Regelungsgegenstand. *Püttner* (S. 339) meint, daß immer dort, wo im Rahmen eines Nutzungsverhältnisses gegenseitige Rechte und Pflichten begründet werden, öffentlich-rechtliche Verträge als gegeben zu erachten seien.

[759] RGZ 83, S. 283 ff. (S. 285). Bei der Entscheidung ging es um die Verpachtung des Hafenbetriebes Barby, wobei zum Ausdruck gebracht wurde, daß damit auch der Pächter öffentlich-rechtlichen Bindungen unterläge.

[760] *Otto Mayer* (Vertrag, AöR 3, 1888, S. 1 ff. [S. 5]) war der Auffassung, es müsse die „Lehre vom öffentlich-rechtlichen Vertrag als die bedenklichste von allen erscheinen ...", denn das Verhältnis von Staat und Untertanen sei ausschließlich durch den Befehl geprägt. Vgl. hierzu oben § 1, Abs. I, 1, bes. Fußnote 553 *(Otto Mayer)*.

[761] Vgl. *Löwenberg* (S. 26) mit zahlreichen Nachweisen.

[762] So *Forsthoff* (1. Bd., AT, S. 264): „Das hieße, der Rechtswissenschaft einen schlechten Dienst erweisen, die vor Rechtserscheinungen, welche fest in Brauch und Übung stehen, nicht kapitulieren darf, will sie nicht den Zusammenhang mit der Rechtswirklichkeit verlieren."

ist der Haupteinwand gegen den öffentlich-rechtlichen Vertrag, nämlich dessen „Gesetzeslosigkeit“, mit dem Positivismus entfallen[763]. Da weite Bereiche der öffentlichen Leistungsverwaltung im modernen Sozialstaat nicht streng gesetzesakzessorisch sind, sondern sich aus dem sozialstaatlichen Auftrag der Verfassung ergeben, kann dieses Argument gegen öffentlich-rechtliche zweiseitige Bindungen nicht mehr anerkannt werden[764]. Vielmehr muß die Rechtmäßigkeit des jeweiligen verwaltungsrechtlichen Vertrages im Einzelfalle überprüft werden[765]. Ein solcher Vertrag kann jedenfalls nicht verbindlich sein, wenn schon seine Zulässigkeit in Frage steht[766]. Es ist entscheidend, daß der Vertrag nicht gegen die Prinzipien der Verfassung verstößt (etwa den Gleichbehandlungsgrundsatz). Das heißt, daß der öffentliche Sachherr, im Rahmen seiner Befugnis zur Sachwaltung und unter Beachtung der Sachnutzungsbestimmung, auch ohne gesetzliche Ermächtigung öffentlich-rechtliche Verträge abschließen darf. Soweit ist dies durch seinen Kompetenzbereich gedeckt[767]. Da es sich im Bereich der Nutzung öffentlicher Binnenhäfen bei den Verträgen nicht um die Regelung sicherheitsrechtlicher Belange handelt (das wären die verwaltungspolizeilichen Befugnisse der Hafenbehörde), liegt es in der Kompetenz der Hafenverwaltung, die Dauernutzungsverhältnisse vertraglich abzusichern. Wenn sich die Verwaltung in eine gesteigerte Rechtsbindung begibt[768], hat sie dennoch keine Gestaltungsfreiheit, die dem Zivilrecht vergleichbar ist. Als öffentliche Verwaltung muß sie die „positive und negative Gesetzmäßigkeit wahren“[769]. Die Verträge, welche die Benutzung der Verkehrsleistung Hafen regeln, unterliegen im Gegensatz zur Norm keinem Veröffentlichungszwang. Deswegen ist besonders wichtig, an welchen Maßstäben deren Inhalt gemessen werden soll. Bejaht man auch die Zulässigkeit

---

[763] *Forsthoff*, 1. Bd., AT, S. 266.

[764] *Apelt* (AöR 84, 1959, S. 249 ff. [S. 270]) führt aus, daß eine Beschränkung auf streng gesetzesakzessorisches Verhalten der öffentlichen Verwaltung eine unzutreffende Anwendung des Rechtsstaatsgedankens wäre.

[765] *Stern* (Vertrag, VerwArch 49, 1958, S. 106 ff. [S. 137]) trifft allerdings hierbei eine zu enge Eingrenzung, wenn er die Zulässigkeit des öffentlich-rechtlichen Vertrages im Einzelfall an einer vorhandenen Dispositivnorm messen will. Er muß auch einräumen, daß einschlägige Normen im öffentlichen Recht in geringerem Umfange vorhanden sind. Die Feststellung hätte dann durch Interpretation der Norm zu erfolgen.

[766] Zutreffend *Beinhardt*, S. 53.

[767] *Wolff* (Verwaltungsrecht I, S. 309): „Subordinationsrechtliche Verträge sind nach pflichtgemäßem Ermessen auch ohne gesetzliche Ermächtigung zulässig, soweit die Träger öffentlicher Verwaltung innerhalb ihrer besonderen hoheitlichen Kompetenzbereiche rechtlich nicht zu einseitig ordnender Regelung eines Lebenssachverhalts gezwungen sind.“

[768] Nach *Simons* (S. 50/51) ist das ein Hauptmerkmal des verwaltungsrechtlichen Vertrages.

[769] *Wolff*, Verwaltungsrecht I, S. 309.

vertraglicher Regelungen, so erhebt sich damit die Frage nach den konkreten Maßstäben bei Zweifelsfällen und Rechtsstreitigkeiten.

B. *Die konkrete Behandlung der Verträge bei Rechtskonflikten*

a) Die Ablehnung genereller zivilrechtlicher Analogien

Eine grundsätzliche zivilrechtliche Analogie kommt bei den Anliegerverträgen als verwaltungsrechtlichen Verträgen nicht in Betracht, da der Regelungsgegenstand sich vom Privatrecht grundsätzlich unterscheidet. Zwar werden auch mit dem verwaltungsrechtlichen Vertrag korrespondierende Leistungspflichten zwischen der öffentlichen Hand und dem Vertragsnehmer begründet[770], doch sind diese Regelungen nur die Konkretisierung von Mitwirkungspflichten des Sachherrn bei Dauernutzungsverhältnissen an einer öffentlichen Sache. Dagegen sind privatrechtliche Leistungsverbindungen lediglich vom Interessenausgleich geprägt, der nur durch die sehr weiten Bindungen von Treu und Glauben sowie von dem Verbot der Sittenwidrigkeit begrenzt wird[771]. Es geht also um die Erfüllung von Verwaltungsaufgaben in geregelten Formen, nicht aber um die Koordinierung von Interessen gleichberechtigter Kontrahenten, was deren jeweilige privatrechtliche Autonomie betrifft. Wenn das äußere Erscheinungsbild gewisse Ähnlichkeiten bietet, so ist dies ausschließlich durch die Gegenseitigkeit verursacht, nicht aber von einer grundsätzlichen Parallele zum Zivilrecht bestimmt[772]. Es kommt wegen der wesensmäßigen und funktionellen Verschiedenheit des Verwaltungsrechts vom Privatrecht[773] eine pauschale Übernahme zivilrechtlicher Vertragskonstruktionen nicht in Betracht[774]. Sonach ist für die Bemessung des Inhalts von öffentlich-rechtlichen Verträgen allein das öffentliche Recht maßgebend, ein Rückgriff auf das bürgerliche Recht unzulässig[775].

---

[770] Vgl. hierzu *Papier*, S. 26.

[771] Zu der Problematik der Inhaltskontrolle von „allgemeinen Benutzungsbedingungen" wurde bereits oben (2. Kapitel, § 2, Abs. II, 2, C, b) ausgeführt, daß die Überprüfung von Zugangsregelungen öffentlicher Einrichtungen nur mit öffentlich-rechtlichen Grundsätzen vorgenommen werden kann.

[772] Hingegen *Blume* (S. 195), der hier eine Vergleichbarkeit mit privatrechtlichen Interessenlagen erkennen will.

[773] *Simons*, S. 19.

[774] *Püttner* (S. 340) meint zutreffend, daß darüber hinaus auch technische Schwierigkeiten (Vertragsänderung, Kündigung) eine solche Übertragung zweifelhaft erscheinen ließen.

[775] *Forsthoff*, 1. Bd., AT, S. 269/270; a. A. *Bullinger* (S. 94/95), der mit der analogen Anwendung bürgerlich-rechtlicher Haftungsbestimmungen, insbesondere bei der Vertragshaftung „unter den begrifflichen Mantel der Analogie", schon längst ein Gemeinrecht als entwickelt betrachtet. Die systemwidrige Verwendung von Analogien aber kann doch nie als vorgeblicher, rechtlicher

Die tiefere Begründung für die noch in weitem Umfange gepflegte Analogie zum Zivilrecht dürfte auch hier letztlich in der überkommenen Auffassung der Doppelpersönlichkeit von Staat und Fiskus wurzeln. Öffentlich-rechtliche Beziehungen wurden in der Vergangenheit bevorzugt als zivilrechtliche Verhältnisse gewertet, wenn finanzielle oder geldwerte Ansprüche geregelt waren[776]. Es lag rechtshistorisch das billigenswerte Bestreben zugrunde, durch die Verlagerung ins Zivilrecht weite Bereiche des Staatshandelns justiziabel zu machen. Sie sollten so der privilegierten Rechtsstellung der Obrigkeit entzogen sein[777].

b) Die clausula rebus sic stantibus und die allgemeinen Regeln des Bürgerlichen Gesetzbuches als Grundprinzipien aus der apriorischen Natur des Vertrages

Wenn eine unbesehene Übernahme zivilrechtlicher Regelungen für die Lösung von Rechtskonflikten und die Bemessung des Vertragsinhaltes nicht anerkannt werden kann, sind damit nicht alle Gedanken aus dem öffentlichen Vertragsrecht zu verbannen, die *auch* im zivilrechtlichen Vertragsrecht vorhanden sind. Das betrifft jene Regeln, die sich als Bestandteil der allgemeinen Rechtslehre darstellen. Schon der Begriff des „Vertrages" ist nicht vom bürgerlichen Recht okkupiert, sondern hat apriorische Natur[778]. Es gibt Grundsätze, die *jedem* Vertragsverhältnis als Ausdruck einer zweiseitigen gesteigerten Bindung innewohnen. Hier ist als oberstes Prinzip der Satz „pacta sunt servanda" zu nennen. Eine Begrenzung für verwaltungsrechtliche Verträge findet sich nur in der Beachtung rechtsstaatlicher Grundsätze auf seiten der öffentlichen Hand. Das bedeutet, daß die Bindungswirkung des Hafennutzungsvertrages gegenüber den Anliegern besteht, soweit die öffentliche Verwaltung nicht zu einem rechtswidrigen Verhalten im Interesse der Vertragstreue gezwungen ist. Die bloße Verschlechterung der Interessenlage auf seiten der Verwaltung beseitigt die Bindungswirkung des Vertrages allein noch nicht. Die Rechtsbeständigkeit des öffentlich-rechtlichen Anliegervertrages ist nur dann aufgehoben, wenn das Festhalten am Vertrag objektiv rechtswidrig wäre. Die rechtstechnische Lösung für einen solchen Konflikt findet sich mit einem weiteren Institut, das sich eben-

---

Fortschritt ausgelegt werden. Das Prinzip der Analogie setzt begriffslogisch wesentliche Parallelen vergleichbarer Systeme voraus. Genau das aber liegt beim öffentlichen Recht im Verhältnis zum Zivilrecht keinesfalls vor.

776 So zutreffend *Stern*, Vertrag, AöR 84, 1959, S. 106 ff. (S. 111).

777 Ebd., S. 106 ff. — Hieraus entstand ebenso das Dilemma des „Amtshaftungsrechtes", das nur durch Privatisierung zu einem gerechten Ergebnis gelangen konnte (dazu ausführlicher unten in Punkt 3).

778 *Stern*, Vertrag, VerwArch 49, 1958, S. 106 ff. (S. 129); *Beinhardt*, S. 53; *Simons*, S. 133; *Forsthoff*, 1. Bd., AT, S. 269.

falls aus der apriorischen Natur des Vertrages ergibt: die „clausula rebus sic stantibus“[779]. Allerdings wird man mit Blick auf die wirtschaftlichen Gegebenheiten in den Binnenhäfen, die es zur weiteren Sicherstellung des öffentlichen Sachzwecks zu erhalten gilt (Verhinderung von Substanzverlust), manche Veränderungen über die clausula rebus sic stantibus lösen müssen, die oberflächlich nur als Verschlechterung der wirtschaftlichen Lage erscheinen. Das ist der Fall, wenn Kostendeckung in einem Umfang nicht mehr erreicht werden kann, der eine pekuniäre Gefährdung des gesamten Unternehmens bedeuten würde. Ein weiteres Festhalten an der zunächst vereinbarten Regelung wäre rechtswidrig, wenn hierdurch die Sachnutzungsbestimmung durch den öffentlichen Sachherrn nicht mehr gewährleistet werden könnte. Das Bundesverfassungsgericht hat sich auch in diesem Sinne bei koordinationsrechtlichen Verträgen geäußert[780]. Es besteht kein Anlaß, dies für Verträge im bürgerschaftlichen Nutzungsverhältnis nicht zu übernehmen. Allerdings sind an die Unzumutbarkeit des weiteren Festhaltens an dem Vertrage, insbesondere auch an die Voraussetzung einer definitiven Geschäftsgrundlage, strenge Anforderungen zu stellen. Beim öffentlichen Binnenhafen dürfte dieses Problem besonders bei der Gebührenabgeltung aus dem Vertrage von Bedeutung sein. Gerade durch die rapide Veränderung des Geldwertes in den letzten Jahren könnte ein Festhalten an Gebührenhöhen für die Hafenverwaltung unzumutbar sein, welche dem Hafen auf längere Sicht erhebliche finanzielle Verluste einbrächten. Der Verwaltungszweck im Rahmen der Sachnutzungsbestimmung könnte dann erheblich beeinträchtigt sein. Wenn nun in extrem gelagerten Fällen der Wegfall der clausula rebus sic stantibus angenommen werden muß, bedeutet dies nicht Nichtigkeit oder Unwirksamkeit des gesamten Vertrages[781].

Nach der Rechtsprechung des Bundesverfassungsgerichts erfolgt nur eine inhaltliche Angleichung des Vertrages[782]. Nur dann, wen auch die Angleichung des Vertrages keinen Erfolg mehr versprechen kann, ist seine gesamte Wirkung aufzuheben, unter Umständen auch ein Ausgleich in Geld möglich[783].

Letztlich sind auch die Vorschriften des bürgerlichen Rechts über die Abgabe und die Anfechtung von Willenserklärungen (§§ 116 bis 121, 123, 133 BGB) Ausdruck der apriorischen Natur des Vertrages und nicht

[779] Zu Recht bezeichnet *Forsthoff* (1. Bd., AT, S. 270) die clausula als Wesenselement gerade des öffentlich-rechtlichen Vertrages.

[780] BVerfG, DÖV 1973, S. 161 ff. (S. 161).

[781] Das wäre bei der abgelehnten zivilrechtlichen Analogie wegen § 139 BGB zwangsläufig.

[782] BVerfG, DÖV 1973, S. 161 ff. (S. 161).

[783] BVerfG, ebd. S. 161 ff.

typisch zivilrechtlich geprägt. Aus Gründen der Praktikabilität, nicht aber als Ausdruck gedanklicher Analogie zum Zivilrecht schlechthin, erscheint es zweckmäßig, diese Regelungen auch im öffentlichen Recht bei öffentlich-rechtlichen Verträgen gelten zu lassen[784].

Wie bei den Überlegungen zur Vertragstreue der öffentlichen Hand bereits deutlich wurde, ist bei dem Hauptproblem — Gebührenerhebung — entscheidend, ob mit der Gebühr noch der Sachzweck des Binnenhafens gewährleistet werden kann. Damit folgt die Gebührenerhebung in Art und Höhe den Erfordernissen, die sich aus der Aufrechterhaltung des Sachzweckes ergeben.

2. Das Gebührenwesen

A. Die Gleichartigkeit aller im Hafen erhobenen Gebühren

Das Tarifbild der öffentlichen Binnenhäfen unterscheidet zwischen öffentlich-rechtlichen Hafengebühren und „privatrechtlichen" Leistungsentgelten[785]. Entscheidend für das Wesen einer Gebühr ist nicht deren Bezeichnung, auch wenn sie sich bei den „Leistungsentgelten" als außerordentlich widerstandsfähig erwiesen hat, sondern die Art des gebührenpflichtigen Tatbestandes[786]. Wie der Erhebung der Hafengebühren liegt den sogenannten „Leistungsentgelten" die Abgeltung einer sächlichen Verwaltungsleistung zugrunde. Es handelt sich um die Inanspruchnahme des typischen Tätigkeitsbereiches der öffentlichen Einrichtung Binnenhafen[787]. Der einzige Unterschied zwischen den Tatbeständen ist die verwaltungstechnisch verschiedene Art der Erhebung. Ein differenziertes Tarifwesen ist hingegen kein seltenes Bild bei öffentlichen Einrichtungen. Die Aufgliederung der Erhebungstatbestände kann als lediglich

---

[784] Eine Zusammenstellung jener Regeln des BGB, die sich aus der allgemeinen Natur des Vertrages ergeben, findet sich bei *Middel* (S. 184 ff.). Er nennt § 130 Abs. III und Abs. I BGB, die §§ 119 ff. BGB und die §§ 104 ff. BGB jeweils mit ausführlichen Differenzierungen und Darlegungen.

[785] Vgl. hierzu oben im 2. Kapitel § 2, Abs. II, 2 D, a und b.

[786] So treffend *Uffhausen*, S. 93.

[787] *Ders.* (a.a.O.) erkennt als Wesen der Gebühr, daß ihre Berechtigung ausschließlich in der ordnungsgemäßen Leistungserbringung liegt, soweit diese in dem Kompetenzbereich der Verwaltungseinheit liegt. *Zimmermann* (VerwArch 62, 1971, S. 16 ff.) hingegen sieht in der Gebühr zwar auch eine „Entgeltabgabe" (S. 20), doch stellt er den steuerähnlichen Aspekt stark in den Vordergrund. Nicht zuletzt wegen praktischer Bemessungsschwierigkeiten schlägt er stattdessen eine „Daseinsvorsorgesteuer" (S. 33) auf den verschiedenen Lebensbereichen vor (etwa als Aufschlag zur Grundsteuer zur Abgeltung von Müllabfuhr oder Straßenreinigung). Die Frage allerdings, was hiermit hinsichtlich der Bemessungsschwierigkeiten gegenüber der Gebühr gewonnen wird, bleibt offen. Ebenso ist das Problem des Erhebungs*grundes* ungelöst, wenn die Gegenleistung für eine solche „Daseinsvorsorgesteuer" nicht mehr maßgeblich sein soll. (Vgl. hierzu *Uffhausen*, FN 797.)

praktisches Erfordernis keine grundsätzliche Andersartigkeit begründen. Nachdem beide Gebührengruppen ihrem Entstehungsgrund nach in der Abgeltung einer Verwaltungsleistung identisch sind, folgt zwingend eine rechtliche Wesensgleichheit. „Hafengebühren" und „Leistungsentgelte" unterliegen somit denselben Grundsätzen. Es müssen Gebühren auch dann als Gebühren behandelt werden, wenn sie als „Preis" oder „Entgelt" *bezeichnet* werden. Ansonsten würde aus der Flucht ins Privatrecht eine Verletzung des Gleichbehandlungsgrundsatzes resultieren[788]. Nachdem der Rechtsgrund für die Erhebung der „Gebühren" und der „Leistungsentgelte" der gleiche ist, weiterhin Art. 3 Abs. I GG eine gleichmäßige Behandlung der beiden Gebührengruppen gebietet, kann es nur öffentlich-rechtliche Hafengebühren geben (was natürlich keine Nivellierung der Erhebungstatbestände in technischer Hinsicht erfordert). Es ist dabei nicht erforderlich, bei den Dauernutzungsverhältnissen (Verträgen) die zusätzliche Rechtsfigur des verwaltungsrechtlichen Schuldverhältnisses einzuführen[789], soweit es die Gebühren anbelangt.

B. Die Gebührenbemessung unter Berücksichtigung der revidierten Rheinschiffahrtsakte und der Prinzipien des Verwaltungsrechts

Nach Art. 27 Abs. II der revidierten Rheinschiffahrtsakte ist für die Hafengebühren das Kostendeckungsprinzip vorgeschrieben. Zweifel über Ausmaß und Höhe der Gebührenerhebung sind demnach überhaupt nur dort denkbar, wo die Rheinschiffahrtsakte keine Geltung hat[790].

Die dogmatische Rechtfertigung findet die Benutzungsgebühr in der öffentlichen Sachherrschaft. Die Gebühr dient dazu, dem öffentlichen Sachherrn die widmungsgemäße Nutzung der Sache zu ermöglichen. Sie soll die Mittel erbringen, die den weiteren Gebrauch finanzieren und erhalten[791].

---

[788] *Leisner* (Gedächtnisschrift Hans Peters, S. 730 ff. [S. 733]) weist darauf hin, daß mit der Behandlung als „privatrechtlicher Preis" auch eine freie Vereinbarkeit der Gebühr einhergehen würde. Dies aber ist eine Verletzung des Gleichheitssatzes, dem die öffentliche Hand auch in der privaten Rechtsform unterliegt.

[789] Vgl. hierzu *Simons*, S. 50.

[790] In Art. I Abs. I der Rheinschiffahrtsakte ist eine Abgrenzung des Geltungsbereichs getroffen: „Die Schiffahrt auf dem Rhein und seinen Ausflüssen von Basel bis in das offene Meer soll, sowohl aufwärts als abwärts, unter Beachtung der in diesem Vertrage festgesetzten Bestimmungen und der zur Aufrechterhaltung der allgemeinen Sicherheit erforderlichen polizeilichen Vorschriften den Fahrzeugen aller Nationen zum Transport von Waren und Personen gestattet sein." Abs. III der Vorschrift heißt: „Der Lek und die Waal werden als zum Rhein gehörig betrachtet."

[791] So zutreffend *Hardinghaus*, S. 130.

Dies ist die *alleinige* Berechtigung der Gebührenerhebung[792], wodurch sie sich vom öffentlich-rechtlichen Beitrag oder von der Steuer abgrenzt. Im Gegensatz zur Steuererhebung gibt es keine selbständige, sondern nur eine akzessorische Gebührenkompetenz[793]. Zwar kennt das Grundgesetz keine allgemeine Definition der Gebühr, doch läßt sich aus den Art. 105 ff. GG i. V. m. § 1 der Abgabenordnung ableiten, daß Steuern und Gebühren streng zu trennen sind[794]. Die Inanspruchnahme einer besonderen Leistung der öffentlichen Verwaltung ergibt die spezielle Berechtigung der Gebührenerhebung. In diesem Umstande unterscheidet sie sich von der Steuer, die keine individuelle Gegenleistung des Staates erforderlich macht[795]. Wenn sich nun in der neueren Lehre und Rechtsprechung das Äquivalenzprinzip immer mehr durchgesetzt zu haben scheint[796], ist das eine sachinadäquate Fehlentwicklung. Nur wenn man für Gebühren das Kostendeckungsprinzip aus dem besonderen Gestehungsgrund uneingeschränkt anerkennt, lassen sich Gebühren und Steuern klar voneinander abgrenzen. Denn für die Erhebung einer Steuer bedarf es aus verfassungsrechtlichen Erwägungen einer legislativen Kompetenz[797], bei der Gebührenerhebung an einer öffentlichen Sache hingegen ergibt sich die Berechtigung zwangsläufig aus der Nutzung der Einrichtung. Eine *beabsichtigte* Überschußerzielung bei den Gebühren hätte Steuercharakter. Deswegen ist aus dem Gesetzmäßigkeitsgrundsatz der Verfassung zwingend die Beachtung des Kostendeckungsprinzips zu entnehmen. Wo dieses nicht eindeutig vorgeschrieben ist, ergibt sich jeweils aus einer verfassungskonformen Auslegung der jeweiligen Gebührentatbestände dessen Beachtung[798]. Das Kostendeckungsprinzip als Grundsatz für die Gebührenerhebung bedeutet aber nicht, daß die Gebührenhöhe peinlichst genau auf die Kostenerstattung aus der Verwaltungsleistung abgestellt werden muß. So sind *unbeabsichtigte* Gebührenüberschüsse auch größeren Ausmaßes völlig unbedenklich[799]. Erst wenn das Gebührenaufkommen „in keiner Beziehung mehr zu den Kosten steht", ist das Kostendeckungsprinzip verletzt[800]. Insbesondere ist das Kostendeckungsprinzip nicht auf die bloße Abgeltung der jeweiligen individuellen Leistung beschränkt. Die allgemeinen Verwaltungs- und

---

792 Ebd., S. 130.

793 *Kloepfer*, AöR 97, 1972, S. 232 ff. (S. 244).

794 Ebd., S. 240.

795 *Hofmann/Wenger*, DÖV 1973, S. 121 ff. (S. 121).

796 *Dieselben*, ebd., mit weiteren Nachweisen.

797 *Uffhausen* (S. 87) weist zu Recht darauf hin, daß bei Steuern ansonsten der Gesetzesmäßigkeitsgrundsatz des Art. 20 Abs. II GG und der Rechtssicherheitsgrundsatz verletzt wäre.

798 Zutreffend *Uffhausen*, S. 87.

799 *Ders.* (S. 357) spricht hier von einer „Toleranzspanne".

800 *Leisner*, Gedächtnisschrift Hans Peters, S. 730 ff. (S. 737).

Unterhaltungskosten, die Ausgaben für Verzinsung und Tilgung von aufgewendetem Kapital und Rücklagen sind in der Beachtung des Prinzips enthalten. Es darf nur kein geplanter Überschuß bei der gesamten Kostenberechnung des jeweiligen Verwaltungszweiges, also des Binnenhafens, erzielt werden[801]. Dieser Bemessungsgrundsatz beantwortet auch gleichzeitig die Frage nach der „lenkenden Gebühr"[802]. Eine solche Gebühr wäre bei den Binnenhäfen als Instrument struktureller Maßnahmen durchaus denkbar. Nachdem sich der Rechtsgrund für die Erhebung der Gebühr nur aus der Inanspruchnahme einer Verwaltungsleistung ergibt, darf die Gebühr „keine Nebenwirkung haben, welche über den Zweck der Gebührenerhebung hinausgeht"[803]. Damit ist für Hafengebühren — bei Sondertarifen bestehen zudem noch weitere Hindernisse[804] — der Einsatz zur Wirtschaftslenkung nicht zulässig. Außerdem könnte das regelmäßig nur unter der Mißachtung des Kostendeckungsprinzips geschehen. Es fehlt daneben am praktischen Erfordernis, denn die Wirtschaftslenkung ist zu einem zulässigen Hauptzweck der Steuererhebung geworden[805] und bleibt dieser vorbehalten.

Damit ergibt sich grundsätzlich für die öffentlichen Binnenhäfen bei allen Gebührentatbeständen die grundsätzliche Beachtung des Kostendeckungsprinzips hinsichtlich des Gesamtaufwandes für den jeweiligen Hafen. Der Einsatz zu anderen Zwecken ist unzulässig. Das gilt deswegen auch bei jenen Binnenhäfen, die nicht ohnehin schon durch die revidierte Rheinschiffahrtsakte zur Beachtung des Kostendeckungsprinzips gezwungen sind.

---

[801] *Ders.*, S. 735. Bei *Hansmeyer/Fürst* (S. 52 - 54) hingegen wird die Meinung vertreten, daß eine exakte Berechnung der Kostendeckung praktisch nicht durchführbar sei. Die juristische Kostentheorie gehe zwar zu Recht vom Grundsatz der materiellen Gerechtigkeit aus, sei aber undurchführbar, denn „die Verteilung der Kosten auf die einzelnen Benutzer nach eindeutigen, aus der Benutzung ableitbaren Maßstäben" ist nicht möglich (hierzu werden ausführliche Berechnungsmethoden hinsichtlich der Einnahmen, S. 32 ff., und der Nachfrage [S. 66 ff.] dargestellt). Da die Gebühr zudem in der Verwandtschaft zur Steuer instrumentalen Charakter habe, sei ein Einsatz als „Steuerungsinstrument" (S. 141) ... „in unserer Wirtschaftsordnung das angemessene". Wie bei *Zimmermann* (FN 787) sind diese verwaltungspraktischen Argumente zwar nicht von der Hand zu weisen, müssen aber auf verfassungsrechtliche Bedenken stoßen, was die für Steuern erforderliche Beachtung des Gesetzesmäßigkeitsgrundsatzes des Art. 20 Abs. II GG und des Rechtssicherheitsgrundsatzes betrifft (vgl. hierzu *Uffhausen*, FN 797).

[802] Vgl. hierzu ausführlich *Kloepfer*, AöR 97, 1972, S. 232 ff. (bes. S. 274/275).

[803] BVerwGE 12, S. 162 ff. (S. 170). Zustimmend *Leisner*, Gedächtnisschrift Hans Peters, S. 730 ff. (S. 732).

[804] Vgl. hierzu oben im 1. Kapitel § 3, Abs. II, bes. Fußnote 109 *(Rüfner)*.

[805] Zutreffend *Müller*, BB 1970, S. 1105 ff. (S. 1106).

3. Die Haftung der Hafenverwaltung

A. *Die öffentlich-rechtliche Haftung aus der Darreichung einer Verwaltungsleistung*

Da die öffentlichen Binnenhäfen als inkorporierte Bestandteile der allgemeinen Verwaltung eine Verwaltungsleistung darbringen, ist die Haftung ebenfalls nach öffentlich-rechtlichen Grundsätzen zu beurteilen. Hier ist wiederum mit der rechtsgeschichtlichen Fehlentwicklung zu kämpfen, die sich aus der Rechtsprechung zur Verkehrssicherungspflicht entwickelt hat, was die Zuflucht zum privaten Deliktsrecht betrifft[806]. Hier ist daran zu erinnern, daß die Unterhaltspflicht für die öffentlichen Sachen vor dem Inkrafttreten des Bürgerlichen Gesetzbuches mit einer Staatshaftungsfolge verbunden war, die eine einheitliche Deliktshaftung für das öffentliche und das private Recht vorsah[806a].

Die Lehre ist sich, im Gegensatz zur Rechtsprechung, mittlerweile weitgehend darin einig[807], daß es sich bei der Verkehrssicherungspflicht an öffentlichen Sachen um eine öffentlich-rechtliche Verpflichtung handelt[808]. Diese Entwicklung scheint in jüngerer Zeit auch von der Gesetzgebung nachvollzogen zu werden. So ist in Art. 72 des Bayerischen Straßen- und Wegegesetzes die Unterhalts- und Verkehrssicherungspflicht an den Straßen ausdrücklich als öffentlich-rechtliche Verpflichtung anerkannt worden[809]. Wie die öffentlichen Wege und Straßen zu Lande haben

---

[806] Vgl. hierzu *Bartlsperger*, Verkehrssicherungspflicht, S. 12.

[806a] Ebd., S. 13.

[807] Ebd., S. 12.

[808] Ebd., S. 12. Dagegen ist der „Kommissionsbericht" zur Reform des Staatshaftungsrechts (Oktober 1973) sehr widersprüchlich. § 1 Abs. I des hier enthaltenen Entwurfs für ein „Staatshaftungsgesetz" bekennt sich ausdrücklich zu einer unmittelbaren Haftung, die sich nur am Maßstab der Rechtswidrigkeit bemißt. In der amtlichen Begründung (S. 68) heißt es, daß deswegen eine sprachliche Anlehnung der Norm an Art. 19 Abs. IV S. 1 GG beabsichtigt sei. Andererseits wird diese richtige Erkenntnis durch § 17 des Entwurfs durchbrochen: Hier wird die Verkehrssicherungspflicht für verschiedene öffentliche Sachen (z. B. Straßen) in das Privatrecht abgedrängt. Die amtliche Begründung hierzu (S. 116 - 118) begründet dies im wesentlichen mit einer fiktiven „natürlichen" Anschauung des Bürgers, der öffentlich-rechtliche und privatrechtliche Verkehrssicherungspflichten als Einheit sehe. Deswegen seien beide Rechtspflichten aus Gründen der Rechtssicherheit (!) gleichermaßen als privatrechtlich zu betrachten.

[809] GVBl. 1968, S. 64, geändert GVBl. 1970, S. 345. Der „Kommissionsbericht" (vgl. FN 808) der Bundesministerien der Justiz und des Innern will eine öffentlich-rechtliche Verkehrssicherungspflicht bei der Haftung selbst dort nicht anerkennen, wo sie bereits in den Ländern de lege lata vorhanden ist. In der amtlichen Begründung zu § 17 („Haftung nach Privatrecht") des Gesetzentwurfs wird für die Länder mit öffentlich-rechtlicher Regelung der Verkehrssicherungspflicht (neben Bayern auch Baden-Württemberg, Niedersachsen und Hamburg) erklärt (S. 118): „Soweit aus diesem Grundsatz haftungsrechtliche Konsequenzen gezogen worden sind, bricht künftig Bundesrecht Landes-

auch Binnenwasserstraßen und Häfen eine existentielle Bedeutung für die gesamte Volkswirtschaft. Wenn nun die öffentliche Hand die Binnenhäfen zulässigerweise ihrer Verwaltungsträgerschaft und Sachherrschaft unterstellt hat, ergibt sich hieraus nach aktuellem Verfassungsverständnis die Rechtspflicht, den widmungsgemäßen Verwaltungszweck weiterhin zu garantieren: Das ist die öffentlich-rechtliche Unterhaltslast und Verkehrssicherungspflicht für einen funktionstüchtigen Zustand[810] der Einrichtung. Aus dem Sachstatus der öffentlichen Binnenhäfen ergibt sich damit im Verbund mit den Binnenwasserstraßen zwangsläufig, daß die Haftung über öffentlich-rechtliche Prinzipien zu erfolgen hat[811]. Auch hier muß wieder daran erinnert werden, daß die Verwendung zivilrechtlicher Konstruktionen im öffentlich-rechtlichen Bereich aus rechtshistorischen Entwicklungen, weniger aber aus dogmatischen Erwägungen, hervorgegangen ist. Es handelte sich nur um einen „Notbehelf", dem Bürger einen verbesserten rechtlichen Schutz gegen eine unangreifbare Obrigkeit zu gewähren[812]. Spätestens seit der Generalklausel des Art. 19 Abs. IV GG besteht für eine solche Betrachtungsweise aber kein Erfordernis mehr[813]. Deswegen ist auch bei der Ausführung von Verwaltungsaufgaben durch zivilrechtlich organisierte Binnenhäfen die Haftung durchweg nach öffentlich-rechtlichen Gesichtspunkten zu bemessen. Passiv legitimiert ist grundsätzlich die öffentliche Hand als Inhaber der öffentlichen Sachherrschaft im Rahmen ihrer Sachwaltung[814].

Wenn sich als Angelpunkt der Haftung bei der Nutzung einer öffentlichen Sache die rechtsstaatliche Garantie des Art. 19 Abs. IV GG ergibt, ist damit die überkommene Konstruktion der „Amtshaftung" erneut fragwürdig. Die „Amtshaftung" ist als Ausprägung privaten Delikts-

---

recht." Gemeint ist der Vorrang privatrechtlicher Haftung aus der Verkehrssicherungspflicht.

[810] So zutreffend für die öffentlichen Straßen *Bartelsperger*, Bundesfernstraßen, S. 28.

[811] *Külz*, Verwaltungskompetenzen, RdW 9, 1961, S. 27 ff. (S. 44) hinsichtlich der Binnenwasserstraßen.

[812] *Ders.* (a.a.O.) meint zu Recht: „Ein Notbehelf aus den Zeiten der absoluten Monarchie und des Polizeistaats mit einem noch nicht hinreichend entwickelten öffentlichen Recht, das vor allem noch keinen umfassenden gerichtlichen Rechtsschutz des Bürgers gegenüber der öffentlichen Gewalt ausgebildet hatte und deswegen, um überhaupt dem Bürger zu helfen, des bürgerlichen Rechts und der fiskalischen Betrachtung als eines Umwegs bedurfte."

[813] *Külz*, Verwaltungskompetenzen, RdW 9, 1961, S. 27 ff. (S. 44).

[814] *Forsthoff* (1. Bd., AT, S. 507/508) will bei einer Aufgabenerfüllung durch förmlich Private die Haftung über den Organisationsmangel der öffentlichen Hand einführen. Diese Haftungsbegründung dürfte allerdings nur bei den tatsächlich beliehenen Unternehmungen, die also von der öffentlichen Hand vollständig wesensverschieden sind, denkbar sein. Soweit öffentliche Aufgaben durch inkorporierte „private" Rechtspersonen wahrgenommen werden, besteht für einen solchen Umweg kein Anlaß.

rechts auch für das Fehlen des *Staates* geschaffen worden, insoweit also aus der römisch-rechtlichen Mandatstheorie zu verstehen. Die Verlagerung der Passivlegitimation über Art. 34 GG hat hieran nichts geändert. Ein privatrechtlich geprägtes Deliktsrecht aber ist für die Garantie des Art. 19 Abs. IV GG eine verfehlte, weil systemfremde Lösung.

B. Die Unzulänglichkeiten des derzeitigen Staatshaftungssystems unter der Sicht des Art. 19 Abs. IV Grundgesetz

Das Dilemma des gegenwärtigen Staatshaftungsrechts ist von zwei Grundsätzen geprägt: Wie bereits beschrieben, war es in der Vergangenheit zu oft nur das „billigenswerte Bestreben, dem Geschädigten zu helfen“[815], wenn man privatrechtliche Haftung annahm. Zum anderen ist als Ursache die römisch-rechtliche Mandatstheorie der Postglossatoren zu nennen[816]. Die beiden Strömungen haben zu der fragwürdigen Konstruktion des Art. 34 GG i. V. m. § 839 BGB geführt. Hier wurde ein ursprünglich zivilrechtliches Haftungsinstitut (§ 839 BGB) durch eine öffentlich-rechtliche Verlagerung der Passivlegitimation überdeckt (Art. 34 GG). Dem römisch-rechtlichen Mandats-Kontrakt lag der Gedanke zugrunde, daß zwischen dem Beamten und der öffentlichen Hand ein privatrechtliches Anstellungsverhältnis bestehe. Bei der Verletzung seiner Amtspflichten begäbe sich der Beamte außerhalb seiner öffentlich-rechtlichen Kompetenzen und damit in den privaten Bereich[817]. Der Beginn der Rechtsprechung zur Frage des Staatsunrechtes lag in einer Zeit, die noch nicht genügend vorbereitet war für die rechtliche Einordnung staatlichen Handlungsunrechtes[818]. Es war der Gedanke maßgeblich, daß dem Staatshandeln Richtigkeit und Rechtmäßigkeit grundsätzlich immanent seien. Auf dem Boden dieser Auffassung war es dann nur konsequent, Staatsunrecht aus dem staatlichen, also öffentlich-rechtlichen Bereich zu verbannen und in das Zivilrecht zu verlegen[819].

Eine solche, prinzipiell zivilrechtliche Haftung, bei der lediglich über Art. 34 GG die Haftungslegitimation verlagert wurde, ist mit dem Fortschritt der verfassungsmäßigen Ordnung nicht mehr vereinbar. Deswegen ist Art. 19 Abs. IV GG als Angelpunkt rechtsstaatlicher Garantien zu der Auslegung von Art. 34 GG heranzuziehen[820]. Wenn sich aber mate-

---

815 *Eichhorn*, Gerd, S. 74.

816 Vgl. zur Mandatstheorie *Bartlsperger* (Staatsunrecht, NJW 1968, S. 1697 ff. [S. 1698]) mit den Einflüssen auf das aktuelle Haftungsrecht.

817 Hierzu *ders.*, Staatsunrecht, S. 1701.

818 Zutreffend *Eichhorn*, Gerd, S. 87.

819 *Bartlsperger*, Staatsunrecht, NJW 1968, S. 1697 ff. (S. 1698).

820 *Weyreuther* (Verhandlungen des 47. Deutschen Juristentages 1968, Band I, B 1 ff. [B 54]) kapitulierte vor der Rechtslage, die noch von § 839 BGB geprägt

riell-rechtlich der haftungsrechtliche Schutz des Bürgers aus Art. 19 Abs. IV GG ergibt, ist bei der Anwendung von Art. 34 GG für § 839 BGB kein Platz.

Die Verfassungsgarantie des Art. 19 setzt rechtslogisch voraus, daß der Staat in der für ihn zwingenden Sonderrechtsordnung handelt — dem öffentlichen Recht. Durch die Begriffsumbildung der „öffentlichen Gewalt" ist von der Verfassungsnorm *jegliches* Staatshandeln betroffen, mit dem die öffentliche Hand dem Bürger gegenübertritt. Auf typisch „hoheitliches" Handeln kann es dann ebensowenig ankommen wie auf das Einhalten einer bestimmten Handlungsform. Systemfremd ist hierbei das bürgerlich-rechtliche Verschuldensprinzip. Maßstab kann nur die objektive Rechtswidrigkeit sein, die zwangsläufig zu *unmittelbarer* Staatshaftung führt[821]. Die Zwischenschaltung eines „privatrechtlich" verantwortlichen Beamten widerspricht der verfassungsrechtlichen Sicherung der Bürger aus dem „status activus" im modernen Staat. Der öffentliche Sachherr ist daher den Haftungsansprüchen von Nutzungsberechtigten an einer öffentlichen Einrichtung ausgesetzt, wenn er seine Befugnisse zur Sachwaltung überschreitet. Die Leitlinie bildet die verfassungskonforme Ausfüllung der spezifischen Sachnutzungsbestimmung. Jedes Verhalten, das im Rahmen der Verhältnismäßigkeit und des Gleichbehandlungsgrundsatzes zur Durchsetzung des besonderen Verwaltungszweckes bleibt, ist rechtmäßig. Andere Verwaltungsmaßnahmen führen zur Anwendung von Staatshaftungsgrundsätzen, wenn der betroffene Nutzungsberechtigte einen Schaden erlitten hat. Zur individuellen Einengung der Maßstäbe stehen die besonderen Regelungen in dem jeweiligen Binnenhafen zur Verfügung, soweit sie dem öffentlichen Sachstatus entsprechen. Die privatrechtliche Erscheinungsform der meisten öffentlichen Binnenhäfen ist nur ein vordergründiges Hindernis für rechtsstaatliche Haftungsprinzipien. Eine solche „Flucht ins Privatrecht" ist unerheblich[822].

Auch Haftungsfälle im Rahmen von Dauernutzungsverhältnissen, also öffentlich-rechtlichen Verträgen, sind an dem Maßstab der objektiven Rechtswidrigkeit zu messen. Die Schaffung eines verwaltungsrechtlichen

---

wird: „Das ist im Grundstäzlichen eine gewiß fortschrittliche Auffassung, die sich als Empfehlung an die Adresse des Gesetzgebers hören lassen mag. Mehr als das kann ihr jedoch nicht zugegeben werden."

[821] Der angeführte „Kommissionsbericht" (vgl. Fußnoten 808 und 809) zur Neuregelung des Staatshaftungsrechts bringt einen Fortschritt, als in § 1 Abs. I des Entwurfs eines Staatshaftungsgesetzes unmittelbare Haftung begründet wird. Maßstab ist nur noch die objektive Rechtslage, ohne daß es auf ein Verschulden ankommt. Art. 34 Abs. I GG erhält dann die Fassung: „Die Haftung der öffentlichen Gewalt für das von ihr begangene Unrecht wird gewährleistet. Im Streitfalle steht der Rechtsweg offen."

[822] *Krüger*, S. 326 und S. 328.

Systems der Leistungsstörungen, parallel zu jenem des bürgerlichen Rechts, ist nicht erforderlich[823]. Auch bei den Dauernutzungsverhältnissen ist die Verwendung des Maßstabes der objektiven Rechtswidrigkeit problemlos, denn die Verletzung des verwaltungsrechtlichen Vertrages ist rechtswidrig. Seine Einhaltung im Rahmen der hierzu bestehenden Grundsätze[824] ist rechtmäßig. Daß die Beteiligten des öffentlich-rechtlichen Vertrages vor dem Schadensfall besonders enge Beziehungen zueinander hatten, kann keine besondere Vertragshaftung des öffentlichen Rechts erforderlich machen[825]. Ein allgemeinverbindlicher Maßstab besteht bereits in der Verfassungsordnung. Hierdurch ist eine gesicherte Rechtsfindung möglich, die von dem Interessenausgleich schuldrechtsähnlicher „Vertragsparteien" unabhängig ist. Die Dispositionsbefugnis der Vertragsbeteiligten muß sich ohnehin in den Grenzen der Sachnutzungsbestimmung halten.

Damit ist für die Anlieger im Hafengebiet *und* für die Schiffahrtstreibenden gleichermaßen die an Art. 19 Abs. IV GG zu messende Haftung aus Art. 34 GG vorgegeben.

§ 3. Rechtspolitische und verwaltungspraktische Folgerungen

I. Die öffentlich-rechtliche Statusqualität der Binnenhäfen als Maßstab für die Verwaltungspraxis

Wenn sich die öffentlichen Binnenhäfen in ihrem Einrichtungscharakter als Subjektive des öffentlichen Sachenrechts darstellen, so sind sie damit als Teile des Staatsganzen festgelegt. Sie nehmen an der staatlichen Sonderrechtsordnung teil, sind also insofern „verstaatlicht". Diese Teilhabe am „Staatlichen", die von den bürgerlich-rechtlichen Eigentumsverhältnissen unabhängig ist, ist scharf von der „Sozialisierung" des Art. 15 GG zu trennen[826].

Bei Art. 15 GG geht es *nicht* um die Forderung der Überführung von Privateigentum in die Hände des Staates[827], sondern um die Institutiona-

[823] *Simons* (S. 129 ff.) will hingegen ein eigenes öffentlich-rechtliches System von Leistungsstörungen schaffen.

[824] Vgl. hierzu oben 2 B.

[825] *Blume* (S. 195) meint, daß er mit diesen besonders engen Beziehungen „schuldrechtsähnliche Sonderverbindungen" des öffentlichen Rechts von den „typischen Fällen der Amtshaftung" trennen müsse.

[826] So zutreffend *v. Brauchitsch/Ule*, S. 94.

[827] Zu Recht *Klein*, Wettbewerb, S. 185. Er meint, daß dieser Begriff noch zu sehr von überkommenen revolutionären Vorstellungen vergangener Jahrzehnte behaftet ist.

lisierung von öffentlichen Bedarfszwecken[828]. Es handelt sich letztlich auch hier um die „Indienstnahme“ von Unternehmen, soweit es sich nach der aktuellen Rechtsentwicklung als unabdingbar erweist[829]. Eine solche Entwicklung ist, *von Art. 15 GG abgesehen,* im Laufe der historischen Veränderungen schon öfters erfolgt. Das betraf beispielsweise die sozialen Wohlfahrtsverbände, die früher in faktisch alleiniger Betätigung karitative und gesundheitspolitische Zwecksetzungen verfolgten. Sie sahen sich allmählich einer ständig wachsenden staatlichen Sozialverwaltung gegenüber. Ebenso die Binnenhäfen, die sich aus zunächst privaten Stapelrechten zu öffentlichen Einrichtungen entwickelten[830]. Ist nun die hafenmäßige Verkehrsbedienung im Laufe der Rechtsgeschichte zu einer öffentlichen und staatlichen Aufgabenwahrnehmung geworden, so erweist es sich als längst überfällig, dies auch für die *förmliche* Struktur der öffentlichen Binnenhäfen zu berücksichtigen. Diese Notwendigkeit wurde von der Verwaltung durchaus nicht übersehen, doch das Fehlen eigener öffentlich-rechtlicher Unternehmensformen machte das Unterfangen fast unmöglich. Allenfalls hätte man sich des schwerfälligen Apparates der allgemeinen Verwaltung auch im öffentlichen Verkehrswesen bedienen können, obwohl es hier besonders auf praktische Beweglichkeit ankommt.

II. Die Schaffung flexibler Leistungsstrukturen der öffentlichen Verwaltung

Zusammenfassend ergibt sich, daß die überwiegende private Rechtsform der Binnenhäfen auf historische Ursachen zurückgeht, die für die aktuelle Rechtsanwendung im Sinne des bürgerschaftlichen Verständnisses der Verfassung nicht bestimmend sein können[831]. Die private

---

[828] Ebd., S. 185.

[829] Ebd., S. 186.

[830] Vgl. hierzu oben im 2. Kapitel (vor § 1).

[831] *Memmert* (S. 251) meint zu dem Problem der öffentlich-rechtlichen Aufgabenerfüllung in den Formen des Privatrechts: „Scheut man sich aus überkommenen Reminiszenzen die Durchführung öffentlicher Aufgaben und die damit zusammenhängenden Rechtsfragen insgesamt dem öffentlichen Recht zu unterstellen, dann macht man jede Systematik unmöglich. Entweder man verzichtet darauf, eine Maßnahme der öffentlichen Hand überhaupt rechtlich zu qualifizieren, oder aber man verstrickt sich in Widersprüche und Unklarheiten.“

Pestalozza (S. 163/164) kennzeichnet das Ergebnis des Postulates nach einer adäquaten Form: „Die Rechtsfolge des Formfehlers besteht also darin, daß die Entscheidung nicht der tatsächlich gewählten, sondern der angemessenen Form entnommen wird.“

Zu einem ähnlichen Ergebnis gelangt *Böckstiegel* (S. 14). Er bemerkt zu Recht, daß „sich der Staat zum Beispiel nicht durch bloße Auswechselung der Rechtsformen seiner öffentlich-rechtlichen Verantwortung entziehen darf und

Rechtsform ist — soweit existent — zwar unbeachtlich, aber keineswegs nichtig. Es werden bei der Anwendung öffentlich-rechtlicher Grundsätze auch für die privatrechtlich organisierten Häfen nicht die Realitäten verleugnet, sondern es geht um die Vermeidung vorschneller und oberflächlicher Schlußfolgerungen *aus der äußeren Form*[832]. Demnach wäre *grundsätzlich* eine öffentlich-rechtliche Organisation bislang privater Leistungseinrichtungen entbehrlich. Die unzutreffende Anknüpfung an die Privatrechtsform wie auch die Subsumtionsschwierigkeiten der Verwaltungspraxis haben aber gelehrt, daß der Formenmißbrauch der öffentlichen Hand zu bereitwillig zur Flucht aus dem öffentlichen Recht genutzt wurde. Weiterhin erfordert der Anwendungszwang der Sonderrechtsordnung des Staates, daß dem auch in der äußeren und verwaltungsstrukturellen Ausbildung der Leistungseinrichtungen Rechnung getragen wird. Insbesondere ist es bei einem statusrechtlichen Verständnis der staatlichen Leistungsgewährung ein unerläßliches Gebot der Rechtssicherheit, dem Bürger eine klare Identifikation staatlichen Handelns zu ermöglichen. Das aber ist nur bei öffentlich-rechtlicher Form aus der Sicht des Nutzungsberechtigten möglich. Bei „privatrechtlich" betriebenen öffentlichen Binnenhäfen unterliegt der Hafennutzer immerhin *der* „Verwechselungsgefahr", daß es sich auch *tatsächlich* um eine privatwirtschaftliche Unternehmung handeln könne. Da aber die öffentliche Einrichtung Binnenhafen durch die „Partizipation an der staatlichen Sonderrechtsordnung" geprägt ist[833], ist eine Konstitutionalisierung in öffentlich-rechtlicher Unternehmensform erforderlich[834].

Die öffentliche Hand steht unter diesem Aspekt bislang in einem Konflikt. Einerseits existiert die grundsätzliche Notwendigkeit einer öffentlich-rechtlichen Handlungsform, andererseits hindern traditionelle, und teilweise erstarrte, Strukturen des Verwaltungsapparates ein flexibles Verhalten. Man glaubte als den einzigen Ausweg die Verwendung einer privatrechtlich organisierten Unternehmung für die Leistungserbringung zu erkennen. Es ist deswegen ein Auftrag an den Gesetzgeber, der öffentlichen Verwaltung solche Unternehmungsformen als Leistungseinheiten zur Verfügung zu stellen, die technisch effizient und beweglich

---

auch beim Auftreten im Privatrechtsbereich öffentliche Funktion und Status ‚durchschlagen', wie Stern es bezeichnet" (mit Bezugnahme auf *Stern*, JZ 1962, S. 182).

[832] *Pestalozza* (S. 163/164) kennzeichnet treffend, daß die Rechtswirklichkeit nicht gewaltsam verdrängt werden soll. Vielmehr geht es um die richtige Sicht der *tatsächlichen* Gegebenheiten (staatliche Sachwaltung), die von dem *formalen* Erscheinungsbild unabhängig sind.

[833] *Krautzberger*, S. 116.

[834] *Ders.* (S. 107) meint hierzu: „Der Ruf nach ‚Konstitutionalisierung' ‚extrakonstitutioneller' also wohl ‚privater' Bereiche ist unüberhörbar geworden, seit sich die Staatslehre dem Phänomen des ‚Pluralismus' zugewandt hat."

sind. Andererseits müßten sie den Anforderungen der verfassungsmäßigen Ordnung gerecht werden können. Es kann bei Teilen der öffentlichen Verwaltung die Überlegung geführt werden, ob alle Ausprägungen tatsächlich vom Blickwinkel der Rechtsstaatlichkeit her *erforderlich* sind. Insbesondere sind die starren und für Leistungsunternehmungen des Verkehrs besonders hinderlichen Regelungen des öffentlichen Haushaltsrechtes (Etatisierung, Kameralistik) einer Überprüfung zu unterziehen. Weiterhin ist eine größere persönliche Entscheidungsfreiheit von bestimmten leitenden Beamten im Rahmen der verfassungsrechtlichen Ordnung durchaus denkbar, ohne daß damit öffentlich-rechtliche Bindungen verloren gehen müßten. Allerdings sollten auch jetzt schon die Behinderungen durch teilweise überalterte Strukturen der allgemeinen Verwaltung nicht überschätzt werden. Eine flexible Verwaltungsführung ist auch hier in weiten Bereichen möglich, wie die dennoch erfolgreiche Betriebsführung von einigen Binnenhäfen zeigt, die als Eigenbetriebe Teile der allgemeinen Verwaltung sind. Hier erwies sich, daß selbst die relativ bescheidenen Verbesserungen im Eigenbetriebsrecht[835] die Effizienz der Verwaltungsleistung fördern können.

Damit ist ein denkbarer Ansatzpunkt für fortschrittliche Konzeptionen aufgezeigt. Über das Eigenbetriebsrecht des Bundes und der Länder könnten Unternehmensformen entwickelt werden, die verwaltungsrechtlichen *und* verwaltungspraktischen Anforderungen gleichermaßen gerecht werden: Eine öffentliche Sachwaltung im Rahmen der spezifischen Sachnutzungsbestimmung mit Leistungseinheiten, die eine wirkungsvolle Leistungsgewährung durch den modernen Sozialstaat ermöglichen.

Der status positivus der Bürger ist Ausdruck des Fortschritts unserer Verfassungswirklichkeit. Diese Teilhabe an den gesellschaftlichen Errungenschaften ist nicht nur ein theoretisches Postulat, sondern zwingender Bestandteil einer Rechtsordnung, die nicht mehr übewiegend vom status negativus des Gesetzesstaates geprägt ist. Der Anspruch auf Teilhabe und sichernde Abwehr[836] ergänzen sich somit in der bürgerschaftlichen Rechtsstellung. Die Schaffung adäquater Formen des öffentlichen Organisationsrechts, die einen solchen Wandel berücksichtigen, ist eine unumstößliche Forderung moderner Staatlichkeit.

---

[835] Siehe hierzu oben im 2. Kapitel § 2, Abs. I, 3 A, b, aa.

[836] *Gallwas* (VVDStRL 29, 1971, S. 211 ff. [S. 227]) bezeichnet zutreffend „Freiheit und Teilhabe als das teleologische Zentrum unserer Rechtsordnung" bei der Leistungserbringung des Staates.

Literaturverzeichnis

Apelt, Willibalt: Der Verwaltungsrechtliche Vertrag, Archiv des öffentlichen Rechts, 84. Band, Tübingen 1959, S. 249 ff.

Aust, Manfred: Entschädigung von Verkehrsimmissionen, Neue Juristische Wochenschrift 1972, S. 1402 ff.

Badura, Peter: Zulassung zu öffentlichen Einrichtungen der Gemeinde und Verwaltungsprivatrecht — OVG Lüneburg, DVBl. 1964, S. 365 (Entscheidungsrezension), Juristische Schulung 1966, S. 17 ff.

Bartlsperger, Richard: Die Bauleitplanung als Reservat des Verwaltungsstaates, Deutsches Verwaltungsblatt 1967, S. 360 ff.
zit.: Bartlsperger, Bauleitplanung

— Subjektives öffentliches Recht und störungspräventive Baunachbarklage, Deutsches Verwaltungsblatt 1971, S. 723 ff.
zit.: Bartlsperger, Baunachbarklage

— Die Bundesfernstraßen als Verwaltungsleistung, Bonn-Bad Godesberg 1969
zit.: Barltsperger, Bundesfernstraßen

— Das Dilemma des baulichen Nachbarrechts, Verwaltungsarchiv 60, 1960, S. 35 ff.
zit.: Bartlsperger, Nachbarrecht

— Die Folgen von Staatsunrecht als Gegenstand der Gesetzgebung, Neue Juristische Wochenschrift 1968, S. 1697 ff.
zit.: Bartlsperger, Staatsunrecht

— Verkehrssicherungspflicht und öffentliche Sache, Hamburg 1970
zit.: Bartlsperger, Verkehrssicherungspflicht

— Zweitbearbeitung zu Art. 90 GG, Bonner Kommentar III, Hamburg (Stand: Juli 1969)
zit.: Bartlsperger, zu Art. 90 GG

Bartsch: Organisation und Finanzgebarung der deutschen Binnenhäfen, in: Herbert Meyer, Die Binnenhäfen, Stuttgart und Berlin 1938, S. 115 ff.
zit.: Bartsch bei Meyer

Baumbach, Adolf und Konrad *Duden:* Handelsgesetzbuch, 20. Aufl., München 1972
zit.: Baumbach/Duden

Baumbach, Adolf und Alfred *Hueck:* GmbH-Gesetz, 13. Aufl., München 1970
zit.: Baumbach/Hueck

Baumbach, Adolf, Alfred *Hueck,* Götz *Hueck* und Joachim *Schulze:* Aktiengesetz, 13. Aufl., München 1968
zit.: Baumbach-A., Hueck-G., Hueck/Schulze

Beinhardt, Gerd: Der öffentlich-rechtliche Vertrag als Regelungsbefugnis der öffentlichen Verwaltung im deutschen, französischen und spanischen Recht, Diss. jur. München 1960

Bergdolt, Sibylle: Inhalt und Begriff der Strom- und Schiffahrtspolizei unter besonderer Berücksichtigung der Verhältnisse an Bundeswasserstraßen, Diss. jur. Heidelberg 1956

Bernhardt, Rudolf: Zur Anfechtung von Verwaltungsakten durch Dritte, Juristenzeitung 1963, S. 302 ff.

Blume, Joachim: Schuldrechtsähnliche Sonderverbindungen im öffentlichen Recht, Diss. jur. Göttingen 1967

Böckstiegel, Karl-Heinz: Der Durchgriff auf den Staat, Frankfurt/M. 1972

Brauchitsch, Max von und Carl Hermann *Ule:* Verwaltungsgesetze des Bundes und der Länder, Band VIII, 1. Halbband, Wirtschaftsverwaltungsrecht I, Köln - Berlin - Bonn - München 1963
zit.: v. Brauchitsch/Ule

Brockhaus: Der große, Fünfter Band, Gp - Iz, 17. Aufl., Wiesbaden 1954

Brohm, Winfried: Strukturen der Wirtschaftsverwaltung, Stuttgart - Berlin - Köln - Mainz 1969

Bullinger, Martin: Öffentliches Recht und Privatrecht, Stuttgart - Berlin - Köln - Mainz 1968

Creifelds, Carl: Rechtswörterbuch, 2. Aufl., München 1970

Deutscher Kanal- und Schiffahrtsverein Rhein-Main-Donau e.V.: Rhein-Main-Donau-Großschiffahrtsstraße, Nürnberg
zit.: Rhein-Main-Donau-Großschiffahrtsstraße

Eichhorn, Gerd: Staatshaftung bei Ausübung öffentlicher Gewalt und Deliktshaftung des Staates im privatrechtlichen Bereich, Diss. jur. Marburg 1956
zit.: Eichhorn, Gerd

Eichhorn, Peter: Struktur und Systematik kommunaler Betriebe, Stuttgart - Berlin - Köln - Mainz 1969
zit.: Eichhorn, Peter

Eiser, Ernst, Johann *Riederer* und Ernst *Hlawaty:* Energiewirtschaftsrecht, München (Stand August 1970)
zit.: Eiser/Riederer/Hlawaty

Emmerich, Volker: Das Wirtschaftsrecht der öffentlichen Unternehmen, Bad Homburg v. d. H. - Berlin - Zürich 1969

Eyermann, Erich und Ludwig *Fröhler:* Verwaltungsgerichtsordnung, 5. Aufl., München 1971
zit.: Eyermann/Fröhler

Feuchter, Paul, Die Binnenhäfen (Sonderdruck), aus: Otto Most, Die Deutsche Binnenschiffahrt, 2. Aufl., Bad Godesberg

Finger, Hans-Joachim: Eisenbahngesetze, 6. Aufl., München 1970 (Stand: 1. September 1970)
zit.: Finger, Eisenbahngesetze

— Eisenbahn-Verkehrsordnung, 4. Aufl., München 1970 (Stand: 1. März 1970)
zit.: Finger, Eisenbahn-Verkehrsordnung

Fleiner, Fritz: Institutionen des Deutschen Verwaltungsrechts, 8. Aufl., Tübingen 1928

Fleischmann, Max: Wörterbuch des Deutschen Staats- und Verwaltungsrechts, 2. Band, 2. Aufl., Tübingen 1913

Forsthoff, Ernst: Lehrbuch des Verwaltungsrechts, 1. Band, Allgemeiner Teil, 9. Aufl., München und Berlin 1966
zit.: Forsthoff, 1. Bd., AT

Friauf, Karl Heinrich: „Latente Störung", Rechtswirkungen der Bauerlaubnis und vorbeugende Nachbarklage, Deutsches Verwaltungsblatt 1971, S. 713 ff.

Friesecke, Albrecht: Bundeswasserstraßengesetz, Köln - Berlin - Bonn - München 1971
zit.: Friesecke, Bundeswasserstraßengesetz

— Häfen als Bestandteile von Bundeswasserstraßen, Zeitschrift für Wasserrecht 1962/63, S. 150 ff.
zit.: Friesecke, Häfen

Gallwas, Hans-Ulrich: Die Erfüllung von Verwaltungsaufgaben durch Private, in: Veröffentlichungen der Vereinigung der Deutschen Staatsrechtslehrer, Heft 29, Berlin - New York 1971, S. 211 ff.

Ganschezian-Finck: Straßeneigentum und Gemeingebrauch, Neue Juristische Wochenschrift 1957, S. 285 ff.

Gessler, Jörg H.: Aktiengesetz, 3. Aufl., Frankfurt 1970

Giese, Kurt: Der Hafenbahnvertrag in Theorie und Praxis, in: Archiv für Eisenbahnwesen, Berlin 1932, S. 297 ff. und S. 605 ff.

Gieseke, Paul und Werner *Wiedemann:* Wasserhaushaltsgesetz, 2. Aufl., München 1971
zit.: Gieseke/Wiedemann

Görg, Hubert: Verfassungsrechtliche Grundlagen des öffentlichen Verkehrsrechts, in: Verkehrswissenschaftliche Arbeit in der Bundesrepublik Deutschland, S. 469 ff., Schriftenreihe der Deutschen Verkehrswissenschaftlichen Gesellschaft e.V. (Reihe S: Sonderdrucke) — S 1 — Köln 1969

Grapengeter, Andrew und Hubertus von *Wegerer:* Hafen- und Schiffahrtsrecht, Sammlung von Gesetzen, Verordnungen und anderen öffentlichrechtlichen Vorschriften des Bundes (Reiches) und der Freien und Hansestadt Hamburg, I. Band, Hamburg (Stand vom 1. Juli 1971)
zit.: Grapengeter/Wegerer

Häberle, Peter: Grundrechte im Leistungsstaat, in: Veröffentlichungen der Vereinigung der Deutschen Staatsrechtslehrer, Heft 30, Berlin - New York 1972, S. 44 ff.
zit.: Häberle, Grundrechte

— Die Wesensgehaltgarantie des Art. 19 Abs. 2 Grundgesetz, 2. Aufl., Karlsruhe 1972
zit.: Häberle, Wesensgehaltgarantie

Handbuch der deutschen Binnenhäfen: Nürnberg - Düsseldorf - Berlin 1958

Hansmeyer, Karl-Heinrich und Dietrich *Fürst:* Die Gebühren. Zur Theorie eines Instrumentariums der Nachfragelenkung bei öffentlichen Leistungen, Stuttgart - Berlin - Köln - Mainz 1968
zit.: Hansmeyer/Fürst

Hardinghaus, Herbert: Öffentliche Sachherrschaft und öffentliche Sachwaltung, Berlin 1966

Henke, Wilhelm: Die Rechtsformen der sozialen Sicherung und das Allgemeine Verwaltungsrecht, in: Veröffentlichungen der Vereinigung der Deutschen Staatsrechtslehrer, Heft 28, Berlin 1970, S. 149 ff.

Hoffmann, Michael: Der Abwehranspruch gegen rechtswidrige hoheitliche Realakte, Berlin 1969

Hofmann, Willi und Fritz *Wenger*: Verwaltungskosten — Verwaltungspreis, Die Öffentliche Verwaltung 1973, S. 121 ff.
zit.: Hofmann/Wenger

Huber, Ernst Rudolf: Rechtsstaat und Sozialstaat in der modernen Industriegesellschaft, in: Ernst Forsthoff, Rechtsstaatlichkeit und Sozialstaatlichkeit, Darmstadt 1968, S. 589 ff.

Hugel, Alfred: Die Bayerische Landeshafenverwaltung, Hansa 1969, S. 1872 ff.

Hundertmark, Dieter: Die Rechtsstellung der Sondernutzungsberechtigten im Wasserrecht, Göttingen 1967

Kaczmarzyk, Max: Die Haftung für die Verkehrssicherheit der Reichswasserstraßen (öffentliche Binnenwasserstraßen), Berlin und Leipzig 1936

Karwath, Peter: Die Konzentrationswirkung der Planfeststellung nach dem Bundesfernstraßengesetz, Bad Godesberg 1968

Kellner, Hugo: Neue Erkenntnisse zum sogenannten Beurteilungsspielraum? Die Öffentliche Verwaltung 1972, S. 801 ff.

Kirschke, Rudolf: Die öffentlichen Binnenhäfen in der Verkehrswirtschaft, Zeitschrift für Binnenschiffahrt 6, 1959 (Sonderdruck)
zit.: Kirschke, Binnenhäfen

— Tarifwesen und Tarifrecht der öffentlichen Binnenhäfen, Deutsches Verwaltungsblatt 1956, S. 430 ff.
zit.: Kirschke, Tarifwesen

Klebe, Walter: Möglichkeiten und Folgen der Wahl eines Trägers öffentlicher Verwaltung zwischen den Gestaltungsformen des öffentlichen und privaten Rechts, Diss. jur. Marburg 1960

Klein, Hans H.: Zum Begriff der öffentlichen Aufgabe, Die Öffentliche Verwaltung 1965, S. 755 ff.
zit.: Klein, öffentliche Aufgabe

— Die Teilnahme des Staates am wirtschaftlichen Wettbewerb, Stuttgart - Berlin - Köln - Mainz 1968
zit.: Klein, Wettbewerb

Kloepfer, Michael: Anmerkung zum Beschluß des Gemeinsamen Senats der Obersten Bundesgerichte v. 19. 10. 1971, Neue Juristische Wochenschrift 1972, S. 1411 f.
zit.: Kloepfer, Anmerkung

— Die lenkende Gebühr, Archiv des öffentlichen Rechts, 97. Band, Tübingen 1972, S. 232 ff.

Köckritz, Sieghardt von, Günther *Ermisch*, Werner *Maatz* und Hans *Musti*: Bundeshaushaltsordnung, München 1970
zit.: v. Köckritz/Ermisch/Maatz/Musti

Koenigs: Binnenhäfen und Binnenschiffahrt, in: Herbert Meyer, Die Binnenhäfen, Stuttgart und Berlin 1938, S. 27 ff.
zit.: Koenigs bei Meyer

Köttgen, Arnold: Gemeindliche Daseinsvorsorge und gewerbliche Unternehmerinitiative, Göttingen 1961

Kommissionsbericht: Reform des Staatshaftungsrechts, Entwürfe eines Staatshaftungsgesetzes und einer Grundgesetzänderung mit Begründungen, Herausgeber: Der Bundesminister der Justiz — Der Bundesminister des Innern, Oktober 1973

Krautzberger, Michael: Die Erfüllung öffentlicher Aufgaben durch Private, Berlin 1971

Krome, Erich: Was ist ein öffentlicher Binnenhafen? Zeitschrift für Binnenschiffahrt 6, 1959 (Sonderdruck)
zit.: Krome, Binnenhafen

— Rechts- und Wirtschaftsfragen der Eisenbahnen der öffentlichen Binnenhäfen, Zeitschrift für Binnenschiffahrt 1956, S. 312 ff.
zit.: Krome, Eisenbahnen

Krüger, Herbert: Allgemeine Staatslehre, Stuttgart 1964

Külz, Helmut: Eigentum und Verwaltungskompetenzen an den Bundeswasserstraßen (unter besonderer Berücksichtigung des Reinhaltungsgesetzes), in: Das Recht der Wasserwirtschaft, Heft 9, München 1961, S. 27 ff.
zit.: Külz, Verwaltungskompetenzen

— Das „Wohl der Allgemeinheit" im Wasserhaushaltsgesetz, in: Festschrift Paul Gieseke, Karlsruhe 1958, S. 187 ff.
zit.: Külz, Wohl der Allgemeinheit

Kustermann, Richard: Le calcul de la rentabilité des investissements, Diss. rer. pol. Genf 1969

Larenz, Karl: Allgemeiner Teil des Deutschen Bürgerlichen Rechts, München 1967
zit.: Larenz, AT

— Lehrbuch des Schuldrechts, Zweiter Band, Besonderer Teil, 8. Aufl., München und Berlin 1967
zit.: Larenz, 2. Bd., BT

Lechner, Walter H.: Der Güterumschlagplatz Hafen Nürnberg, in: Verkehrsentwicklung Nürnbergs im 19. und 20. Jahrhundert, Nürnberger Forschungen, 17. Band, Nürnberg 1972, S. 185 ff.

Leibholz, G. und H. J. *Rinck:* Grundgesetz für die Bundesrepublik Deutschland, 4. Aufl., Köln 1971
zit.: Leibholz/Rinck

Leikeb, Hanspeter: Die Bauwürdigkeit des Rhein-Main-Donau-Kanals unter wirtschaftspolitischem Aspekt, Diss. rer. pol. Nürnberg 1966

Leisner, Walter: Verwaltungspreis — Verwaltungssteuer, in: Gedächtnisschrift Hans Peters, Berlin - Heidelberg - New York 1967, S. 730 ff.

Löwenberg, Bernward: Die Geltendmachung von Geldforderungen im Verwaltungsrecht, Berlin 1967

Martens, Uwe: Die Rechtswirkungen des Flächennutzungsplans, Diss. jur. Hamburg 1969
zit.: Martens, Uwe

Martens, Wolfgang: Grundrechte im Leistungsstaat, in: Veröffentlichungen der Vereinigung der Deutschen Staatsrechtslehrer, Heft 30, Berlin - New York 1972, S. 8 ff.
zit.: Martens, Wolfgang, Grundrechte

— Öffentlich als Rechtsbegriff, Bad Homburg v. d. H. - Berlin - Zürich 1969
zit.: Martens, Wolfgang, Rechtsbegriff

Maunz, Theodor: Hauptprobleme des öffentlichen Sachenrechts, München, Berlin und Leipzig 1933

Mayer, Otto: Zur Lehre vom öffentlich-rechtlichen Vertrage, in: Archiv für öffentliches Recht, 3. Band, Freiburg 1888, S. 1 ff.
zit.: Otto Mayer, Vertrag

— Deutsches Verwaltungsrecht, I. Band, 2. Aufl., München und Leipzig 1914
zit.: Otto Mayer, Verwaltungsrecht I, 2. Aufl.

— Deutsches Verwaltungsrecht, Zweiter Band, 3. Aufl., München und Leipzig 1924
zit.: Otto Mayer, Verwaltungsrecht II

Memmert, Günter: Der öffentlich-rechtliche Abwehranspruch gegen Immissionen der öffentlichen Hand, Diss. jur. Erlangen - Nürnberg 1970

Mennacher, Hubert: Begriffsmerkmale und Rechtsstellung der mit öffentlicher Gewalt beliehenen Hoheitsträger des Privatrechts (beliehene Private), Diss. jur. München 1963

Merk, Wilhelm: Deutsches Verwaltungsrecht, 2. Band, Berlin 1970

Middel, Dieter: Öffentlich-rechtliche Willenserklärungen von Privatpersonen, Berlin 1971

Mintzel, Kurt: Bundeswasserstraßengesetz (WaStrG), Berlin 1969

Mohr, Hans: Organisationsformen öffentlicher Binnenhäfen, Internationales Archiv für Verkehrswesen 15/16, 1958, S. 319/322 (Sonderdruck)
zit.: Mohr, Organisationsformen

— Probleme der öffentlichen Binnenhäfen, Kommunalwirtschaft 1966, S. 336 ff. und S. 376 ff.
zit.: Mohr, Probleme

Müller, Klaus: Der Steuerbegriff des Grundgesetzes, Der Betriebs-Berater 1970, S. 1105 ff.

Nagel, Josef: Die niederrheinische Hafenwirtschaft, Düsseldorf 1951
zit.: Nagel, Hafenwirtschaft

— Die Deutsche Binnenhafenwirtschaft, in: Handbuch der deutschen Binnenhäfen, Nürnberg - Düsseldorf - Berlin 1958, S. 9 ff.
zit.: Nagel, Handbuch

Obermayer, Klaus: Der Plan als verwaltungsrechtliches Institut, in: Veröffentlichungen der Vereinigung der Deutschen Staatsrechtslehrer, Heft 18, Berlin 1960, S. 144 ff.
zit.: Obermayer, Plan

Obermayer, Klaus: Grundzüge des Verwaltungsrechts und des Verwaltungsprozeßrechts, Stuttgart - München - Hannover 1964
zit.: Obermayer, Verwaltungsrecht

Ossenbühl, Fritz: Die Erfüllung von Verwaltungsaufgaben durch Private, in: Veröffentlichungen der Vereinigung der Deutschen Staatsrechtslehrer, Heft 29, Berlin - New York 1971, S. 137 ff.
zit.: Ossenbühl, Verwaltungsaufgaben

— Rechtliche Probleme der Zulassung zu öffentlichen Stadthallen, Deutsches Verwaltungsblatt 1973, S. 289 ff.

Palandt, Otto, Bernhard *Danckelmann,* Max *Degenhart,* Helmut *Heinrichs,* Theodor *Keidel,* Wolfgang *Lauterbach,* Hans *Putzo* und Heinz *Thomas:* Bürgerliches Gesetzbuch, 33. Aufl., München 1974
zit.: Palandt

Papier, Hans-Jürgen: Die Forderungsverletzung im öffentlichen Recht, Berlin 1970

Pestalozza, Christian: Formenmißbrauch des Staates, München 1973

Püttner, Günter: Die öffentlichen Unternehmen, Bad Homburg v. d. H. - Berlin - Zürich 1969

Redeker, K.: Nachbarklage — öffentlich-rechtlich oder zivilrechtlich? Neue Juristische Wochenschrift 1959, S. 749 ff.

Rüfner, Wolfgang: Formen öffentlicher Verwaltung im Bereich der Wirtschaft, Berlin 1967

Rupp, Hans Heinrich: Wohl der Allgemeinheit und öffentliche Interessen. Bedeutung der Begriffe im Verwaltungsrecht, in: Vorträge und Diskussionsbeiträge der 36. Staatswissenschaftlichen Fortbildungstagung der Hochschule für Verwaltungswissenschaften Speyer, Berlin 1968, S. 116 ff.

Ryffel, Hans: Wohl der Allgemeinheit und öffentliche Interessen, in: Vorträge und Diskussionsbeiträge der 36. Staatswissenschaftlichen Fortbildungstagung der Hochschule für Verwaltungswissenschaften Speyer, Berlin 1968, S. 13 ff.

Schack, Friedrich: Aufopferungsanspruch bei Versagung der Abwehrklage aus § 1004 BGB — BGHZ 16, S. 366, Juristische Schulung 1963, S. 263 ff.
zit.: Schack, Aufopferungsanspruch

— Enteignung „nur zum Wohle der Allgemeinheit", Der Betriebs-Berater 1961, S. 74 ff.
zit.: Schack, Enteignung

— Die Entschädigungsansprüche ohne Rücksicht auf Verschulden im Immissionsbereich, Der Betriebs-Berater 1965, S. 341 ff.
zit.: Schack, Entschädigungsansprüche

Schlee, Jörg: Zur Dogmatik der öffentlich-rechtlichen Folgenbeseitigung, in: Archiv des öffentlichen Rechts, 92. Band, Tübingen 1967, S. 58 ff.

Schmidt-Bleibtreu, Bruno und Franz *Klein:* Kommentar zum Grundgesetz für die Bundesrepublik Deutschland, 2. Aufl., Neuwied und Berlin 1969
zit.: Schmidt-Bleibtreu/Klein

Scholz, Manfred: Die Lehre vom öffentlichen Eigentum im geltenden deutschen Recht, Diss. jur. Heidelberg 1964
zit.: Scholz, Manfred

Scholz, Rupert: Das Wesen und die Entwicklung der gemeindlichen öffentlichen Einrichtungen, Berlin 1967
zit.: Scholz, Rupert

Schurkemeyer, Hans-Joachim: Rechtsformen kommunalwirtschaftlicher Eigenunternehmen, Iserlohn/Westfalen 1956

Schwabe, Jürgen: „Drittwirkung" und kein Ende, Neue Juristische Wochenschrift 1973, S. 229 f.

Sieder, Frank, Herbert *Zeitler,* Ernst *Hlawaty* und Heinz *Dahme:* Wasserhaushaltsgesetz, München 1970 (Stand: 1. Juli 1970)
zit.: Sieder/Zeitler/Hlawaty/Dahme

Simons, Lothar: Leistungsstörungen verwaltungsrechtlicher Schuldverhältnisse, Berlin 1967

Steiner, Udo: Öffentliche Verwaltung durch Private, Die Öffentliche Verwaltung 1970, S. 526 ff.

Stern, Klaus: Zur Problematik des energiewirtschaftlichen Konzessionsvertrages, in: Archiv des öffentlichen Rechts, 84. Band, Tübingen 1959, S. 273 ff.
zit.: Stern, Konzessionsvertrag

— Die öffentliche Sache, in: Veröffentlichungen der Vereinigung der Deutschen Staatsrechtslehrer, Heft 21, Berlin 1964, S. 183 ff.
zit.: Stern, Sache

— Zur Grundlegung einer Lehre des öffentlich-rechtlichen Vertrages, Verwaltungsarchiv 1958, S. 106 ff.
zit.: Stern, Vertrag

Steuck, Heinz-Ludwig: Die Stiftung als Rechtsform für wirtschaftliche Unternehmen, Berlin 1967

Stier-Somlo, Fritz und Alexander *Elster:* Handwörterbuch der Rechtswissenschaft, Dritter Band, Berlin und Leipzig 1928
zit.: Stier-Somlo/Elster

Technischer Ausschuß für die Planung von Binnenhäfen (Verband öffentlicher Binnenhäfen e.V.): Empfehlungen für die technische Planung von Binnenhäfen, Neuß 1964
zit.: Empfehlungen für die technische Planung von Binnenhäfen

Thomas, Heinz und Hans *Putzo:* Zivilprozeßordnung, 5. Aufl., München 1971
zit.: Thomas/Putzo

Trimter, Richard: Rechtsgrundlagen für Binnenhafengebühren, Deutsches Verwaltungsblatt 1965, S. 22 ff.

Uffhausen, Karsten: Die Benutzungsgebühr, Diss. jur. Göttingen 1970

Vialon, Friedrich Karl: Haushaltsrecht, Berlin und Frankfurt a. M. 1953

Vogel, Klaus: Öffentliche Wirtschaftseinheiten in privater Hand, Hamburg 1959

Weyreuther, Felix: Empfiehlt es sich, die Folgen rechtswidrigen hoheitlichen Verwaltungshandelns gesetzlich zu regeln (Folgenbeseitigung — Folgenentschädigung)? in: Verhandlungen des siebenundvierzigsten Deutschen Juristentages, Band I, München 1968, S. B 1 ff.

Wittern: Andreas: Grundriß des Verwaltungsrechts, 8. Aufl., Köln 1973

Wolff, Hans J.: Verwaltungsrecht I, 8. Aufl., München 1971
zit.: Wolff, Verwaltungsrecht I

— Der Unterschied zwischen öffentlichem und privatem Recht, in: Archiv des öffentlichen Rechts, 76. Band, Tübingen 1950/51, S. 205 ff.
zit.: Wolff, Unterschied

Woydt, Justus: Das öffentliche Eigentum, Diss. jur. München 1970

Zeiß, Friedrich: Das Eigenbetriebsrecht der gemeindlichen Betriebe, Stuttgart und Köln 1956

Zezschwitz, Friedrich von: Das Gemeinwohl als Rechtsbegriff, Diss. jur. Marburg 1967

Zimmermann, Franz: Aktuelle Fragen des Rechts der kommunalen Gebühren und Beiträge, Verwaltungsarchiv 62, 1971, S. 16 ff.

Zippelius, Reinhold: Grundfragen des öffentlichen Sachenrechts und das Bayerische Straßen- und Wegegesetz, Die Öffentliche Verwaltung 1958, S. 838 ff.

(Soweit Angaben zum Namen des Verfassers, Ort oder Zeitpunkt des Erscheinens fehlen, waren diese aus den betreffenden Veröffentlichungen nicht ersichtlich.)

Kolibri 360 GmbH
Ferdinand-Jühlke-Straße 7
99095 Erfurt, Deutschland
produktsicherheit@kolibri360.de

Druck:
CPI Druckdienstleistungen GmbH
im Auftrag der
Kolibri 360 GmbH
Ferdinand-Jühlke-Str. 7
99095 Erfurt